História do rosto

Dados Internacionais de Catalogação na Publicação (CIP)
(Câmara Brasileira do Livro, SP, Brasil)

Courtine, Jean-Jacques
   História do rosto : exprimir e calar as emoções : (do século 16 ao começo do século 19) / Jean-Jacques Courtine, Claudine Haroche ; tradução de Marcus Penchel. – Petrópolis, RJ : Vozes, 2016.

   Título original: Histoire du visage – Exprimer et taire ses émotions (XVIe-début XIXe siècle)
   ISBN 978-85-326-5240-9

   1. Comunicação não verbal – História
   2. Fisionomia – História I. Título.

16-02209   CDD-302.222

Índices para catálogo sistemático:
  1. Comunicação não verbal : Sociologia
     302.222

Jean-Jacques Courtine
Claudine Haroche

História do rosto
Exprimir e calar as emoções

(Do século 16 ao começo do século 19)

Tradução de Marcus Penchel

EDITORA VOZES

Petrópolis

© Éditions Payot & Rivages, 2007

Título do original em francês: Histoire du visage – Exprimer et taire ses émotions (XVIᵉ-début XIXᵉ siècle)

Direitos de publicação em língua portuguesa – Brasil:
2016, Editora Vozes Ltda.
Rua Frei Luís, 100
25689-900 Petrópolis, RJ
www.vozes.com.br
Brasil

Todos os direitos reservados. Nenhuma parte desta obra poderá ser reproduzida ou transmitida por qualquer forma e/ou quaisquer meios (eletrônico ou mecânico, incluindo fotocópia e gravação) ou arquivada em qualquer sistema ou banco de dados sem permissão escrita da editora.

Diretor editorial
Frei Antônio Moser

Editores
Aline dos Santos Carneiro
José Maria da Silva
Lídio Peretti
Marilac Loraine Oleniki

Secretário executivo
João Batista Kreuch

Editoração: Fernando Sergio Olivetti da Rocha
Diagramação: Sheilandre Desenv. Gráfico
Capa: Redz – Estúdio de Design
Ilustração de capa: Cabeça de mulher, 3/4 para a esquerda: a Caridade.
Raphaël (Sanzio Raffaello) (1483-1520). Paris, musée du Louvre, D.A.G.
Photo © RMN-Grand Palais (musée du Louvre) / Michèle Bellot

ISBN 978-85-326-5240-9 (Brasil)
ISBN 978-2-228-90214-4 (França)

Editado conforme o novo acordo ortográfico.

Este livro foi composto e impresso pela Editora Vozes Ltda.

Não consigo lembrar o nome do autor antigo que, diante de um estranho que não abrira a boca em sua companhia, lhe diz: "Fale, para que eu possa vê-lo"; mas, com licença dele, me parece que podemos nos conhecer melhor pelo olhar do que pela palavra...

ADDISON. *Le spectateur ou le Socrate moderne.*
T. I, Discurso LXVIII, 1716,
p. 439.

O ar, o tom, o gesto, a entonação, o olhar estão a serviço de usos que se devem respeitar, e essas formalidades aprendidas, em vez de destruir, enriquecem o prazer de estar junto.

MERCIER, L.-S. *Tableaux de Paris.* T. IV, cap. CCCXXI,
1782-1788, p. 102.

Sumário

Introdução, 9

Parte I – O surgimento da expressão, 21

Prefácio – A invenção do homem expressivo, 23

1 O espelho da alma – Origens e renovação da fisiognomonia no século 16, 35

2 Caras e bocas das paixões – Desdobramentos da fisiognomonia no século 17, 75

3 A anatomia do sentimento – Rosto orgânico e rosto expressivo no século 18, 101

Parte II – O homem sem paixões, 139

Prefácio – A domesticação das paixões, 141

4 O ar da conversa – Debates sobre a conversa, a companhia e a solidão nos séculos 16 a 18, 155

5 Calar, controlar-se – Uma arqueologia do silêncio, 186

6 As formas na sociedade civil – Impassibilidade, distância, respeito nos séculos 16 a 18, 209

Conclusão – O homem sob espreita, 233

Índice, 251

Introdução

"Há no rosto uma espécie de eloquência silenciosa que, mesmo sem agir, no entanto age", afirma o Padre Cressolles num tratado de retórica composto no início do século 17[1]. O rosto seduz de forma mais segura e ainda mais sutil do que as palavras. "A natureza não deu ao homem somente a voz e a língua como intérpretes de seus pensamentos [...]. Fez também falar sua fronte e seus olhos", acrescenta Marin Cureau de la Chambre em sua *Art de connaître les hommes*[2]. "É entretanto aconselhável compor o seu rosto de acordo com as circunstâncias em que se encontra e as pessoas com as quais conversa", recomenda ainda Jean-Baptiste de La Salle em seu tratado de civilidade cristã[3]. O rosto é objeto de um trabalho pessoal, indispensável à conversação e ao comércio entre os homens.

Manuais de retórica, obras de fisiognomonia, livros de civilidade e artes da conversação lembram incansavelmente do século 16 ao 18 que o rosto está no centro das percepções de si, da sensibilidade ao outro, dos rituais da sociedade civil, das formas do político. Trata-se de um privilégio antigo que reveste, porém, uma nova tonalidade a partir do início do

---

1. PADRE CRESSOLLES. *Vacationes autumnales sive de perfecta oratoris actione et pronuntiatione*. Paris, 1620. Cf. FUMAROLI, M. "Le corps éloquent: une somme d'*actio* et *pronuntiatio rhetorica* au XVIIe siècle, les *Vacationes autumnales* du Père Louis de Cressolles (1620)". *XVIIe siècle*, n. 132, jul.-set./1981, p. 250.

2. CHAMBRE, M.C. *L'Arte de connaître les hommes*. Paris, 1659, p. 1.

3. LA SALLE, J.-B. *Les règles de la bienséance et de la civilité chrétienne*, 1703, p. 4 [ed. de 1835].

século 16. Todos esses textos dizem e repetem que o rosto fala. Ou, mais precisamente, que pelo rosto é o indivíduo que se exprime. Um laço se esboça e depois é traçado mais nitidamente entre sujeito, linguagem e rosto, um laço crucial para a elucidação da personalidade moderna.

As percepções do rosto são lentamente deslocadas, as sensibilidades à expressão se desenvolvem progressivamente. É um dos traços essenciais do avanço do individualismo nas mentalidades. Um "individualismo de costumes" que Philippe Ariès atribui a um processo geral de privatização que vai transformar profundamente a identidade individual entre os séculos 16 e 18[4] e reconfigurar de maneira paradoxal as relações entre comportamentos públicos e privados: o que vai, por um lado, afirmar a preeminência do indivíduo e incitar à expressão pessoal. Se o final do século 18 vê a vitória política do indivíduo, trata-se também de um triunfo da expressão quando Diderot pode afirmar: "Num indivíduo, cada instante tem sua fisionomia, sua expressão"[5]. O indivíduo é, daí em diante, indissociável da expressão singular de seu rosto, tradução corporal de seu eu íntimo. Mas, por outro lado, esse mesmo movimento que o incita a se exprimir leva-o ao mesmo tempo a se apagar, a mascarar o seu rosto, a encobrir a expressão. O que Louis-Sébastien Mercier, observador sutil das fisionomias do seu século, soube notar: "Que o homem [...] tema revelar sua alma toda inteira e, sabendo que ela se refugia nos olhares, encubra seu movimento expressivo"[6]. Exprimir e calar, desco-

---

4. ARIÈS, P. "Pour une histoire de la vie privée". *Histoire de la vie privée*. Tomo III. Paris: Seuil, 1986, p. 7-19. Esse processo tem sua origem no progresso da burguesia, do comércio, do espírito empreendedor, na extensão do papel do Estado que cada vez mais legisla e controla o comportamento público dos indivíduos, no desenvolvimento de práticas linguísticas privadas – a leitura silenciosa, o diário pessoal – que favorecem o isolamento e o intimismo, e ainda nas reformas religiosas que exigem dos fiéis uma piedade mais interior na confissão, o exame de consciência.

5. DIDEROT, D. *Essais sur la peinture* [1795]. Paris: Hermann, 1984, p. 371.

6. MERCIER, L.-S. *Tableaux de Paris*, 1782-1788. Tomo V, cap. DXVII, p. 176.

brir e mascarar, esses paradoxos do rosto são os do indivíduo[7] e constituem o ponto de partida deste livro.

Elementos desses paradoxos estão presentes, sob diferentes formas, em inúmeros trabalhos publicados desde o início do século [20 – N.T.] e mais ainda nos últimos vinte anos [a 1ª edição deste livro é de 1988 – N.T.], sem que, todavia, esse caráter paradoxal tenha sempre constituído um argumento explícito. Assim, os trabalhos de Norbert Elias e de Max Weber: foi sob a denominação geral de "civilização dos costumes"[8] e de "racionalização dos comportamentos práticos"[9] que um e outro, respectivamente, pensaram esse processo de afirmação individual e, mais ainda, de autocontrole, de repressão dos impulsos, de contenção. Elementos desses paradoxos estão no quadro da sociedade cortesã e do desenvolvimento da civilização, para Elias, e daquilo que para Weber equivale aos fatores religiosos na gênese de uma psicologia burguesa e capitalista.

Michel Foucault havia tentado, por sua vez, compreender essa racionalização dos comportamentos individuais estendendo a noção de "disciplina" aos séculos 17 e 18[10]; e colocando também que o desenvolvimento do Estado implica novas formas de "individualização"[11]: transposição ao espaço político de uma forma de poder bem antiga nascida

---

7. O rosto, nesse sentido, inscreve-se na ambivalência geral das manifestações individuais da expressividade ressaltada por Michelle Perrot: "Nada menos espontâneo que uma carta; nada menos transparente que uma autobiografia feita tanto para ocultar quanto revelar [...], essas manobras sutis do esconder e mostrar" (*Histoire de la vie privée*. Op. cit., tomo IV, p. 11).

8. ELIAS, N. *La dynamique de l'Occident* [1939]. Paris: Calmann-Lévy, 1973. • *La société de cour* [1969]. Paris: Calmann-Lévy, 1974. • *La civilisation des mœurs* [1939]. Paris: Calmann-Lévy, 1982.

9. WEBER, M. *L'Éthique protestante et l'esprit du capitalism* [1920]. Paris: Plon, 1964.

10. FOUCAULT, M. *Surveiller et punir*. Paris: Gallimard, 1975.

11. DREYFUS, H. & RABINOW, P. *Michel Foucault*: un parcours philosophique. Paris: Gallimard, 1984, p. 302-306.

nas instituições cristãs – o poder pastoral. Poder que se exerce sobre o corpo, os gestos, os comportamentos, que gostaria de penetrar as almas e desnudar a intimidade de cada um. Na análise desses poderes, disciplinares ou individualizantes, os paradoxos constitutivos da individualidade estão, para começar, ausentes. Só mais tarde Foucault retornará a esses textos, dedicados à educação do príncipe, ligados à arte de governar, que mostram que o governo dos homens não é dissociável do governo de si[12].

Esta última preocupação encontra então as que souberam ver na cortesia e na etiqueta algo mais do que uma simples maneira de se portar em sociedade, que souberam discernir, no coração mesmo das regras de civilidade, meios que contribuíram para a constituição do Estado moderno, "instrumentos políticos coercitivos por meio dos quais os funcionários monárquicos puderam aumentar seu poder sobre a sociedade"[13]. Richelieu instaura essa política absolutista que visa controlar, que visa domesticar os olhares, posturas, discursos. Orest

---

12. Ele evoca nos seguintes termos *La politique du prince* (1653) de F. de La Mothe Le Vayer: "Procurando fazer a tipologia das formas de governo, F. de La Mothe Le Vayer [...] dirá que no fundo há três tipos de governo e que cada um se refere a uma forma de ciência ou de reflexão particular: o governo de si mesmo, que se refere à moral; a arte de governar oportunamente uma família, que se refere à economia; e, por fim, a ciência de bem governar o Estado, que se refere à política" ("Foucault hors les murs". *Actes*, n. 54, 1986, p. 9). Foi nessa perspectiva que Foucault abordou nos seus últimos trabalhos a "lenta formação de uma hermenêutica de si durante a Antiguidade", isto é, as práticas "pelas quais os indivíduos foram levados a prestar atenção em si mesmos, a se decifrar": nas morais da Antiguidade grega ou greco-romana, "a tônica é colocada na relação consigo mesmo que permite não se deixar levar pelos apetites e prazeres e manter o controle e superioridade sobre eles, manter os sentidos em um estado de tranquilidade, permanecer livre de toda escravidão interior às paixões e alcançar um modo de ser que se poderia definir como plena fruição de si ou perfeita soberania de si sobre si mesmo" (FOUCAULT, M. "Usage des plaisirs et techniques de soi". *Le Débat*, n. 27, nov./1983, p. 48, 49 e 71). Cf. tb. *L'Usage des plaisirs* e *Le souci de soi*. Paris: Gallimard, 1984.

13. RANUM, O. "Courtesy, absolutism and the rise of the French state, 1630-1660". *Journal of Modern History*, n. 52, 1980, p. 417.

Ranum, quando evoca a figura de Richelieu "[...] sempre preocupado com o estudo teórico e a prática das relações entre linguagem, gestos e poder", é tentado a apresentar "[...] a carreira do cardeal como a de um filósofo político e um prático da cortesia"[14] e diz assim em poucas palavras o que quisemos aqui: encontrar, para além do código de boas maneiras que vela com vigilante atenção o rosto e a expressão, as qualidades morais, as disposições psicológicas e ainda os fundamentos antropológicos e éticos do que liga os homens entre si, os fundamentos da sociedade civil. E poder assim pensar o surgimento histórico de estruturas psicológicas específicas ligadas às regras e aos rituais da sociedade civil, mas também aos poderes e às leis da sociedade política.

É uma perspectiva semelhante que nos parece indicar Roger Chartier quando ressalta, na "reformulação" do conceito de civilidade por Jaucourt para a Enciclopédia, um tal encontro entre "as leis, os costumes e as maneiras"[15]. Ranum e Chartier deixam, pois, entender que a civilidade, suas regras, seus gestos, suas figuras podem permitir a compreensão da política e reaproximar assim a noção de civilidade "do sentido original, comunitário e político de *civilitas*"[16].

Certo número de trabalhos recentes partilha, portanto, uma preocupação semelhante com o corpo, o rosto, a expressão, os olhares, os gestos, as posturas. Eles não têm, todavia, o mesmo objetivo, nem sempre o mesmo interesse. Por exemplo, os de Erving Goffman prendem-se, na perspectiva de uma psicologia interacionista, ao estudo das interações

---

14. Ibid., p. 432.

15. "Segundo Montesquieu, Jaucourt conclui o seu artigo dando o exemplo da China, caso localizado na medida em que a civilidade, que manifesta o laço social fundamental, foi ali regulada e imposta pelo legislador [...]. Essa evocação de um Estado em que as leis, os costumes e maneiras se confundiram num mesmo código fornece a formulação mais radical para repensar o conceito de civilidade" (CHARTIER, R. *Lectures et lecteurs dans la France d'Ancien Régime*. Paris: Seuil, 1987, p. 71).

16. Ibid.

face a face, considerando-as "interações naturais" como um objeto de estudo em si. Goffman vê no domínio do rosto uma aposta crucial para todo indivíduo, qual seja "a manutenção de uma certa ordem expressiva", de uma certa imagem de si à qual o indivíduo deve se conformar. Ele situa, ao contrário, no fato de "cair a cara", de não poder "mantê-la", o "risco de se trair ou de ser desmascarado"[17]. Repetidamente Goffman emprega os termos "máscara", "figura", "autoapresentação", "compostura", "constância", "formas egocêntricas da territorialidade": "[...] o indivíduo que se porta bem, convenientemente, manifesta atributos tais como discrição, modéstia [...], controle de suas palavras e gestos, domínio de suas emoções, de seus apetites e desejos, sangue-frio na adversidade"[18]. Esses termos não são inscritos nem num quadro teórico nem num quadro histórico precisos. Colocando-se um objetivo que se pretende estritamente empírico, Goffman não pretende em nenhum momento elucidar essas descrições à luz da racionalização dos comportamentos que se instaura dos séculos 16 a 19; ele tende a ignorar as regras da civilidade que determinam o controle de si e dos excessos. Talvez, sem dúvida, como ele mesmo admite, porque "a ideia implícita no [seu] discurso é que, sob as diferenças culturais, os homens são em toda a parte semelhantes"[19].

---

17. Cf. esp. GOFFMAN, E. *Les rites d'interaction*. Paris: Minuit, 1974.

18. Ibid., p. 69. Vestígio mais antigo dessas formulações encontra-se no trabalho que Marcel Mauss dedicou às "técnicas do corpo", em que evoca "a educação do sangue-frio": "[...] essa resistência às emoções invasoras é qualquer coisa de fundamental na vida social e mental" (*Sociologie et anthropologie*. Paris: PUF, 1950, p. 385).

19. GOFFMAN, E. Op. cit., p. 41. Essa convicção junta-se a outro conjunto de trabalhos sobre o caráter universal ou, ao contrário, culturalmente determinado das expressões faciais. Esses trabalhos, que estendem o programa iniciado outrora por Darwin a propósito da expressão humana, parecem ter chegado à conclusão de que 1) a expressão facial das emoções é universal e 2) "as regras de expressão" das emoções variam de acordo com as culturas (cf. EKMAN, P. "Universals and cultural differences in facial expressions of emotions". *Nebraska Symposium on Motivation*, 1972. Lincoln: University of Nebraska Press.

A perspectiva de Richard Sennett, que ele apresenta como sociopolítica, manifesta, ao contrário, uma abordagem mais profunda e mais complexa: busca com efeito elaborar uma teoria da expressão em público e, para isso, recorre à história dos séculos 18 e 19. Sennett toma como ponto de partida os comportamentos da classe burguesa urbana no século 18: a aparência exterior é uniformizada, as diferenças sociais e sinais distintivos não se veem mais e "por isso o desconhecido [é] envolvido num mistério maior"[20]. As pessoas escondem suas emoções e sentimentos, tornam-se mais reservadas, mais prudentes e, por conseguinte, menos expressivas.

Mas, para além da necessidade de manter distância dos desconhecidos, Sennett vê como razão dessa inexpressividade a importância que se dá à autenticidade psicológica. Quanto mais o indivíduo é incitado a exprimir o seu eu profundo, suas emoções íntimas, mais ele se vê entregue a essa forma de poder que Foucault define como "governo pela individualização", uma "forma de poder [que] se exerce na vida cotidiana [...] que designa [os indivíduos] por sua individualidade própria, [que] os liga a sua identidade"[21]; quanto mais ele se mostra reservado, esforçando-se para se proteger e dissimular, mais inexpressivo se torna.

Sennett acaba assim por distinguir uma expressão individual, natural e privada de uma expressão pública ritualizada.

• EKMAN, P. & OSTER, H. "Facial expressions of emotion". *Annual Review of Psychology*, 1979, n. 30, p. 527-554). Esses trabalhos tratam geralmente as emoções na perspectiva de *stimuli* externos e unívocos. Na maioria eles ignoram um fato essencial: o de que um rosto ou uma expressão não podem ser transparentes, que um rosto alegre pode exprimir tristeza e o sorriso mais doce dissimular o ódio. O que só seria possível pensar a partir das relações problemáticas entre a exterioridade e a interioridade de um sujeito e a partir das ligações complexas entre antropologia e história, indispensáveis para tentar elucidar os objetos simbólicos e culturais.

20. SENNETT, R. *Les tyrannies de l'intimité*. Paris: Seuil, 1979, p. 29.

21. DREYFUS, H. & RABINOW, P. Op. cit., p. 302.

Segundo ele, é a confusão entre uma expressividade que repousa em rituais exteriores ao indivíduo e a expressão individual do eu "autêntico" que explica o declínio da vida pública, da sociabilidade. O declínio da expressividade em público, o silêncio relativo do rosto seriam explicáveis então pelos progressos de uma sociedade que ele qualifica de "intimista", "narcísica", uma sociedade centrada no eu. Julgado pelas aparências, o indivíduo o é na verdade pela sua interioridade, pois seu caráter se lê no rosto, suas aparências são expressões diretas do seu eu profundo. Sennett dá assim uma descrição histórica às formas mais contemporâneas dos paradoxos do individualismo: "a sociedade intimista favorece a incivilidade"[22], o narcisismo é uma atividade ascética; psicologizando todas as relações, acreditando suprimir convenções e artifícios, ele entrava paradoxalmente os poderes expressivos do indivíduo.

*

Ter que se exprimir e ter que calar – ponto de partida desta obra, paradoxo que ordena a sua estrutura.

Uma história do rosto será com efeito, antes de mais nada, uma história da *emergência da expressão*, dessa sensibilidade crescente, dessa atenção mais exigente que se dá a partir do século 16 à expressão do rosto como signo da identidade individual[23]. A individualidade expressiva será

---

22. SENNETT, R. Op. cit., p. 205.

23. Encontramos aqui as perspectivas estimulantes traçadas por C. Ginzburg em seu trabalho de formulação de um "paradigma do indício", essa constelação muito antiga de disciplinas centradas na decifração dos sinais. A referência à fisiognomonia, que é central na perspectiva de Ginzburg, também o é aqui. Embora o ponto de vista difira um pouco: o trabalho de Ginzburg privilegia uma perspectiva de *identificação*, a do médico, do fisiognomonista, do conhecedor de quadros, do detetive. Queremos insistir aqui igualmente na dimensão da expressão: tentar captar, para além de traços imóveis, o movimento de uma subjetividade e, assim, colocar, a partir dos sinais que se manifestam na super-

16

captada então nas formas de observação do homem natural, no deslocamento da relação entre o homem exterior e o homem interior, o homem físico e o homem psicológico. É a razão pela qual dá grande destaque à tradição fisiognomônica, apelando ainda aos escritos médicos e anatômicos, mas também aos textos usados pelos pintores, a certos escritos estéticos. Tal abordagem não se inscreve, entretanto, nas tradições estéticas ou antropológicas de uma história da mímica, da caricatura, da máscara, ainda que tais objetos possam aí figurar. Ela também não se confunde com esse modo essencial de representação do rosto: o retrato. Se bem que uma história do rosto cruze inúmeras vezes com a história do retrato, segue com frequência um caminho paralelo e por vezes mesmo a ultrapassa. Embora o retrato seja um indicador maior das novas estruturas mentais e sociais, da expressividade individual, os rostos de uma época não se esgotam no reflexo que deles dá o retrato.

Uma história do rosto é, com efeito, ao mesmo tempo, a história do controle da expressão, das exigências religiosas, das normas sociais, políticas e éticas que contribuíram desde o Renascimento para o aparecimento de um tipo de comportamento social, emocional, sentimental, psicológico fundado

---

fície do corpo, a questão da *identidade* individual que os exprimiu e não apenas a da identificação que eles podem permitir, mesmo que essas duas perspectivas sejam, com toda evidência, indissociáveis. Pois, como observa A. Corbin, "muitos indícios colocam de fato como essencial a *história do olhar sobre si*" ("Le secret de l'individu". *Histoire de la vie privée*. Op. cit. Tomo IV, p. 421). O trabalho de Ginzburg abre, ademais, a perspectiva de uma *semiologia histórica*. Ele comporta elementos e sugestões que permitem retornar às origens mesmas da semiologia em suas práticas de decifração do corpo humano e seus sinais, como mostrou admiravelmente Jean Bottéro a propósito dos adivinhos e médicos de Sumer. E assim dar vida novamente a um projeto semiológico que derivou para uma semiótica a-histórica e formal preocupada apenas com a dimensão textual dos sinais. Cf. GINZBURG, C. "Signes, traces, pistes. Racines d'un paradigme de l'indice". *Le Débat*, n. 6, nov./1980. • BOTTÉRO, J. "Symptômes, signes, écritures". *Divination et rationalité*. Paris: Seuil, 1974, p. 70-200.

no afastamento dos excessos, no silenciar do corpo[24]. Elas deram nascimento a um *homem sem paixões* de comportamento moderado, medido, reservado, prudente, circunspecto, calculado – com frequência reticente, silencioso por vezes. O homem razoável das elites e, depois, das classes médias. O homem das paixões, o homem espontâneo e impulsivo progressivamente apagou-se por trás do homem sem paixão. Mas no mais profundo desse homem sem paixão se abriga o homem sensível e expressivo. Buscamos aqui os seus traços na observação do homem social. Recorremos assim aos manuais de civilidade e de boas maneiras, às artes da conversação, aos tratados de retórica, mas também às memórias, correspondência e escritos dos moralistas[25] para compreender os deslocamentos da sensibilidade para o rosto como expressão de si e elo entre os homens nas circunstâncias da vida social: o comércio, a conversação, o silêncio, as formas que a sociedade civil requer.

Refazer uma história individual e social dos rostos em que o político se une ao psicológico na questão da expressividade é, portanto, querer traçar aqui a história dessa paradoxal injunção à autenticidade e à conformidade, à expressão e ao apagamento, à espontaneidade das emoções e ao silêncio

---

24. Controle da expressão, silêncio do corpo: esse enfoque bate com o de A. Corbin quando ele busca refazer "as etapas da profunda modificação de natureza antropológica" em que progressivamente se instala o "silêncio olfativo" em resposta a uma acentuada sensibilidade aos odores. Silêncio da expressão do rosto e silêncio "olfativo" do corpo são efeitos desse movimento de ordenação, de vigilância, de controle das condutas e das sensibilidades (cf. CORBIN, A. *Le miasme et la jonquille* – L'odorat et l'imaginaire social XVIIᵉ-XIXᵉ siècle. Paris: Flammarion, 1986, p. 2). Cf. tb. MANDROU, R. *Introduction à la France moderne* – Essai de psychologie historique, 1500-1640. Paris, 1961, esp. cap. III ("L'homme psychique: sens, sensations, émotions, passions") e a conclusão geral.

25. Voltamo-nos desta forma a textos "prescritivos" cujo objetivo essencial é a formulação de regras de conduta, como ressaltaram M. Foucault sobre seus últimos escritos e R. Chartier sobre a história da civilidade (Op. cit.); mas também a textos "descritivos", como veremos mais adiante.

das figuras[26]. É buscar a gênese do indivíduo moderno numa antropologia histórica "que dá primazia ao movimento e à transformação, aos gestos e aos processos"[27]; uma antropologia histórica que se esforçaria por retomar e estender o programa que Michelet propõe em seu prefácio de 1869 à *História de França*: "Estudar, escreve assim Le Goff, tanto a história material quanto moral das sociedades, tanto a história biológica quanto a história do imaginário [...] buscando compreender o homem em sociedade de modo inteiro, ela estenderia sua atenção do escrito ao oral e ao gesto, integrando assim *uma história do corpo dos homens em sociedade*"[28].

---

26. História complexa, história "opaca", como observa muito justamente M. Perrot, "a partir do momento em que se desejasse ultrapassar uma história social do privado e fazer, para além dos grupos e das famílias, uma história dos indivíduos, de suas representações e de suas emoções" (*Histoire de la vie privée*. Op. cit. Tomo IV, p. 13).

27. LE GOFF, J. "Conclusions", *Objet et méthodes de l'histoire de la culture*, p. 247 [Atas do colóquio franco-húngaro de Tihany, 10-14/10/1977, p. 247].

28. Ibid.

Parte I

O surgimento da expressão

Prefácio
A invenção do homem expressivo

Vemos desenvolver-se lentamente do século 16 ao 18 um projeto fundamental. Ele tem origem nas longínquas fontes religiosas e retóricas e seus efeitos na formação das mentalidades assim como suas consequências políticas vão além, estendendo-se à constituição do homem moderno. Trata-se de transformar o homem, de reformá-lo e educar sua natureza.

Formar o homem: civilidade e linguagem

A civilidade erasmiana aprende-se, é adquirida. Diferentemente da civilidade de origem aristocrática tal como a definem os tratados cortesãos, ela contesta as hierarquias sociais e se propõe enobrecer todo homem por uma educação do comportamento e do espírito. Ela propõe um aprendizado das boas maneiras e dos comportamentos corporais indissolúveis da linguagem: *saber viver* é inconcebível sem um *saber falar* que repousa sobre dois talentos essenciais, *eloquentia* e *sapientia*, o domínio da linguagem e o controle de si. Há, entretanto, entre civilidade – seja de origem erasmiana ou de essência aristocrática – e retórica uma relação estreita no Renascimento: com o fim das dependências instauradas pelas regras de honra ou cortesia da vida cavalheiresca, essa relação tem a ver com o surgimento de laços mais fortes entre os homens, com a constituição de uma sociedade civil. A civilidade manifesta-se nas maneiras, mas também na conversação[1]. A civilidade está assim estreitamente ligada a uma arte da linguagem em sociedade, a ponto de a *Civile conversation* de Guazzo fundar na conversação a identidade mesma do homem:

> Quem atentar à interpretação da palavra "homem", a qual (segundo pensam alguns) significa "conjunto" em língua grega, verá logo que ninguém pode ser verdadeiramente homem sem conversar com os outros[2].

A linguagem torna-se constitutiva da identidade de cada homem e da ligação dos homens entre si. E é preciso ver aqui a razão dessa sucessão ininterrupta de *artes da linguagem* que se publicam ao longo de toda a época clássica: arte de falar, mas também arte de calar; arte de conversar, mas também arte de escrever, feitas de moderação nas palavras, de contenção na expressão; arte de aparecer em sociedade, arte de simular ou dissimular quando a prudência exige. Todas essas artes tecem os laços mais finos das relações sociais quando é preciso conhecer, convencer, dominar, governar, enganar; todas essas artes cultivadas por acordo, gratuidade ou desinteresse, às vezes por enfado ou ainda por tática, com objetivos políticos ou utilitários.

Civilidade e conversação são, portanto, artes, quer dizer, engenhosidades, *know-how*, *savoir-faire*. As artes são com

---

1. R. Chartier indica isso: "A civilidade se reconhece nas ações, mas também na conversação. As [...] obras ressaltam essa definição da civilidade como arte da palavra em sociedade: ser cheio de civilidade é saber 'dizer somente o que é honesto e bem-adequado' (Richelet) ou ter 'uma maneira honesta de conversar no mundo' (Academia). O conceito parece, pois, estreitamente ligado a essa prática social particular, característica da sociedade policiada. O plural *civilidades* reforça, aliás, essa acepção mundana da palavra, pois remete aos usos e trocas de um código de polidez reconhecido pela sociedade distinta" (Op. cit., p. 50).

2. GUAZO, S. *La civile conversation* [1574]. Paris, 1592, p. 38.

efeito, na era clássica, disciplinas que supõem um saber, mas que não são verdadeiramente ciências; elas reclamam prudência e sabedoria de quem as pratica, tato e intuição, pois que o saber aí é inseparável da ética, da conduta pessoal na existência social: a arte supõe um cálculo de si mesma, uma medida do outro, um senso das circunstâncias. Nesse exercício, o uso da linguagem e o cuidado na expressão não calam o corpo; o ar, a presença e a postura devem harmonizar-se com a elegância e a precisão verbal. Um saber, uma ética, uma estética da linguagem e do corpo ligam assim a civilidade à conversação.

O surgimento e desenvolvimento da noção de civilidade, sua estreita associação com uma educação da linguagem (entendida no sentido amplo de linguagem do corpo, do gesto, do rosto como do verbo) e um domínio de si mesmo são, assim, testemunho de uma profunda transformação dos laços sociais: enquanto aos poucos se irá desfazendo a ordem baseada no berço e na hierarquia de sangue, constroem-se práticas no espaço da linguagem em que as relações entre os homens vão encontrar outra expressão, mais profunda, sem dúvida mais complexa. Assim, a violência física deixa progressivamente o terreno em que os corpos são confrontados para sublimar-se na *agudeza* ferina, na espetada retórica para desequilibrar a quem mira. O advento ou, melhor, o renascer da "era da eloquência", mais que de uma simples arte de convencer, marca um deslocamento das práticas: a dissolução das sociedades política e civil medievais abre um tempo e um espaço em que se vai fundar pouco a pouco uma legitimidade nova fundada no uso controlado do corpo e da linguagem. É no quadro da corte absolutista que se constitui verdadeiramente tal legitimidade, um lugar de que a violência física foi banida, no qual se ergueu pouco a pouco entre os corpos o "muro invisível" dos pudores e distâncias[3].

_____
3. A expressão é de Norbert Elias.

Observar o homem: civilidade e fisiognomonia

Um segundo imperativo aparece com a civilidade: a observação das capacidades exteriores do corpo[4]. A civilidade encontra então a tradição fisiognomônica[5]. Convém ainda notar aqui que aquilo que Erasmo retém dos enunciados fisiognomônicos constitui um deslocamento: ele ressalta o olhar, o movimento, o gesto e, de maneira mais geral, prende-se à *expressividade* do corpo, elemento marginal nas fisiognomonias contemporâneas do seu tratado, que tendem a repetir as lições medievais ou antigas, a privilegiar a morfologia em detrimento da expressão; e será preciso esperar pela obra de Porta, no fim do século 16, para repetir um deslocamento semelhante dentro da própria fisiognomonia. Assim, pois, na observação exterior do corpo humano, o tratado de Erasmo não se contenta em retomar os preceitos imemoriais que desde a primeira fisiognomonia, atribuída a Aristóteles, ligam o aspecto físico do corpo às qualidades morais da alma. Ele tem indubitavelmente um tom novo, pela ênfase que confere à expressão e ao movimento do corpo em detrimento da natureza e da rigidez dos traços. A civilidade erasmiana, com efeito, em oposição ao caráter imperativo e, em suma, exterior ao homem dos preceitos de cortesia medieval, funda-se numa correspondência entre a aparência e o ser, o comportamento e o caráter, o ato e a intensão. A civilidade possui, pois, com a fisiognomonia uma base comum: a conduta e os costumes do homem encontram-se nelas definidos por uma equivalência

---

4. ELIAS, N. *La civilisation des mœurs*. Op. cit., p. 92.

5. É o que indica Elias citando Erasmo (ibid., p. 93). "Olhos grandes esbugalhados" são um sinal de estupidez, o olhar fixo é sinal de preguiça; o olhar muito penetrante trai uma tendência às paixões, o olhar muito vivo, eloquente demais, é o dos desavergonhados; o melhor olhar é o que revela um espírito tranquilo e uma amabilidade cheia de respeito. Não é por acaso que os antigos diziam que "a sede da alma está nos olhos". Sobre esse ponto de vista cf. REVEL, J. "Les usages de la civilité". *Histoire de la vie privée*. Op. cit. Tomo III, p. 174.

entre um homem "exterior" visível e um homem "interior" oculto. Roger Chartier identificou aí um "princípio ético universal que fundamenta a civilidade":

> Todos os capítulos da *Civilidade pueril* são fundados nessa equivalência entre o visível e o invisível, o exterior e o íntimo, o social e o individual. As posições do corpo, as mímicas do rosto, as condutas [...] em sociedade [...] não são, portanto, reguladas unicamente pelas exigências da vida relacional [...] mas têm um valor moral que faz Erasmo considerá-las numa perspectiva antropológica e não social[6].

Consideremos agora alguns dos traços essenciais do projeto fisiognomônico. No frontispício da segunda edição da *Arte de conhecer os homens* (1660), de Marin Cureau de la Chambre (cf. figura 1), um sábio examina um busto em gesso. Na parede, uma coleção de moldes de cabeças. Não se trata realmente de rostos, mas de fácies, de tipos morfológicos com traços marcados: lábios grossos, nariz pontudo ou arrebitado, olhos exorbitados, testa rebatida de uns, aparência negroide de outro, evocando uma humanidade de proveniência longínqua ou de origem "bestial", de condição inferior ou incerta. Essa série de fisionomias grotescas – cabeças sem corpo, rostos sem expressão – sugere a ideia de uma classificação antropológica dos rostos. Sobre a mesa, uma lista de observações; na parede, uma representação anatômica; no chão, instrumentos de medição. É um trabalho de naturalista que se elabora. Cureau é de fato médico e sua *Arte de conhecer os homens* insere-se em um projeto de história natural do homem. Essa história natural opera uma separação da humanidade bárbara, subespécie inexpressiva e grotesca. A *Arte de conhecer os homens* opera, enquanto antropologia física, uma divisão dos rostos.

O saber ocupa assim o primeiro plano. Mais além, uma outra cena: não mais na penumbra do reino silencioso, solitário

---

6. CHARTIER, R. Op. cit., p. 53.

e reflexivo em que se constitui o saber, mas no espaço claro e público das práticas e comércio dos homens. Um homem de porte nobre ocupa o centro. Um grão-senhor talvez ou, mesmo, o rei. O rei de quem Cureau é o médico habitual. Cureau é médico, mas também cortesão, e aquilo parece bem uma cena de corte, na qual se encenam rituais de civilidade. O saber que se elabora na penumbra do gabinete não se destina, pois, a permanecer ali; a ambição da *Arte de conhecer os homens* é fornecer ao leitor um *guia de conduta na vida civil*:

> É o guia mais seguro que se possa adotar para a condução na vida civil e quem quiser servir-se dele poderá evitar mil faltas e mil perigos em que casualmente se cai a todo momento [...]. Não há qualquer ação na vida em que esta Arte não seja necessária: a educação infantil, a contratação de empregados, a escolha de amigos e companhias não podem ser feitas a contento sem ela. Ela mostra a ocasião e momento favoráveis em que se deve agir ou falar e ensina como fazê-lo. Se é preciso inspirar um conselho, uma paixão, um objetivo, ela sabe todas as passagens que podem introduzi-los na alma. Enfim, se devemos seguir o aviso do sábio, que proíbe conversar com coléricos e invejosos ou seguir os maus, quem pode nos salvar dessas más companhias senão a Arte de que falamos?[7]

A fisiognomonia encontra então a civilidade: a observação do rosto é um instrumento para governar os outros. O projeto fisiognomônico inscreve-se assim no espaço da observação natural do homem, visando a fundar uma antropologia física, mas também no espaço das práticas civis, que tem a ver neste caso com uma antropologia política e social. Mas entre civilidade e fisiognomonia o que é relevante se desloca: as fisiognomonias figuram antes r.a ordem das representações e do que seja uma natureza humana, enquanto os tratados de civilidade se referem a práticas e comportamentos do homem. Não se

---

7. LA CHAMBRE, M.C. Op. cit., p. 6.

poderia, entretanto, pensá-las em separado: "Para praticar a civilidade é preciso ter o dom da observação, é preciso conhecer os homens e discernir suas motivações"[8]. E de novo mais que outros Cureau de La Chambre foi uma figura emblemática dessa conjunção entre observação do homem e a prática da civilidade. Médico, cortesão e fisionomista, ele exerceu junto a Luís XIV uma espécie de função divinatória. Conta-se, por exemplo, que o rei, quando tinha que nomear alguém para um cargo, interrogava Cureau, que, como um oráculo, julgava o postulante pela fisionomia. Assim, a ambição última da *Arte de conhecer os homens* é, para Cureau, a de editar "regras para as artes e ciências, leis civis para manter a sociedade dos homens e máximas para a conduta de cada um em particular"[9].

O paradigma da expressão

Observar, conhecer, educar, governar os homens, mas também observar a si mesmo, se conhecer, saber se conduzir e governar-se são uma única e mesma preocupação, um único e mesmo gesto. Preocupação primordial nos livros de civilidade, o conhecimento e governo de si serão também imperativos lembrados incessantemente nos tratados de fisiognomonia.

A partir do século 16 desenvolve-se assim um conjunto de saberes e práticas que ao longo de mais de dois séculos irão substituir cada vez mais as forças obscuras e as marcas traçadas do destino, o silêncio da presença divina, os impulsos súbitos e inarticulados do corpo, os laços ditados de berço e as trocas tradicionais por uma racionalidade nova que privilegia a *expressão do homem através da linguagem*. Apelando às ciências e às artes, essa configuração ao mesmo tempo política e ética supõe a instauração de laços sociais reforçados e vê o surgimento de uma nova individualidade psicológica.

---

8. ELIAS, N. *La civilisation des mœurs.* Op. cit., p. 131-132.

9. LA CHAMBRE, M.C. Op. cit., p. 247.

Em tal configuração, o humanismo renascente constituiu sem dúvida o fermento intelectual, a ascensão da burguesia um elemento histórico essencial, a representação clássica do homem um ideal ético e estético; mas ela tem sua fonte aquém, nas mais longínquas raízes religiosas e filosóficas que haviam feito do verbo a origem de todas as coisas; ela *humanizou* essas origens antigas e sua influência se prolongou bem além do século 18. Essa reconfiguração da identidade coletiva e individual afirma antes de mais nada que a linguagem é a natureza mesma do homem. Ou melhor ainda: a linguagem permite a apropriação pelo sujeito de sua própria natureza. O indivíduo retoma progressivamente a palavra àquele que lha outorgara. É a expressão pela linguagem; mais, é a *expressividade* no sentido amplo que define a humanidade e a separa radicalmente da organicidade e da animalidade. Pode-se falar aqui de um *paradigma da expressão*.

É preciso com efeito falar de *expressão* e não mais apenas de linguagem. O paradigma da expressão não poderia ser compreendido a partir de uma problemática estreitamente delimitada: na categoria "expressão" é preciso ver uma concepção das trocas de linguagem que não se refere apenas ao uso da palavra, mas ao homem por inteiro. E, antes de mais nada, ao seu corpo: como o verbo, o corpo é expressão, intérprete do pensamento, linguagem natural da alma; é, diz Cureau, "a alma por inteiro expandida para fora".

> Pois a natureza não deu ao homem apenas a voz e a língua para serem as intérpretes de seus pensamentos, mas, desconfiada de que delas pudesse abusar, fez com que falassem também sua fronte e seus olhos para desmenti-las quando não fossem fiéis. Em uma palavra, *expandiu toda a sua alma para fora* e não há necessidade de janela para ver seus movimentos, suas inclinações e hábitos, pois que aparecem no rosto e estão nele escritos em caracteres visíveis e bem manifestos[10].

---

10. Ibid., p. 1 (grifo nosso).

O paradigma da expressão designa, pois, esse processo pelo qual a linguagem vai pouco a pouco se tornar a medida de todas as coisas, dar sentido às condutas, penetrar profundamente a interioridade subjetiva e fazer do corpo o lugar expressivo de uma voz interior.

Inscrita na racionalização dos comportamentos e no desenvolvimento do individualismo, a importância nova que adquire a categoria da expressão durante o período clássico apresenta, no entanto, aspectos paradoxais: por um lado ela responde a um desejo de transparência política e social que se manifesta na abundante literatura dedicada a decifrar o comportamento individual nos tratados de fisiognomonia e na que visa a codificar condutas através de manuais de civilidade. Assim Cureau, fisionomista de talento, cujo poder fornecia um suprimento de olhar que penetraria e traria à luz as qualidades ocultas e intenções escondidas, pôde escrever:

> Pois o conhecimento que se pode ter dos homens é enganoso [...] e perigoso; de sorte que não há, sem fraude e sem perigo, senão o que essa Arte permite [...]. Ela ensina a descobrir os desígnios ocultos, as ações secretas e os autores desconhecidos das ações conhecidas. Enfim, não há dissimulação tão profunda que não creia poder penetrar e à qual não pretenda despojar da maior parte dos véus que a cobrem[11].

Compreende-se que nas intrigas de corte a decifração do rosto tenha adquirido tanta importância que passaram a confeccionar artes para se superarem na tarefa. De modo mais geral, esse controle das aparências se manifesta, através da sensibilidade à expressão, por um cuidado com o desenvolvimento do outro, uma vigilância da dissimulação a que todos são suscetíveis.

Se as fisiognomonias submetem a expressão individual a uma observação detalhada, para não dizer suspeitosa, as

---

11. Ibid., p. 6-7.

civilidades visam, por sua vez, codificar e dominar as expressões para a conduta. Espera-se que o homem interior se conforme ao comportamento do homem exterior, o que A. de Courtin, por exemplo, designará pelo termo "contenção"[12]. Tais tentativas não são, todavia, de modo unívoco, sinônimo de submissão a comportamentos conformistas. Elas contribuem de maneira paradoxal para o desenvolvimento do individualismo dos costumes: codificam-se as condutas, também as tornam mais complexas, além de opacas. Implicam, com efeito, da parte de cada um, um trabalho de diferenciação nas atitudes e na sensibilidade ao outro. Permitem a constituição de um espaço interior individual. Exigem, portanto, todo um trabalho de controle e de domínio individual das emoções e conduzem cada um a se refletir no íntimo de si mesmo; tratando de fazer coincidir o civil e o exprimível, são condutas para separar esse espaço do permitido, do lícito e legal, daquilo que é preciso calar, subtrair e proibir ao olhar, aquilo que é preciso esconder no mais fundo de si mesmo em um espaço pessoal de pudor, silêncio e segredo.

A denúncia da hipocrisia das aparências e da mentira das máscaras pôde, desde Rousseau, fazer com que se esquecesse isso: a consciência da opacidade das aparências foi condição essencial para o aparecimento da categoria pessoa (*persona*) antes de acompanhar o surgimento progressivo do indivíduo.

---

12. COURTIN, A. *Nouveau traité de la civilité qui se pratique em France et ailleurs parmi les honnêtes gens*. Paris, 1671.

1
O espelho da alma
Origens e renovação da fisiognomonia no século 16

A fisiognomonia é uma ciência real pela qual as condições dos homens são plenamente conhecidas por meio de algumas conjecturas, pois o rosto é comumente previsor e indicador, [...] de tal modo revela e desnuda o coração, e são por ele conhecidas as vozes dos pensamentos e cogitações interiores, coisas as quais estão contidas sob a verdade fisionômica[1].

É nesses termos, reproduzidos da edição latina de 1504, que *O compêndio e breve ensinamento da fisiognomonia*, de B. Coclès, formula a renovação da fisiognomonia no século 16[2]. Resumido e simplificado, o compêndio é amplamente difundido e atinge uma clientela mais vasta que simplesmente a dos eruditos[3]. Constitui-se assim um público no início do século 16 cujo gosto pela "ciência do rosto" não será desmentido

---

1. COCLÈS, B. *Le Compendion et brief enseignement de la physiognomonie*. Paris, 1560, p. 1.

2. COCLÈS, B. *Chyromantie ac Physionomie Anastasis cum approbatione Magistri Alexandri de Achillinis*. Bolonha, 1504. A obra foi reeditada em 1515 em Pávia, em 1523 em Treviso sob os cuidados de Tricasso, e, depois, sob a forma de *compendium* em 1533, 1534, 1551, 1554, 1555, 1597 etc.

3. É abundantemente traduzido a partir de 1525. Em italiano, em Veneza, em 1531; em alemão, em Estrasburgo, em 1530 e 1537; em francês, em Paris, em 1550; e em inglês, em Londres, no mesmo ano.

até o fim do século 17: as traduções francesas do livro de Coclès são reeditadas até 1698. Mesmo sucesso teve o tratado de Jean d'Indagine[4], que será reeditado treze vezes de 1531 a 1672, com suas traduções alemã, francesa e inglesa periodicamente republicadas ao longo do século 17. Além dessas duas coleções, que conhecerão a maior difusão dentre as obras de fisiognomonia até a publicação da *Fisiognomonia humana* (1586) de G.B. Della Porta, o assunto suscita na primeira metade do século 16 grande número de tratados inéditos, mas de interesse e originalidade bem desiguais[5].

Esse renascimento, depois de se contentarem por muito tempo em repetir os mesmos tratados antigos ou as lições de fisiognomonia medievais latinas e árabes, é testemunho do fato de que o corpo se torna objeto de uma observação maior, mais detalhada e mais penetrante. Decifrando o corpo, a fisiognomonia ambiciona "despojar e revelar o coração". Ela se quer "ciência das paixões naturais da alma e dos acidentes do corpo, mudando e permutando o hábito de uma e do outro[6]. Uma *ciência das paixões*, o objeto mesmo designado por Coclès para a fisiognomonia encontra sua definição em formulações bem antigas atribuídas a Aristóteles[7]. A retomada de interesse pelo rosto no começo do século 16 não apresenta ruptura com

---

4. D'INDAGINE, J. *Introductiones apostelesmalicae in Chyromantiam, Physiognomiam, Astrologiam Naturalem complexiones hominum naturas planetarum.* Estrasburgo, 1522.

5. HUNDT, M. [o Velho]. *Antropologicum de hominis dignitate et proprietatibus.* Leipzig, 1501. • BOLONHA, C.A. *De subjecto physionomie et chyromantie.* Pávia, 1515. • BIONDO, M. *De cognitione hominis per aspectum.* Roma, 1544. • GOSSELIN, J. *La Phisionomie.* Paris, 1549. • DU MOULIN, A. *Physionomie naturelle, extraite de plusieurs philosophes anciens et mise em français.* Lion, 1550. • GRATAROLO, G. *Des préceptes et moyens pour recouvrer, augmenter, et contre-garder la mémoire avec un œuvre singulier qui démontre à facilement prédire et juger des mœurs et de la nature des hommes selon la considération des parties du corps.* Lion, 1555 [1. ed. latina, 1544]. • PINTIO, P. *Fisionomia naturale.* Roma, 1555.

6. COCLÈS, B. *Le Compendium.* Op. cit., p. 2.

7. "A fisiognomonia é a ciência das paixões naturais da alma e das repercussões que fazem o corpo sofrer ao se transformarem em sinais de fisionomia."

a tradição, mas reatualiza os termos de uma concepção da relação entre corpo e alma elaborada lentamente nas obras antigas[8]. Essa concepção possui alguns traços elementares constantes que os tratados do Renascimento reavivam.

Fontes e renascimento da "ciência das paixões"

O homem divide-se em dois: ele é ao mesmo tempo invisível e visível, homem interior e homem exterior. Mas existe um elo entre a interioridade recôndita do homem e sua exterioridade manifesta. Os movimentos das paixões que habitam o homem interior são revelados na superfície do corpo. A fisiognomonia antiga faz assim da relação entre a alma e o corpo uma relação entre o interior e o exterior, o profundo e o superficial,

---

8. E que sobrevém através dos seguintes tratados, relidos e reinterpretados pela Idade Média latina e árabe: PSEUDO-ARISTÓTELES. *Physiognomonica* [Trad. no século 13 por Bartolomeo da Messina]. • LAODICEIA, P. [séc. 2 d.C.]. *De physiognomonia liber* – Anonymi de physiognomonia liber [Tratado latino do séc. 3 ou 4 (pseudo-Apuleio]. Esses tratados foram retomados em FOERSTER, R. *Scriptores physiognomonici graeci et latini*. Leipzig. • TEUBNER, G.B., 1893. A obra de Adamantios (séc. 4) foi traduzida por H. Boyvin Du Vauroüy: *La Physionomie d'Adamantios*. Paris, 1635. A essa tradição devemos acrescentar um opúsculo de Melampus (séc. 3) sobre a interpretação dos *naevi* [manchas de pele etc., marcas de nascença – N.T.], editado por CARDAN, J. *Metoposcopie*. Paris, 1658. Sobre as origens da fisiognomonia, assim como a relação dessas origens com os tratados da era clássica, cf. FOERSTER, R. *Die Physiognomia der Griechen*. Kiliae, 1884. • ANTONINI, G.J. *Precursori di Lombroso*. Turim, 1900. • THORNDIKE, L. *A History of Magic and Experimental Science*. 8 vol. Nova York: Columbia University Press, 1923-1958. • DELAUNAY, P. "De la physiognomonie à la phrénologie, histoire et évolution des écoles". *Le Progrès médical*, n. 29-31, jul.-ago./1928. • MOURAD, Y. *La physiognomonie árabe et le Kitab Al-Firâsa de Fakhr Al-Dîn Al-Râzî*. Paris: P. Geuthner, 1939. • DENIEUL-CORMIER, A. "La três ancienne physiognomonie de Michel Savonarole". *La Biologie médicale*, abr./1956. • LANTERI-LAURA, G. *Histoire de la phrénologie*. Paris, PUF, 1970. • BALTRUSAITIS, J. *Aberrations* – Essai sur la legende des formes. Paris: Flammarion, 1983, p. 9-53. • DANDREY, P. "La physiognomonie comparée à l'âge classique". *Revue de Synthèse*, série III, n. 109, jan.--mar./1983. • DANDREY, P. "Um tardif blason du corps animal: résurgences de la physiognomonie comparée au XVIIe siècle". *XVIIe siècle*, n. 153, out.-dez./1986.

37

o oculto e o manifesto, o moral e o físico, o conteúdo e o recipiente, a paixão e a carne, a causa e o efeito. O homem possui duas faces, das quais uma escapa ao olhar: a fisiognomonia pretende supri-la tecendo uma rede cerrada de equivalências entre o detalhe das superfícies e as profundezas ocultas do corpo. A ciência das paixões é uma ciência do invisível.

É preciso que ela diga o que falta ao olhar: para isso ela se funda, segundo a tradição antiga, seja numa inferência direta, quando o traço morfológico remete sem mediação à qualidade psíquica, como no caso do nariz arrebitado, sinal de impudor e deboche, seja numa inferência indireta, quando é a analogia entre as formas humanas e animais que permite predizer o caráter, o do homem enigmático, o dos animais familiares, deduzindo-se um do outro – os bois são lentos e preguiçosos, têm a ponta do focinho grossa e os olhos grandes, sendo, portanto, lentos e preguiçosos os homens que têm nariz grosso e olhos grandes como os dos bois. A ciência das paixões é uma técnica de observação das formas naturais.

A relação entre o corpo e a alma, um segundo traço dessa tradição, se dá como uma *linguagem*. O corpo exprime a alma, fala sua linguagem, e está aí o objeto mesmo da fisiognomonia. A ciência das paixões é uma ciência da linguagem da alma. E isso permanece verdade nos textos do século 16:

> A fisiognomonia consiste em duas coisas, a saber: a composição e compleição do corpo humano que *declaram e mostram manifestamente pelos sinais exteriores as coisas que estão dentro do homem*; por exemplo, pela cor, pela estatura, pelos costumes dos membros e pela figura[9].

O corpo é ao mesmo tempo objeto percebido e discurso feito, indicador e palavra da alma. Desde a origem, as fisiognomonias são maneiras de dizer e de ver o corpo humano: elas traduzem a exterioridade, a aparência, o invólucro corporal em um conjunto de sinais.

---

9. COCLÈS, B. Op. cit., p. 2.

Nisso aproximam-se pelos princípios e estão ligadas pela história à semiologia médica. Trata-se mesmo, nos dois casos, de detectar, por um exercício sistemático do olhar, indicadores que afloram à superfície do corpo, traços morfológicos ou expressivos num caso, sintomas no outro. Trata-se ainda de converter em sinais, dotando-os de um sentido, os indicadores revelados no percurso do olhar pelo corpo: os sintomas tornam-se então, para o médico, os sinais clínicos da doença; os traços morfológicos do corpo – sobretudo os do rosto – são interpretados pelo fisionomista como sinais, segundo a época, de vícios ou virtudes, de inclinações ou paixões da alma, de tendências ou características, de pulsões ou formações psíquicas. A analogia, porém, acaba aí: os procedimentos da fisiognomonia são semelhantes em princípio aos da semiologia médica, mas as interpretações que propõe têm um outro objeto e uma outra extensão. Se, por um lado, trata também de observar o homem exterior, é com efeito para adivinhar o homem interior, o homem *psicológico*, não o homem *doente*. A semiologia médica soube, no exercício do diagnóstico, limitar pouco a pouco a arte de conjecturar, depurando o olhar clínico, ligando-o a outros dados perceptivos[10]. A fisiognomonia trai, por sua vez, na própria intenção – estendendo seus juízos à totalidade do homem psíquico, chegando frequentemente até a prever o destino do indivíduo – a sua origem mais longínqua, que partilhou outrora com a medicina: a da *adivinhação*[11]. Não coloca assim nenhum limite ao império

---

10. O que foi progressivamente alcançado pela medicina no final do século 18. Sobre esse conjunto de pontos cf. FOUCAULT, M. *Naissance de la clinique*. Paris: PUF, 1963.

11. Isso fica bem claro no estudo que J. Bottero (op. cit.) dedicou aos primeiros tratados divinatórios mesopotâmicos. Há toda uma fisiognomonia cujo parentesco formal com os tratados do período clássico são impressionantes nas técnicas de observação do corpo próprias de uma das mais antigas tradições divinatórias conhecidas. E uma racionalização dessa observação em que se elaboram os primórdios do olhar médico. Não há, pois, como começar a fisiognomonia, ao contrário do que se faz comumente, com a tradição aristotélica.

do olhar sobre o corpo – a ciência das paixões não é mais que ciência do olhar.

Portanto, essa divisão que nos parece hoje tão clara – de um lado a ciência médica, seu saber rigoroso e sistemático, de outro a falsa ciência fisiognomônica, seu saber duvidoso e suas classificações fantasistas – não se processa no início do século 16: fisiognomonia e medicina estão nessa época estreitamente ligadas, são frequentemente indissociáveis e assim permanecerão por mais de um século ainda. Os tratados carregam os traços da *dupla origem*, médica e divinatória, da ciência das paixões. Tinha a aparência da "arte dos augúrios" e Jean Taxil, médico e astrólogo, ainda no início do século 17 julga-a indispensável ao médico:

> Galeno refere-se à fisionomia e assegura, pela autoridade de Hipócrates, que aqueles que se metem a médicos e a ignoram estão em perpétuas trevas do espírito e cometem graves erros [...]. O médico, portanto, que quisesse desprezar essas regras e ensinamentos não seria semelhante à hera que só quer derrubar a muralha que a sustenta?[12]

Ciência do olhar, a fisiognomonia será também ciência do rosto. E está aí um dos traços essenciais que ressuscita o interesse do século 16 pela fisiognomonia antiga. *In facie legitur homo*: pelo rosto se lê o homem. O renascimento da fisiognomonia traduz uma atenção nova pelo rosto e aquilo de que é palco, a *expressão humana*. Ela vai retomar a hierarquia dos sinais que a tradição antiga estabelece: Aristóteles dava a primazia aos indicadores que têm por sede a cabeça, a testa, os olhos[13]; Polémon abria sua fisiognomonia com um capítulo dedicado ao olhar. Os tratados do período clássico

---

12. TAXIL, J. *L'Astrologie et la physiognomonie en leur splendeur*. Tournon, 1614, p. 2.

13. "Principialissimus autem locus est, qui est circa oculos et frontem, et caput, et faciem, secundus autem, qui est circa pectus et spatulas, consequenter circa crura et pedes, quæ autem, circa ventrem, minime" (PSEUDO-ARISTÓTELES. "Physiognomonica". In: FOERSTER, R. Op. cit., p. 91).

acentuarão mais essa tradição descritiva que imprime uma ordem aos tratados antigos e medievais, percorrendo o corpo de alto a baixo, à maneira de uma lista conduzindo sinais essenciais aos indicadores secundários.

É preciso adivinhar o homem por trás do seu rosto: um desejo de transparência do corpo se mostra nessas obras do século 16; aí se desenvolve uma inquietude face à *dissimulação* que já se formulara nas antigas fisiognomonias. A alma é coberta de véus, a palavra mente em abundância e a própria fisionomia é pouco segura. A duplicidade obceca a fisiognomonia: aí se multiplicam os retratos de homens dissimulados, pérfidos, mentirosos ou infiéis, figuras inquietantes de homens dúbios fadados a enganar, que os tratados assemelham à morfologia dos símios, à língua das víboras, ao caráter feminil ou, mesmo, ao temperamento negro da melancolia, fisionomias partidas em que se acusa a separação entre a aparência superficial e a profundidade oculta, pois a espessura de um rosto "gordo" e "carnudo" cobre a alma de um véu opaco, enquanto olhos "pequenos e fundos" subtraem o olhar e com ele o coração[14].

Tais retratos são a "prova" da onipotência que os textos reconhecem ao olhar treinado do fisionomista, que pode detectar a alma corrompida sob os artifícios da dissimulação, despojando as fisionomias mentirosas da máscara que abrigam. Os rostos perdem o segredo. O fisionomista torna inútil essa "janela" cuja ideia a tradição antiga atribui por vezes a Momo, por vezes a Sócrates, aquela mesma janela aberta no peito que permitiria observar os movimentos do coração.

> A fisiognomonia, ciência quase divina, remediou esse mal [...]. Pois pelos sinais exteriores que se veem nos corpos dos homens ela descobre a tal ponto seus hábitos, naturezas e desígnios que parece penetrar nos mais ocultos esconderijos da

14. Cf., p. ex., DELLA PORTA, G.B. *La Physionomie humaine*. Rouen, 1655, p. 550 [Trad. da edição latina de 1598 em Nápoles].

alma e, por assim dizer, nos lugares mais íntimos do coração[15].

A dissimulação deve tornar-se difícil ou mesmo impossível. É a necessidade de um controle social do homem interior que o ressurgimento da fisiognomonia exprime. E aí se desvenda a dimensão *prática* da ciência do rosto. Os textos do século 16 contam fielmente as anedotas que ilustram a legendária perspicácia dos fisionomistas antigos: Zópiro descobrindo no rosto de Sócrates a marca de um caráter violento e de impulsos grosseiros[16]; Hipócrates adivinhando na corte de Alexandre o ardor inconfessado que o filho do rei, Pérdicas, nutria pela madrasta; Aristóteles aconselhando ao mesmo Alexandre da Macedônia a escolha dos ministros pelo semblante, antecipando assim o papel que Cureau exerceria junto a Luís XIV. Arte do descobrimento do outro, o renascimento da fisiognomonia no século 16 é herdeiro dos textos gregos e, mais ainda, da tradição árabe que os havia registrado e comentado[17].

A história da fisiognomonia árabe é com efeito dominada por uma ideia original, anterior a seu contato com a tradição grega: mais que uma ciência, ela poderia ser uma arte, o exercício do dom de uma *segunda visão* que permitiria "julgar rapidamente uma pessoa e sem erro possível [...] a partir dos sinais exteriores [...] visíveis somente por um olho

---

15. Ibid., p. 1-2.

16. Os discípulos de Sócrates apresentam a Zópiro, célebre fisionomista grego, um retrato de seu mestre. Tendo longa e silenciosamente observado o rosto do filósofo, Zópiro conclui: "Este homem deve ser enganador, finório, sensual; é alguém que ama a fornicação". Há um furor indignado dos alunos, que relatam essas declarações a Sócrates. Este aumenta a confusão deles ao retrucar: "Zópiro tem razão, esse é com efeito o meu caráter. Mas, quando vi que minhas disposições eram más, impedi-me de segui-las e a razão venceu minhas paixões. O filósofo cuja razão não comanda seus impulsos não é filósofo" (CÍCERO. *De fato*, V, 10).

17. Cf. MOURAD, Y. Op. cit.

treinado"[18]; o que os tratados árabes designam pelo nome de *firasa*. A *firasa* é uma prática do *olhar* e uma arte do *detalhe*: o uso da intuição perceptiva infere de detalhes do rosto e do corpo – um movimento furtivo do olhar, um traço apenas perceptível da morfologia do nariz, um espaçamento ínfimo dos dentes – a verdade de uma alma ou os segredos de um coração. Esse exercício do olhar reveste ademais um caráter eminentemente prático: o fisionomista é chamado ante os tribunais para atribuir autorias e estabelecer culpabilidades a partir da aparência das pessoas; nos mercados de escravos ele aconselha o comprador a julgar a robustez dos machos[19] ou as aptidões sexuais das fêmeas; junto ao sultão ele recomenda a escolha de tal conselheiro, de tal camelo ou tal cavalo; e chega mesmo a prever o futuro.

A dupla origem da fisiognomonia está, portanto, claramente marcada na tradição árabe, onde se traduz pela coexistência de uma corrente *naturalista* próxima das preocupações médicas e de uma corrente *astrológica* voltada para o lado divinatório. A primeira alimentou-se dos textos gregos e se desenvolveu a partir do século 10 com Rāzi. Mantém-se ainda no início do século 13, no *Kitab al Firasa* de Fakhr al-Din al-Rāzi, em que se destaca a tradição árabe[20]. A partir do século 13, a fi-

---

18. Ibid., p. 1.

19. Assim, o texto de Rāzi analisado por Y. Mourad começa por observar o tom e o brilho da pele do escravo para julgar o estado do fígado, do baço e do estômago: "Manchas brancas ou escuras que contrastam com a cor da pele indicam um começo de chaga ou lepra. Cumpre desconfiar dos *naevi* [manchas – N.T.], das tatuagens e dos vestígios de cauterização, pois podem ter sido feitos para esconder indícios de lepra. Após o exame da pele, procede-se à inspeção dos olhos, das pálpebras, das sobrancelhas, do nariz, do hálito, da boca, da cor dos lábios, dos dentes. Ausculta-se em seguida o ventre e as glândulas do pescoço. Depois, faz-se o escravo correr para verificar sua capacidade respiratória e ver se está sujeito à tosse" (Ibid., p. 56).

20. Durante esse período, a fisiognomonia é considerada uma verdadeira ciência. Figura na classificação das ciências como um ramo secundário da física, assim como a medicina. Avicena classifica-a no terceiro escalão das divisões secundárias da física, depois da medicina e da astrologia. Ela conserva no

43

siognomonia liga-se progressivamente às práticas divinatórias e à astrologia. Desde então, em vez da relação entre fisionomia e caráter, observam-se sinais impressos pelos astros no corpo: nas linhas do rosto ou da mão, as manchas naturais da pele ou das unhas, a localização dos *naevi* [marcas de pele ou de nascença etc. – N.T.] ou, ainda, os movimentos involuntários de certas partes do corpo[21]. Muito ligados ao modo de vida, os tratados de fisiognomonia astrológica vão então proliferar. Essa hesitação sobre o estatuto da fisiognomonia – ciência natural ou prática divinatória? – vai marcar profundamente a sua história. Encontram-se traços disso nos debates que prolongam as correntes naturalistas e astrológicas e veem aí duas formas conjuntas, sejam complementares ou opostas. No século 18, quando a medicina vai se separar da astrologia, ainda ecoará, embora enfraquecida, essa dupla origem fisiognomônica, quando Lavater tentará ao mesmo tempo fundar uma ciência natural do rosto e se inquietará sem cessar com a sua impossibilidade, celebrando então o "faro" do fisionomista, esse talento pessoal, essa intuição fulgurante que logo põe um rosto a nu.

Existe, assim, nos primórdios gregos e sobretudo árabes da fisiognomonia, uma dimensão essencial: a sua função prática. É essa dimensão que permite compreender o enigma da sua história: pouco a pouco desprezada pela ciência natural, abandonada às margens do saber positivo e depois verdadeiramente desqualificada, ela *jamais* deixou, porém, de encontrar interesse social, mundano ou simplesmente anedótico. Portanto, não faz parte apenas do projeto de uma história

---

seio das ciências naturais uma autoridade bem real, a despeito da opinião de Averróis, que a considera uma disciplina divinatória, perigosa e conjectural.

21. Por isso figura numa classificação das ciências do século 16 entre os onze ramos das práticas divinatórias: ciência dos *naevi*, quiromancia, escapulomancia, adivinhação pelas pegadas, ciência das genealogias por inspeção dos membros e da pele, arte de se guiar nos desertos e de descobrir fontes e minerais, de prever chuva, de prever por meio de coisas passadas e presentes ou pelos movimentos involuntários dos membros (cf. MOURAD, Y. Op. cit., p. 29).

44

natural do homem, mas se inscreve profundamente na sua história social. É assim que os dois momentos históricos da Idade Moderna em que vai suscitar maior interesse (do início do século 16 aos dois terços iniciais do século 17, por um lado; e da década de 1780 ao final da primeira metade do século 19, por outro) são períodos de reconfiguração política e social: primeiro, a instauração do Estado absolutista e constituição progressiva de uma sociedade civil concebida segundo o modelo da corte; depois, o nascimento de um Estado democrático e de uma sociedade de massas. São momentos em que se coloca de maneira crucial a questão da *identidade individual* nas estruturas sociais em plena transformação.

Se remontarmos com efeito às sociedades tradicionais, veremos que o fisionomista – que constitui com o médico e o adivinho um único e mesmo personagem – preenche junto aos centros de poder essa função prática reservada ao uso comum da intuição na vida cotidiana quando é preciso saber identificar os sentimentos que um rosto familiar exprime ou, então, desvendar a identidade por trás de uma figura desconhecida. O homem comum é fisionomonista sem sabê-lo quando baseia em tal exercício do olhar a escolha dos homens que deve frequentar e a das companhias que deve evitar.

> Al-Shafi costumava dizer: desconfiem do caolho, do zarolho e do manco, do corcunda, do ruivo e de barba rala, como de toda pessoa com enfermidades corporais. Evitem quem tem defeitos físicos, pois é vil, ignóbil, enganador e seu comércio só traz remorsos[22].

Viver em sociedade implica, pois, que se saiba decifrar a fisionomia. Os textos do século 16, contemporâneos da formação de uma sociedade concebida segundo o modelo da civilidade, vão retomar esses antigos imperativos, reforçá-los e generalizá-los. É preciso *escolher* suas companhias, e é aí que a fisiognomonia se impõe como uma necessidade.

---

22. Ibid., p. 61.

O conhecimento do homem, escreve Jean Gosselin na sua *Phisionomie* (1549), é uma ciência útil e respeitável...

> [p]ara saber conhecer [...] os outros homens com os quais é preciso *viver* e *conversar*, a fim de escolher os amigos e atrair para nós os homens de boa compleição e de costumes úteis e humanos. E evitar os homens que são constituídos ou nutridos de humores desagradáveis e maltemperados[23].

E, acrescenta Gosselin à maneira dos árabes antigos, proceder "de maneira semelhante à que fazem os homens (preservada a honra cristã) que querem ter cavalos para se servir deles tanto por necessidade quanto por prazer"[24]. À sua *Phisionomie* ele anexa, com toda a lógica, uma *Arte de conhecer os cavalos*[25].

A figura do homem

Qual pode ser o sentido de uma história da fisiognomonia? Tentar captar as mutações da *figura* humana: a figura é a representação (discursiva ou icônica) do homem interior (uma natureza, um caráter, uma inclinação, paixões, vícios e virtudes, emoções...) através de um conjunto de indícios corporais e exteriores (formas, marcas, vestígios, traços, sinais...). Não é tanto, pois, o rosto, mas a figura que constitui o objeto da fisiognomonia; é a figura que faz sinal no rosto: o que se mostra e o que se percebe, o que nele se exprime ou se

---

23. GOSSELIN, J. Op. cit., p. 14 (grifo nosso).

24. Ibid.

25. As referências ao saber do conhecedor de cavalos são frequentes na fisiognomonia, sobretudo na tradição naturalista. E também aos saberes da caçada, nos quais Porta vê uma das bases da sua ciência. Michelangelo Biondo acrescenta a sua fisiognomonia de inspiração médica e anatômica (*De cognitione hominis* [...]. Op. cit.) um tratado sobre os saberes do caçador: *De canibus et venatione libellus*. Roma, 1543.

esconde, o que se pode nele reconhecer e descrever. Aquém da figura, o rosto escapa como um enigma.

Não cabe ir buscar, portanto, na fisiognomonia apenas a verdade dos rostos e, sim, bem mais, a *linguagem das figuras*, a expressão de uma relação entre a interioridade do homem e sua aparência, assim como de suas transformações: uma tal relação não é, com efeito, imutável, porém marcada entre os séculos 16 e 18 por um deslocamento lento, mas contínuo. Esse deslocamento é o indício de uma profunda evolução das identidades individuais e coletivas.

Antes de mais nada, no terreno do conhecimento científico do homem natural: entre os séculos 16 e 18 a fisiognomonia vai pouco a pouco se separar da medicina. Desenvolve-se uma medicina autônoma e racional que marginaliza progressivamente os conhecimentos tradicionais sobre a fisionomia. Há aí elementos do lento *afastamento* dos saberes sobre o homem do fundo milenar de crenças cosmológicas e biológicas que lhe davam sentido. O corte é profundo: a analogia entre corpo e alma, que é então refutada, era admitida desde a noite dos tempos. Uma ciência natural do homem afirma agora lentamente sua autonomia e se afasta das artes divinatórias que a acompanhavam desde a origem dos saberes.

Em segundo lugar, no domínio das percepções do corpo como forma simbólica: as fisiognomonias, essas maneiras de dizer e modos de ver o corpo e o rosto humanos, são então a tradução de uma mutação das imagens do corpo. Constitui-se aos poucos um imaginário "clássico" do corpo, cuja representação vai se separar da visão astrobiológica do mundo que caracterizava as concepções medievais e as filosofias da natureza no Renascimento. À separação dos discursos de um fundo antigo de saberes corresponde assim um *desencanto do corpo*, isto é, o surgimento progressivo da visão de um corpo que se refere a si mesmo, ordenado pela razão, habitado por um sujeito, individualizado pela expressão.

No que concerne, enfim, ao comportamento tanto público quanto privado do indivíduo em sociedade, a fisiognomonia tinha por finalidade essencial observar os outros e escolher as companhias de acordo com as aparências. Ela visará cada vez mais um conhecimento de *si* e uma maneira de se conduzir na vida civil. Vemos a constituição de um espaço íntimo, submetido ao controle social e que tende ao mesmo tempo a proteger-se dele. A fisiognomonia participa do reforço das autolimitações, do controle por cada indivíduo dos sinais manifestos de suas paixões.

A figura humana, entre os séculos 16 e 18, autonomiza-se e racionaliza-se, ao mesmo tempo tornando-se mais íntima, *socializando-se* e *individualizando-se*. Trata-se de um processo complexo e multiforme do qual as fisiognomonias constituem um dos traços, um indicador dentre outros. E há muitos outros discursos e muitas outras práticas que dão testemunho dessas transformações. Por exemplo, os discursos doutorais, dos saberes, entre eles o da anatomia, cujas transformações no curso da era clássica ilustram à sua maneira essa lenta mutação das visões do corpo. Aí também se racionaliza a representação, o olhar se depura, afina-se a perspectiva e as figuras se desfazem aos poucos de um fundo de imagens astrológicas e sobrecargas estéticas que atravancavam o espaço anatômico[26]. Mas há ainda outros modos de representação do rosto: o desenvolvimento da arte do retrato é testemunha também de que a figuração do corpo se descola lentamente do contexto sagrado, de que a fisionomia adquire precisão e naturalidade, de que o corpo se individualiza com a maior nitidez da expressão[27].

---

26. Cf. esp. DUMAÎTRE, P.; HAHN, A. & SAMION-CONTET, J. *Histoire de la médecine et du livre médical.* Paris, 1962. • LYONS, A.S. & PETRUCELLI, R.J. *Histoire illustrée de la medicine.* Paris: Renaissance, 1979. • HERLINGER, R. *History of Medical Illustration from Antiquity to 1600.* Nova York: Nijkirk, 1970. • BINET, J.-L. & DESCARGUES, P. *Dessins et traités d'anatomie.* Paris: Du Chêne, 1980. • EDGERTON JR., S. "Médecine, art et anatomie". *Culture Technique,* n. 14, 1985, p. 165-181. Paris: CRCT.

27. Cf. FRANCASTEL, P. & FRANCASTEL, G. *Le portrait, cinquante siècles d'humanisme en peinture.* Paris, 1969.

E existe por fim todo um conjunto de práticas que não consistem simplesmente em discursos, mesmo que cada vez mais estreitamente codificadas em tratados, mas que são práticas do próprio corpo, que trabalham sua postura, sua atitude, sua expressão mais fina, o menor gesto. As *regras de civilidade* difundidas pelos tratados de boas maneiras favorecem, no decoro que prescrevem, o imaginário de um corpo fechado, estritamente delimitado, objeto do autocontrole individual e do trabalho social da polidez.

Rosto, analogias e assinaturas

A fisiognomonia começa no Ocidente no século 12, com as primeiras traduções. Os ocidentais, ao contrário dos árabes, a ignoram inteiramente antes dessa época[28]. Uma literatura propriamente medieval aparece no início do século 13[29] e vai encontrar público cada vez maior até o século 15. Mas não dá prova de originalidade: fiel aos tratados gregos e árabes, é herdeira da tensão que neles opõe as tendências naturalistas e astrológicas.

As obras de fisiognomonia da Idade Média são com efeito, o mais das vezes, trabalhos de médicos e apresentam um duplo aspecto: de um lado detalham de maneira precisa e exaustiva as diversas partes do corpo humano, prosseguindo

---

28. São traduzidos ao mesmo tempo os tratados antigos e árabes. No final do século 12, aparece o tratado latino atribuído a Apuleio, logo seguido pelas obras árabes: o *Liber Almansoris*, de Razi, é traduzido em 1179 por Gerardo de Cremona, depois o *Secret des secrets*, traduzido no início do século 13 por Philippe de Trípoli; o pseudo-Aristóteles é traduzido do grego para o latim em 1260 por Bartolomeo de Messina, antes de inúmeros tratados de fisiognomonia astrológica árabe que inundam o Ocidente a partir do final do século 13 (cf. DENIEUL-CORMIER. Op. cit.).

29. Os trabalhos mais importantes são os de Miguel Scott e Pedro d'Abano (de Pádua), que serão editados no século 15: D'ABANO, P. *Liber compilationis physionomiae*. Pádua, 1474. • SCOTT, M. *Liber physionomiae*. Besançon, 1477. • *De procreationis et hominis physionomia*. Basileia, 1480. Registremos ainda: SIENA, A. *Le régime du corps*. Parte IV: "Phisonomie" [Texto francês do século 13 publicado pelos doutores Landouzy e Papin. Paris, 1911]. Devemos acrescentar os comentários de Alberto o Grande, de Buridan e de Bacon.

49

o trabalho de anatomia das superfícies corporais empreendido pela tradição antiga. O olhar médico tem os seus primórdios aí. É preciso então para o médico poder ler os sinais da *complexio* – essa unidade complexa de traços físicos e mentais próprios de cada um – em cada parte do corpo. Isso organiza os tratados segundo um primeiro conjunto de classificações: a lista ordenada dos órgãos do corpo, a dos elementos, dos humores e temperamentos.

Essas tentativas de observação natural do corpo e do rosto fundadas no humorismo, que se estenderão nas obras de fisiognomonia ao longo dos séculos 16 e 17, são ilustradas ainda no *Speculum Physionomiae*, escrito antes de 1450 por Miguel Savonarola. Um temperamento quente dará uma alma audaciosa e violenta; se o frio domina, ela será amedrontada e pusilânime. E a alma pode mudar o corpo: a imaginação modifica-a, colocando em movimento os espíritos animais. O rosto, portanto, resulta das paixões que o temperamento suscita, desenhando seus traços, moldando suas formas. Por exemplo, os cabelos que o cercam ou os pelos que crescem nele serão abundantes se o temperamento for quente, raros se for frio, frisados se for seco, lisos se for úmido. Ou o nariz: o calor torna-o grande e também o orgulho; a umidade excessiva do cérebro dá um nariz largo e denota pessoas sujas, enquanto o temperamento frio torna o nariz pequeno e indica um espírito vil e baixo...

Mas esse humorismo coexiste com elementos que são, pela primeira vez, modernos. Savonarola antecede todo estudo fisionômico de alguns princípios de anatomia sobre a parte estudada do corpo. Dá assim grande importância à anatomia do olho, pelo lugar que este ocupa no diagnóstico fisionômico. E se apoia, além disso, na Teoria da Localização dos Sentidos Internos[30] para fazer do *homem interior* um ho-

---

30. Vale-se de Avicena para situar o senso comum, a fantasia, a virtude imaginativa, a virtude cogitativa e a virtude estimativa nos ventrículos anterior, médio e posterior do cérebro; sobre esse conjunto de pontos relativos ao *Speculum Physionomiae*, cf. DENIEUL-CORMIER, A. Op. cit.

mem anatômico, numa longínqua antecipação de Gall. Assim, aqueles cuja parte posterior do ventrículo médio é bem desenvolvida são bem-dotados de "virtude estimativa", fornecem bom aconselhamento e são o tipo de homem a que se deveriam ligar os príncipes, em vez de dar ouvidos a tagarelas.

Savonarola acrescenta, porém, a esse conjunto de dados o enunciado das bases astrológicas da adivinhação fisionômica e aí está o caráter da maioria de suas obras: às observações e classificações do médico logo se superpõem as do astrólogo. Os órgãos, os humores e os temperamentos remetem aos planetas, de modo que os homens zodíacos povoam os tratados. A astrologia domina o pensamento médico dos séculos 14 e 15: as fisiognomonias estão inseridas na massa dos escritos astrológicos, aproximando-se aí dos conjuntos de predições, dos manuais de quiromancia ou oniromancia e das artes exotéricas ligadas à memória.

O renascimento e desenvolvimento sem precedentes da fisiognomonia no começo do século 16 vai primeiro prolongar e depois pouco a pouco transformar esses dados iniciais. Antes de mais nada, pelo intenso trabalho filológico efetuado pelos humanistas do Renascimento: os autores antigos são relidos, comparados, criticados, recuperados ou instáveis, sistematicamente interpretados. Será essa a obra essencial de G.B. Della Porta, cuja *Fisionomia humana* (1586) domina a produção do século 16 e da primeira metade do século 17 por sua amplitude, pelo caráter sistemático e exaustivo. Mas esse trabalho de leitura não se volta unicamente para a tradição antiga: abrange as fisiognomonias e medicinas medievais latinas ou árabes e registra assim os saberes populares sobre o corpo[31].

_____

31. A renovação da fisiognomonia está estreitamente ligada à difusão do livro, quer sob a forma de tratados doutos em língua latina destinados a um público letrado, quer como brochuras em língua vulgar, mais breves, elementares e anedóticas, voltados para um público popular. Uma multidão de *compendia*, textos paradigmáticos, almanaques e calendários que difundem as crenças populares sobre o corpo são recheados de juízos fisionômicos, ao lado de profecias, previsões ligadas à passagem de cometas, receitas culinárias, conselhos

Encontra-se o mesmo princípio no coração das fisiognomonias do século 16, tanto as acadêmicas quanto as populares: a analogia entre o microcosmo humano e o macrocosmo natural ou cósmico. Assim, nas representações populares, o corpo humano é pego numa trama cerrada de relações analógicas com a fisionomia e o caráter atribuído aos animais: essas semelhanças batem com as comparações zoomórficas que a tradição da fisiognomia douta repete desde o pseudo-Aristóteles. Tanto para uma quanto para outra, o homem que se assemelha ao leão é "valente como um leão", outro tem a "luxúria de um porco", um terceiro é "teimoso como uma mula": as semelhanças morfológicas são testemunho do caráter, sua "assinatura". O pensamento popular e a fisiognomonia sábia partilham então a mesma crença na analogia que as filosofias da natureza medievais e renascentistas teorizam sob o nome de "doutrina das assinaturas": cada coisa traz na superfície, impressa em seu corpo, a assinatura pela qual se pode apreciar as propriedades e forças que ela encerra. E que determinarão, através da similaridade das formas, o paradigma das correspondências entre todo ser e toda coisa, suas "simpatias" mútuas[32]. O corpo humano é habitado inteiramente pela analogia, pela qual adquire sentido e se livra da opacidade, liberando seus segredos. É um "pequeno mundo" que em cada uma de suas partes, formas e lugares se assemelha ao grande mundo da natureza e do cosmos.

---

sobre regime e saúde do corpo. Elementos dessas representações fisionômicas na cultura popular do corpo podem ser encontrados em LOUX, F. *Le corps dans la société traditionelle*. Paris: Berger-Levrault, 1979. Cf. tb. os trabalhos que fazem um recenseamento dos saberes sobre o corpo na literatura popular da "biblioteca azul", extensão desses primeiros manuais do século 16; p. ex.: *La Bibliothèque Bleue* – La littérature populaire en France du XVIIe au XIXe siècle. Paris: Julliard/Gallimard, 1971.

32. Sobre a doutrina das assinaturas, cf. a súmula de L. Thorndike (op. cit.) ou certos trabalhos de A. Koyré (p. ex.: "Paracelse". *Mystiques, spiratels et alchimistes du XVIe siècle allemand*. Paris: Gallimard, 1971) e de M. Foucault (*Les mots et les choses*. Paris: Gallimard, 1966).

Assim, as veias do corpo humano pertencem de pleno direito à fisiognomonia, como regatos ou canaletas que irrigam esse pequeno mundo à maneira dos rios, fontes e torrentes que irrigam o grande corpo terrestre; e pela irrigação nós julgamos da fertilidade de um lugar [...]; pelas cores e conteúdo das veias vemos as doenças e os males por vir [...]. Se são grossas, em especial as da fronte acima das têmporas e a do meio da testa [...] isso significa um homem livre e liberal, sujeito a alguma sujeição a Vênus; após uma ação será fácil sabê-lo, pois estarão infladas e roxas, o que é sintoma de pleurite e apoplexia[33].

Esse texto tardio de R. Saunders é testemunho: o pequeno mundo é inseparável do grande e, na fisiognomonia, a medicina está inextricavelmente ligada à astrologia. Nesse mundo das analogias, onde nada do corpo poderia separar-se dos astros, das plantas ou dos animais, o rosto é um *centro*: dele partem todas as semelhanças, para ele convergem todas as similitudes, nele se encontram todos os tipos de analogias familiares ao pensamento das assinaturas.

Pois o rosto, antes de mais nada, é para o corpo o que o corpo é para o mundo: cada parte do rosto está ligada a uma parte do corpo (cf. figura 2). O rosto resume o corpo e, portanto, condensa o mundo. Mas a analogia aplica-se ainda entre superfície e profundidade, envolvendo o visível e a alma invisível. O rosto é a parte *princeps* da cabeça e a cabeça é a morada da alma, que nela reside como em uma cidadela, um lugar elevado de onde domina o resto do corpo. A cabeça não é a parte "nobre" do corpo, aquela que mais contém marcas de divindade? É por essa razão, diz Porta, que as estátuas de Hipócrates eram encimadas por um chapéu: para mostrar

---

33. SAUNDERS, R. *Physiognomonie and Chiromancie, Metoposcopie, the Symmetrical Proportions and Signal Moles of the Body [...]*. Londres, 1653. Trata-se de um texto tardio, verdadeiro catálogo das fiognomonias astrológicas dos séculos 16 e 17.

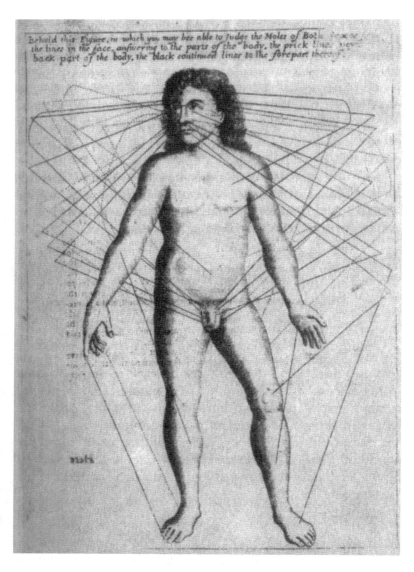

SAUNDERS, R. *Physiognomie and Chiromancie, Metoposcopie, the Symmetrical Proportions and Signal Moles of the Body*. 2. ed. Londres, 1671.
© BnF

"como se cuidava dessa parte na qual, como uma princesa no palácio, a Alma rege esse pequeno mundo, fazendo aí sua residência e sua corte"[34]. O rosto é, assim, *metonímia* da alma, a porta frágil de sua morada, o acesso ou janela entreaberta por onde contemplá-la, mas também a via das paixões, por onde ela pode surgir de repente.

Mas há ainda outras razões para essa centralidade e preponderância do rosto. Se à superfície se declaram abertamente vícios e virtudes, se as mais ocultas e secretas afecções da alma são marcadas nele da maneira mais inteligível, não é por mera proximidade: próximo da alma, o rosto é feito também à sua imagem, qual um *espelho*.

> É essa parte que se chama com justa razão *espelho* da alma, seu atalho, um quadro de acesso direto onde todas as cores primitivas e traços vivos que a compõem são representados e onde se leem claramente os vícios e virtudes de que é possuída ou que possui[35].

O rosto é a *metáfora* da alma, sua condensação, seu "atalho", da mesma forma que seu deslocamento, o caminho para sua morada. Inscrevendo o rosto na ordem da linguagem como antigo precursor da alma, a fisiognomonia renovada retoma as operações cardeais da expressão facial, que a justo título chamamos *figuras*. É nesse título que o rosto é a figura da alma e a fisiognomonia, o repertório de uma linguagem das figuras.

O homem sem expressão

Em 1658 aparecem tardiamente os treze livros e oitocentas figuras da face humana na *Metoposcopia* de Jérôme

---

34. DELLA PORTA, G.B. Op. cit., p. 68.

35. TAXIL, J. Op. cit., p. 6.

Cardan[36] (cf. figura 3), publicação que encerra uma tradição iniciada um século antes pelos ensinamentos desse médico, matemático e ocultista célebre. A partir da década de 1550, com efeito, aparecem "metoposcopias"[37]: essas obras de fisiognomonia astrológica, de origem longínqua e obscura e hoje esquecidas, difundiram-se, apesar das interdições papais às práticas divinatórias, as condenações dos teólogos, a incredulidade e a zombaria de alguns humanistas[38].

> Saberemos, pois, que esta Arte, que é a principal parte da fisiognomonia, visa a predizer pela inspeção tanto da figura da fronte quanto de sua extensão, largura e diversas linhas, e mesmo das marcas naturais que nela se encontram, coisas que causam espanto e fazem admirar com bastante frequência os que a ela se aplicam[39].

---

36. CARDAN, J. *Métoposcopie*. Paris, 1658. Uma edição latina aparece no mesmo ano.

37. HAGECIUS, T. *Aphorismorum Metoposcopicorum libellus unus*. Frankfurt, 1560. • GOCLENIUS, R. [o Jovem]. *Uranoscopia, chiroscopia et metoposcopia*. Frankfurt, 1603. • *Physiognomica et chiromantica specialia*. Frankfurt, 1621. • TAXIL, J. Op. cit. • FUCHS, S. *Metoposcopia et Ophtalmoscopia*. Estrasburgo, 1615. • MOLDENARIUS, C. *Exercitationes Physiognomicae*. Wittenberg, 1616. • SETTALA, L. *De naevis*. Milão, 1626. • SPONTONE, C. *La Metoposcopia, overo Commensurazione delle Linee della Fronte*. Veneza, 1626. • FINELLA, F. *De Methoposcopia Naturali liber primus*. Anvers, 1648. • *De Methospocopia Astronomicq*. Anvers, 1650. • SAUNDERS, R. Op. cit.

38. Devido a práticas divinatórias a metoposcopia é condenada por Pierre Nodé (*Déclamation contre l'erreur exécrable des maleficiers, sorciers, enchanteurs et semblables observateurs des superstitions*. Paris, 1578) e ainda por Jean Bodin (*De la démonomanie des sorciers*. Paris, 1580). Ela suscita a incredulidade de Montaigne – "A aparência é frágil garantia" ("De la phisionomie". *Essais*, III. 12. ed. Nova York, 1981, p. 353-354) e a ironia de Rabelais, que zomba da metoposcopia chamando-a de "Herr Trippa" (Agrippa): "À primeira vista, encarando-o de frente, Herr Trippa diz: Tu tens a metoposcopia e fisionomia de um cornudo. Quero dizer, cornudo escandalizado e difamado" ("Tiers livre", cap. 25. *Œuvres completes*. Tomo III. Paris: Alphonse Lemerre, 1870, p. 123).

39. J. Cardan. Op. cit., p. 2.

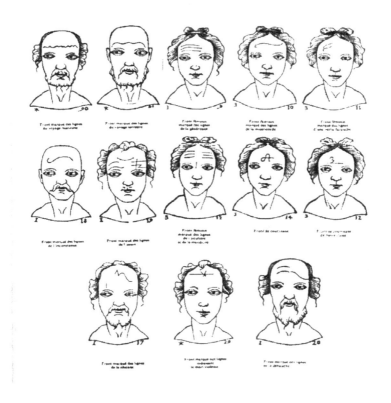

CARDON, J. *Métoposcopie*. Paris, 1658
[extraído de GIBRY, G. *Le musée des sorciers, mages et alchimistes* [1929]. Paris: Veyrier/Tchou, 1966].

As metoposcopias são para o rosto o que a quiromancia é para a mão. Cada homem traz na fronte, à maneira de um hieróglifo, a escritura do seu destino, uma *marca* que é ao mesmo tempo sinal de boa ou má sorte, traço de um caráter, sintoma de uma doença e estigma social. A metoposcopia integra um pensamento das "assinaturas". São os astros que imprimem a marca: "Como que por letras divinas, a vida dos homens está escrita e traçada"[40]. A metoposcopia sabe decifrar essa escritura divina e atribuir ao homem as qualidades do astro que o domina. Tal linha de Júpiter tornará o homem prudente, dotado de sábio conselho e bom juízo; a linha de Saturno denota memória e paciência, a do Sol indica moderação e magnificência, a de Vênus mostra cobiça e complacência. A fronte traz assim uma inscrição cuja decifração é delicada e complexa: "Cuidado para não se enganar com as rugas que parecem linhas"[41]. Junto com a ruga, dobra do rosto, estrato depositado pelas emoções experimentadas, assinatura pessoal carregada pela expressão, a metoposcopia afasta a gênese humana interior e singular da fisionomia. Com a linha, traço impresso por um astro à superfície do corpo, ela detecta a origem cosmológica e exterior da figura humana.

A metoposcopia é uma *semiologia da marca*. A marca é um indício superficial, dado à flor da pele, e também um traço manifesto e estritamente localizado: parece o único ponto visível de um corpo que o olhar apaga, de um rosto cujos traços são abolidos. Como se a marca viesse tomar o lugar do próprio sujeito e reduzi-lo ao traçado de um número. Pois, embora superficial, a marca parece incrustada na carne, como uma escritura firmemente inscrita no pergaminho da pele. Ela parece ter a profundidade de uma incisão e poder testemunhar assim o homem interior:

---

40. Ibid., p. 5.

41. Ibid., p. 6.

As cores e delineamentos que a natureza *grava* e *burila* exteriormente em cada coisa mostram com certa proporção o que está no interior[42].

A etimologia do que chamamos o *caráter* do homem – que vem do termo grego que significa sinal gravado, traçado ou escrito – ilustra bem o que a metoposcopia retém da figura humana. E que esses sinais sejam gravados é algo que lhes confere uma outra propriedade: eles são permanentes e irreversíveis, acompanham cada indivíduo do nascimento à morte. A marca distingue-se dos acontecimentos passageiros que podem afetar a fisionomia – a metamorfose da emoção, o efêmero da expressão ou mesmo o traço acidental da cicatriz – pelo fato de que mergulha a figura em *um tempo imóvel e irreversível*[43]: nas linhas da fronte o destino e o caráter são impressos à esquerda, no meio e depois à direita, marcando respectivamente a primeira, a segunda e a terceira idades do homem.

Estática sob o olhar, imutável na sua relação com o tempo, a figura humana se reduz nesses tratados de fisiognomonia astrológica às regras de uma escritura cujas possibilidades se multiplicam ao infinito em inúmeros traçados geométricos[44]. Essa escritura complica-se ainda por uma cartografia dos grãos ou sinais de beleza a ela combinada (cf. figura 4). Pode-se certamente encontrar nesses caracteres regularidades parciais, mas seu princípio fundamental continua sendo o *acúmulo* ilimitado dos traços num repertório aberto de

---

42. TAXIL, J. Op. cit., p. 6 (grifo nosso).

43. "Notem que os sinais ou caracteres se diversificam com a variação do tempo: daí decorre a grande mudança de acidentes tão diversos que ocorrem na vida dos homens. Mas as linhas mais notáveis, como também os sinais (principalmente os que carregam significação até o extremo da vida), permanecem" (CARDAN, J. Op. cit., p. 8).

44. Essa escritura possui caracteres de base – as sete linhas dos planetas – que formam uma espécie de partição contínua sobre a qual as possibilidades significantes podem se desmultiplicar: as linhas variam de tamanho e de número, são contínuas ou quebradas, grossas ou finas, marcadas ou tênues. Elas se curvam e retorcem, sobrepõem-se umas às outras e se ramificam, desenhando uma multidão de figuras geométricas, letras, formas simbólicas...

figuras: oitocentos "retratos" desse tipo ilustram a obra de Cardan. E poderia haver bem mais. Nada permite, portanto, fechar o sistema. Ocorre o mesmo com as regras de interpretação dessa "escritura divina", que é ao mesmo tempo altamente arbitrária, muita vez esotérica e banalmente analógica, com as linhas retas significando constância, as linhas tortas indicando intemperança e as linhas partidas, os perigos, a doença, a morte – os destinos felizes escrevem-se em figuras *regulares*. E está aí um último traço dessas semiologias da marca que são as metoposcopias. Como todas as concepções do corpo enquanto "assinatura", elas supõem uma relação *ternária* entre um indício externo, uma propriedade do homem interior e uma potência exterior ao homem – Deus, astros ou natureza – que grava no seu rosto as letras do seu destino.

Nada poderia melhor ilustrá-lo que os retratos que ornam a obra de Cardan. A representação obedece a uma regra essencial: apagar tudo o que poderia atrapalhar a legibilidade da região frontal[45]. A morfologia facial restringe-se, achata-se e retira-se, restando então um *homem-fronte*. Da mesma maneira, todo detalhe pessoal, individual ou singular está fadado a desaparecer: a metoposcopia de Cardan é um catálogo de figuras impessoais, indiferenciadas, intercambiáveis, que só a inscrição frontal por vezes distingue. Isso supõe um afastamento sistemático dos traços expressivos: nada anima essas faces imóveis, anônimas e impávidas. Fisionomias sem rosto, *figuras de um homem sem expressão*[46] (cf. figura 5).

---

45. Assim os cabelos: as figuras de Cardan são totalmente calvas ou possuem uma fronte largamente pronunciada. A pilosidade se refugia na parte de baixo do rosto e as barbas escondem bocas e queixos, que não passam de elementos secundários.

46. De maneira paradoxal, os traços expressivos que não foram totalmente apagados subsistem nas margens do retrato e com frequência tornam legíveis as figuras cujos hieróglifos frontais são esotéricos e opacos: o olhar direto e simétrico do homem de bem, os olhares fuzilantes dos infelizes ou assassinos, o olhar desviado e incerto do louco ou do vagabundo. Isso é melhor ilustrado ainda nos retratos mais expressivos da metoposcopia de R. Saunders (op. cit.) (cf. figura 5), particularmente nas negras figuras de assassinos, com traços pronunciados.

SAUNDERS, R. Carta astrológica dos sinais de beleza do rosto.
© BnF

SAUNDERS, R. Metoposcopias.
© BnF

Submetida à lei dos astros, a figura humana o é também à lei dos homens. A utilidade da metoposcopia deve-se, segundo esses tratados, ao fato de que permitiria prever os destinos felizes ou funestos, identificar o homem sadio e separá-lo do doente, como identificar o homem de bem e distingui-lo dos homens perigosos: sequestradores, ladrões, vagabundos, mendigos, prostitutas e assassinos, todos aqueles cujos retratos ocupam um lugar considerável nessas obras. A marca astrológica é um *estigma social*. Aprender a decifrá-la é saber reconhecer a periculosidade pelo rosto. A lei da natureza e a ordem social confundem-se no corpo.

> Também os senhores jurisconsultos (tão avisados quanto doutos, sabendo bem que o rosto é vitrine das virtudes como dos vícios) deram tal peso aos sinais do rosto que, quando vários criminosos são suspeitos de algum crime, se for o caso de descobrir a verdade pela violência, eles submetem a tortura o mais disforme de aspecto e de rosto, segundo os preceitos de sua doutrina[47].

O uso judiciário da fisiognomonia astrológica não passa de uma antiga lembrança quando Jean Taxil o recomenda. Mas na sociedade civil, nas ligações sociais que a troca de olhares tece, persistimos em julgar pelas aparências.

Da morfologia à expressão

O final do século 16 vê o desenvolvimento de exigências racionais nas representações do corpo. Vão aparecer na década de 1580 várias tentativas de fisiognomonia "natural" que se desviam da astrologia e da adivinhação no exame da fisionomia. A separação entre a fisiognomonia e a astrologia esboça-se, portanto, no curso dos últimos vinte anos do século. Cumpre ver aí, sem dúvida, o efeito de uma ascensão geral da racionalidade, de uma lenta transformação das percepções

---

47. TAXIL, J. Op. cit., p. 6.

do mundo físico que a revolução científica do século 17 logo endossará. Mas ela obedece igualmente a elementos específicos, dos quais um se reveste de grande importância quanto ao destino da fisiognomonia: o efeito da Contrarreforma católica sobre as ciências ocultas, condenadas por uma bula de Sisto V em 1586[48].

Isso levou muitos autores à prudência. A Igreja condenava a prática da astrologia judiciária e divinatória, assim como a leitura ou posse de livros sobre o assunto: somente Deus conhecia o futuro e nem os homens nem os demônios poderiam prevê-lo. Mas ela isentava de censura a previsão de acontecimentos que podem frequente ou necessariamente ser inferidos de causas naturais. A previsão astrológica continuava, portanto, possível quando ligada à agricultura, à navegação e também à medicina[49]. E foi para a medicina que se voltou então mais claramente a fisiognomonia, como a quiromancia:

> Se o Papa Sisto [...] fez uma bula contra os quiromancistas, não se pode crer que a intenção desse grande personagem tenha sido excomungar os verdadeiros quiromancistas naturais; do contrário, seria de crer que a mesma bula excomungasse os médicos, que comumente percebem muitos indícios das doenças do corpo pela contemplação da mão[50].

Isso teve, portanto, como consequência a diminuição das publicações astrológicas na segunda metade do século 16, particularmente na Itália (enquanto progrediam nos países protestantes), e o aparecimento das fisiognomonias

---

48. A bula de Sisto V é reafirmada em 1631 por Urbano VIII. As artes ocultas são comparadas a heresias e perseguidas sobretudo na Itália e na Espanha. Os tratados de fisiognomonia são colocados no *Index Expurgatorius* e os autores perseguidos pela Inquisição, ainda que esses trabalhos sejam considerados como formas menores de heresia. Assim, Jérôme Cardan não foi verdadeiramente perseguido quando ensinava na Universidade de Bolonha na década de 1570.

49. Sobre esse conjunto de pontos cf. THORNDIKE, L. Op. cit. Vol. VI, p. 145-178.

50. TAXIL, J. Op. cit., p. 128.

"naturais"[51]. Esse ponto de inflexão da tradição fisiognomônica é marcado particularmente na obra de G.B. Della Porta. Além da necessária prudência[52], a ambivalência do texto papal em relação à astrologia revela uma tensão mais geral que caracteriza as representações da figura humana nesse fim de século. A *Physionomie humaine*, de Porta, sua contribuição maior a uma "ciência do rosto", possui com efeito traços do pensamento mágico dos filósofos da natureza renascentistas, mas, sob outros aspectos, prepara o advento de uma razão clássica do corpo e do rosto.

Porta é, sem contestação, um homem do Renascimento, por suas preocupações com a "magia natural", em que se trata mais de desvendar os segredos da natureza humana do que descobrir suas leis[53]; e é também renascentista pelo uso que faz das comparações zoomórficas, fiéis às doutrinas das assinaturas e das simpatias. "Não é verdade", pergunta, "que o homem é indômito como o leão, medroso como a lebre, que

---

51. Recebem assim o *imprimatur* as obras de Giorgio Rizza Casa (*La fisionomia*. Carmagnola, 1588) e de Ioannes Pacluanius de Verona (*De singularum humani corporis partium significationibus*. Verona, 1589). Elas haviam sido precedidas na via de uma fisiognomonia natural pelo tratado de Paulo Pintio (op. cit.) publicado em 1555. E serão seguidas no início do século 17 por INPEGNERI, G. *Fisonomia Naturale*. Milão, 1607. O curto tratado de Livio Agrippa de Monferrato (*Discorso di Livio Agrippa da Monferrato, Medico et Astrologo, sopra la Natura e Complessione humana* (Roma, 1601)) é, em compensação, uma fisiognomonia de inspiração astrológica, mas não uma metoposcopia. Na Espanha, a fisiognomonia astrológica foi menos estritamente posta no índex: a obra de Geronimo Cortès (*Phisionomia y vários secretos de Naturaleza*. Barcelona, 1601), de caráter astrológico nitidamente marcado, foi reeditada várias vezes no início do século 17.

52. As posições de Porta com respeito à astrologia não são certamente exemplos de uma componente tática: os seis volumes de sua *Fisiognomonia celeste* (Nápoles, 1603) oferecem todo um conjunto de considerações astrológicas, ao mesmo tempo em que refutam as profecias baseadas nos planetas como tolice e condenam a astrologia judiciária. O que os astrônomos atribuem aos planetas, signos zodiacais e constelações deve ser inferido das qualidades, humores e particularidades do corpo humano.

53. Sobre esse ponto cf. SIMON, G. "Sur un mode de méconnaissance au XVIe siècle: Porta et l'occulte". *La Pensée*, n. 220, mai.-jun./1981.

se pode compará-lo ao galo pela liberalidade e ao cão pela avareza?[54] [...] Em suma, que ele lembra e resume as compleições e caracteres das diferentes espécies animais, condensando toda a criação?" Desse universo de semelhanças ele extrai o método que funda uma semiologia da relação entre o homem exterior e o homem interior[55]. Esse método privilegia a inferência direta dos indicadores do corpo humano e conserva uma organização ternária: não são mais os astros, mas as formas e os caracteres atribuídos aos animais que fazem ligação entre o homem de fora e o homem de dentro, quer dizer, entre o homem e ele mesmo. O que a obra de Porta ilustrou com uma iconografia em que se organiza um diálogo das semelhanças entre o rosto humano e as raças animais e onde se vê muito frequentemente o essencial do seu aporte[56] (cf. figura 6).

Mas há uma outra racionalidade em jogo na obra de Porta: o cuidado do método, a precisão da observação, a sistematicidade e amplitude do trabalho filológico que conduz a uma reapropriação crítica dos trabalhos antigos e medievais. Sob o efeito dessa racionalidade a figura humana se *naturaliza*, mesmo que o saber permaneça dominado por um

---

54. DELLA PORTA, G.B. Op. cit., p. 32.

55. É o "silogismo dos fisionomistas". "E assim será preciso argumentar para concluir e inferir: tudo que tem grandes extremidades é forte; todo leão e alguns outros animais têm grandes extremidades; portanto, todo leão e alguns outros animais são fortes. O termo médio do silogismo que é B: *ter grandes extremidades*, ou seja, o sinal, converte-se com a proposição maior A: *forte*; a última proposição ou pressuposto C vai além do leão, pois ter grandes extremidades não se aplica somente a toda espécie de leão, mas a outros animais também, como o homem, o cavalo, o touro; assim, poderemos provar por isso mesmo que Heitor é forte porque tudo que tem grandes extremidades é forte e Heitor, tendo grandes extremidades, também o é" (Ibid., p. 65-66).

56. A propósito da zoomorfologia de Porta, cf. BOUCHET, A. "J.B. Porta et la physiognomonie aux XVIᵉ et XVIIᵉ siècles". *Cahiers Lyonnais d'Histoire de la Médecine*, tomo II, n. 4, 1957, p. 13-42. • BALTRUSAITIS, J. Op. cit. • DANDREY, P. Op. cit. • VAN DELFT, L. "Physiognomonie et peinture de caracteres". • DELLA PORTA, G.B. "Le Brun e La Rochefoucauld". *L'Esprit créateur*. Spring, 1986, p. 43-52.

DELLA PORTA, G.B. *Della fisonomia dell'huomo*.
Livro 6 [1586]. Pádua: Tozzi, 1623.
© BnF

pensamento feito de analogias e simpatias. A *Physionomie humaine* é esse momento da história da fisiognomonia em que a tradição naturalista que vem de Aristóteles toma pouco a pouco ascendência sobre a tradição astrológica e divinatória ligada às interpretações da Idade Média árabe. E ainda que se tenha feito grande caso do bestiário humano que ilustra as obras de Porta, é antes uma *racionalização dos discursos* que uma multiplicação das imagens que confronta o leitor. A comparação com o tratado de Cardan e a tradição metoposcópica em geral é a esse respeito eloquente, porquanto a relação entre texto e imagem parece inverter-se aí. A metoposcopia inscrevia mais nitidamente a figura na representação icônica e no campo do olhar. A fisiognomonia natural parece querer converter esse olhar em discurso e mergulhar mais profundamente o corpo no campo da linguagem.

A *Physionomie humaine* homogeneíza e racionaliza os textos legados pela tradição: Porta é levado a distinguir entre os sinais, a classificá-los, a pensar suas relações. Organiza-se pouco a pouco uma semiologia da superfície corporal que aponta os sinais comuns e derivados, aprende a localizá-los, hierarquizá-los e colocá-los em relação uns aos outros após um cálculo. Corpo e rosto são recobertos pouco a pouco pela rede de um discurso que estabelece a ligação entre a aparência e a interioridade. E as percepções da própria fisionomia se transformam sob seu efeito: o discurso tende a ordená-las em uma lista hierarquizada de órgãos e indícios que traduzem e comandam o percurso do olhar sobre o corpo visível. A figura humana se destaca pouco a pouco do universo das semelhanças. Um limite mais nítido parece separar o rosto das confusões primeiras com o universo natural; sua legibilidade torna-se mais rigorosa, mas também mais abstrata, como se, imperceptivelmente, se distanciasse afastando-se das percepções imediatas; como se entre o rosto e o olhar que o observa se interpusesse o véu silencioso e quase transparente da linguagem. E entre o espaço metonímico da lista (todo órgão é seguido e precedido de outro órgão, todo traço morfológico está ligado a uma qualidade psicológica) e o espaço metafórico da imagem (todo homem parece um animal), a fisiognomonia de Porta hesita, seu texto vacila, sua percepção do corpo se confunde. Essa ambivalência é a de um momento histórico em que as concepções do rosto ainda não saíram do universo mágico das semelhanças naturais e ainda não entraram no universo racional das forças, causas e efeitos físicos[57].

Mais racional e mais autônoma, a figura ganha ademais em profundidade e expressividade: ela tende a se *animar*. E aí

---

57. Cf. COURTINE, J.J. "Corps, regard, discours; typologies et classifications dans les physiognomonies de l'âge classique". *Langue Française*, n. 74, mai./1987. Paris: Larousse, 1987.

Libro Terzo. 129

Ecco il ritratto del Porco Cinghiale, con gl'occhi granili, e con l'humano à sua somiglianza.

Occhi grandi, & i grani pallidi mescolati di fuoco commossi splendono, & mirano come irati, & aprono le palpebre, e lucono come fuoco.

Libro Terzo. 120

Ecco v'apponiamo l'imagine ritratta dal vivo dell'Ichneumone, che ancor si conserva vivo nel suo Museo da Ferrante Imperato nostro diligentissimo conservator d'animali, ove si veggono le picciolissime pupille.

Pupille picciole de gl'occhi.

DELLA PORTA, G. Detalhes do olho.
© BnF

ainda a obra de Porta é ambígua. Ela dá uma importância preponderante à morfologia facial, persegue seus detalhes mais aparentemente insignificantes, dá sentido e importância à comissura dos lábios, aos cantos dos olhos, denomina os grãos ou pontos que ornam a íris ocular, logo comparando-os a traços semelhantes que podem apresentar tal ou qual animal (cf. figura 7). Mas esse naturalismo atento aos menores indicadores morfológicos, essa dissecção infinita do detalhe leva Porta, entretanto, a dedicar um livro inteiro da *Physionomie humaine* ao órgão que excede essa anatomia dos traços e parece torná-la inútil: o olho. Pois no olho Porta pretende capturar o olhar, e no olhar *dar a expressão*.

Estamos longe então das marcas eternas gravadas na superfície plana e lisa da fronte que as metoposcopias decifram; como estamos longe já das caracterizações morfológicas rudimentares das primeiras fisiognomonias do início do século. Porta não negligencia certamente qualquer observação morfológica, mas mantém também que os olhos estão para o rosto como o rosto está para a alma. Os olhos são a *alma do rosto*: chama-os ainda de "portas da alma, porque pelos olhos ela se deixa ver do lado de fora"[58]. Daí resulta que eles manifestem toda a perfeição da fisionomia e que, por conseguinte, os sinais dos olhos sejam mais importantes que os de qualquer outra parte do corpo. Eles são a morada transparente da alma.

> Certamente a alma faz sua morada nos olhos, de onde essas lágrimas que testemunham compaixão têm sua fonte; quando fazemos alguém baixar os olhos, parece que por eles nós lhe tocamos a alma: é pela alma que olhamos [...]; os olhos, como tábula rasa e transparente, recebem a parte visível da alma e a transportam para fora; é por isso que o grande pensamento como que cega os olhos, pois a vista aí se retira para dentro[59].

---

58. DELLA PORTA, G.B. Op. cit., p. 403.

59. Ibid.

O longo estudo que Porta dedica aos olhos faz assim mais que retomar a preponderância que a tradição antiga já lhes concedia. Mensageiros da alma, "janelas do coração", "encontro das graças" ou "luzes do amor": com essas antigas metáforas do olhar deslocam-se sensivelmente as percepções da figura humana. O olhar é esse lugar da superfície em que transparece o homem interior: uma atenção mais exigente é dada às profundezas do corpo. A interioridade, que a fisiognomonia astrológica congelava em um caráter externo, tende daí em diante a projetar-se sobre o invólucro corporal à maneira de um reflexo. O homem está menos separado de si mesmo.

Pois com a observação do olhar a fisiognomonia se põe a *fazer do movimento um sinal*: a análise de Porta leva-o de uma caracterização morfológica do olho (a forma, a situação, a cor dos olhos...) a uma consideração do movimento ("olhos que tremem", "que piscam", "que se mexem"...) e para além da própria expressão ("olhos risonhos", "olhos tristes"...). Um tempo novo, mais fugaz, penetra então a figura: as fisionomias imóveis, hieráticas, indiferenciadas, animam-se pouco a pouco, mesmo que as semelhanças animais as liguem ainda a um universo fechado e imutável de formas naturais. As figuras são lentamente superadas por uma dimensão psicológica que lhes era estranha.

Tornar-se o fisionomista de si mesmo

É o que diz o texto de Porta, muito mais do que mostra sua iconografia, que continua congelada no naturalismo imóvel das simpatias morfológicas. Cumpre notar aqui que a fisiognomonia manifesta uma sensibilidade diferida a uma evolução que de início foi a do retrato pintado: aí também a figura humana progressivamente se libertou a partir do século 14, com o nascimento do retrato livre, dos poderes tutelares, divindades e santos padroeiros que sobre ela velavam. A figura dessacralizou-se. Depois, ao longo de todo o século 15, o próprio rosto se destacou sobre um fundo neutro, girando lentamente no plano do quadro para encarar o espectador: no final do século 15, em Florença, abandona-se o retrato hierático em medalha ou brasão em prol do estudo fisionômico de frente, que permite a observação mais precisa e mais completa da expressão, uma *decifração íntima*. Essa decifração do homem interior ocupará seu lugar completo no século 16, quando o retrato se autonomiza como objeto e como mercadoria, satisfazendo o gosto de um público cada vez mais vasto; o humanismo faz da figura humana um veículo primeiro de sentido e de expressão e Dürer pinta olhares, o olhar interior de Erasmo, o olhar reflexivo do autorretrato. E Leonardo da Vinci afirma: "Tu farás figuras de maneira que seja fácil compreender o que levam no espírito, do contrário tua arte não será digna de louvor"[60]. A fisiognomonia de Porta é testemunho do eco mais tardio e ainda pouco perceptível que a sensibilidade à expressão encontra no que era então a ciência natural do homem.

Isso nota-se ainda pela utilidade social que Porta atribui à fisiognomonia. Ele elabora um modelo de tratado, reproduzido ao longo de todo o século 17 e com frequência imitado depois, que fecha a descrição fisiognomônica dos órgãos e dos indicadores com uma galeria de retratos de caracteres. A tradição, ainda aí, é antiga: os retratos do sábio e do louco,

---

60. Cf. FRANCASTEL, P. & FRANCASTEL, G. Op. cit., p. 105. A obra dos Francastel ressalta a longo prazo a animação progressiva da figura humana à medida que se afasta do hieratismo de suas primeiras representações. A pessoa humana se encontra cada vez mais valorizada, a expressão ganha pouco a pouco o rosto. É também o que nota G. Duby na estatuária e no retrato dos séculos 12 e 13: "Parece que por volta de 1125-1135, no pórtico de São Lázaro de Autun, por exemplo, os entalhadores de imagens recebem [...] a instrução de se afastarem das abstrações, de animar cada personagem de uma expressão pessoal; dez anos mais tarde, no portal real de Chartres, os lábios e olhares se tornam realmente vivos; depois são os corpos que vemos, por sua vez, libertos do hieratismo; por fim, muito mais tarde, no último terço do século 13, uma nova etapa decisiva é franqueada quando irrompe na escultura o retrato, a busca da semelhança" (*Histoire de la vie privée*. Op. cit. T. II, p. 506).

do homem de bem e do mau já figuravam no tratado pseudoaristotélico. Com Porta eles adquirem um rigor novo que é testemunho de uma necessidade social: é preciso saber decifrar os sinais aparentes no rosto, mas também prever a partir de uma origem psicológica o conjunto dos traços físicos que a manifestam. Adivinhava-se a alma pelos indícios corporais; agora o corpo será deduzido das qualidades espirituais. Aparentadas à literatura de "caráteres", essas leituras complementares devem assegurar uma maior legibilidade dos corpos e das almas na sociedade civil.

No seio desta, a inspeção do outro guarda todos os seus direitos. A figura decifrada pela fisiognomonia conserva seu estatuto de marca e estigma social: convém sempre observar os outros para conhecê-los, para desmascarar as dissimulações e escolher os verdadeiros amigos, "a fim de que cada um, pensando em sua sanidade, se associe a homens fiéis e dotados de boas maneiras, evitando a companhia dos maus e perversos"[61]. Mas a fisiognomonia deve também permitir a cada um observar em si mesmo o homem interior:

> Essa espécie de ciência poderá também, não somente pela inspeção do outro, mas também de nós mesmos, servir-nos bastante, de modo que nós mesmos podemos tornar-nos fisionomistas de nós mesmos[62].

Ser o fisionomista de si mesmo: as formas de controle social pelo olhar devem se estender ao homem interior; a fisiognomonia surge então como uma disciplina pessoal.

> Se alguém consultar o espelho para se ver e notar que seu corpo tem uma excelente constituição, tome cuidado para que a dignidade de seu corpo não seja conspurcada pelo afeamento de seus modos; e aquele que perceber nos sinais de seu corpo que sua alma não é absolutamente recomendável deve esforçar-se

---

61. DELLA PORTA, G.B. Op. cit., p. 1.

62. Ibid.

diligentemente para recompensar com o exercício da virtude os maus sinais do corpo[63].

Nesse exercício de um olhar *sobre si* que equivale a se considerar *como um outro*, o homem interior pode conseguir, ao término de certo trabalho, se destacar um pouco de sua aparência: o espaço íntimo aumenta com a prática de tal disciplina e, com ele, a possibilidade de cada um desmentir seu aspecto reformando sua alma, mas também a de mascarar sob um exterior amável costumes corrompidos.

---

63. Ibid.

2
Caras e bocas das paixões
Desdobramentos da fisiognomonia no século 17

Tis all in pieces, all coherence gone[1]. "Tudo em pedaços, toda coerência desfeita", diz o verso de John Donne, dando a medida das transformações da percepção do mundo físico na virada para o século 17. O homem perde o mundo fechado que dava sentido à sua existência e constituía a referência do seu saber; abre-se um universo infinito em movimento, que só se pode captar na linguagem das figuras geométricas.

Se tal transformação abala até as estruturas do pensamento, ela não se produz, entretanto, por uma mutação brutal. Seus efeitos sobre a percepção do homem e de seu corpo se fazem sentir lentamente e de modo desigual: a fisiognomonia continua a aparecer no contexto da Teoria das Assinaturas e da astrologia até a segunda metade do século 17[2]. Desenvolve-se,

---

1. DONNE, J. *Anatomy of the World*, 1611. Apud KOYRÉ, A. *Du monde clos à l'univers infini*. Paris: Gallimard, 1973, p. 48.

2. Além do conjunto de tratados de metoposcopia já assinalados, contam-se inúmeras obras fisiognomônicas de inspiração astrológica, com frequência acopladas a manuais de quiromancia: BELOT, J. *Instruction familière et très facile pour apprendre les sciences de chiromancie et de physiognomonie*. Paris, 1619. • OTTO, A. *Anthroposcopia*. Königsberg, 1647. • DOUXCIEL, A.P. *Speculum physionomicum*. Langres, 1648. • ELSHOLTZ, J.S. *Anthropometria sive de mutua membrorum corporis humani proportione et naevorum harmonia*. Frankfurt, 1663. • MEY, P. [Meyens]. *Chiromantia medica*. Haia, 1667. • FREDERIK, J. Schweitzer [Helvetius]. *Microscopium physionomie*. Amsterdã, 1676. • LA COLOMBIÈRE, W. *Le palais des curieux*. Paris, 1676.

porém, a ideia de uma clara separação entre essa fisiognomonia astrológica e uma fisiognomonia natural: ao longo de todo o século 17 aparece uma série de obras que se voltam para a medicina e submetem a tradição astrológica a uma crítica que se tornará mais viva[3]. Os tratados buscam apoiar-se mais prontamente não apenas numa observação do invólucro corporal, mas também em elementos anatômicos. O olhar atravessa a superfície do corpo, a anatomia penetra o homem interior: aparece assim na obra de E. Pujasol Presbytero um corte anatômico do olho[4] e uma descrição anatômica precede cada caracterização fisiognomônica operada a partir de tal ou qual órgão do corpo. Mas as duas correntes herdadas da tradição permanecem com frequência confundidas: assim para Cureau de La Chambre, que no entanto toma alguma distância em relação à "quiromancia", ainda importa que o médico leve em consideração os signos astrológicos:

> A Arte que ensinamos não deve desprezá-los: é preciso que deles se socorra, pois têm o mesmo desígnio dela, e não podemos esquecer nada para tratar de descobrir uma coisa tão oculta como é o coração do homem[5].

Quer o homem exterior adquira sentido a partir das configurações planetárias ou através da medicina dos humores, os textos fisiognomônicos do século 17 apresentam afinal

---

3. BALDI, C. *In physiognomica Aristotelis commentarii*. Bolonha, 1621. • GHIRADELLI, C. *Cefalogia fisonomica*. Bolonha, 1630. • PRESBYTERO, E.P. *El sol solo, il para todos sol, de la filosofia sagaz y anatomia de ingenios*. Barcelona, 1637. • NIQUET, H. *Physiognomia humana*. Lion, 1648. • LA CHAMBRE, M.C. Op. cit. • LA BELLIÈRE [Sr. de La Niolle]. *Physionomie raisonée*. Paris, 1664. • BAYLE, F. *Dissertationes physicae*. Toulouse, 1677. • LAIGNEAU, D. *Traitée de la saignée* – 2ᵉ éd. avec une table de corps. Paris, 1685. A essas obras acrescentam-se novas traduções dos textos antigos na primeira metade do século 17 e inúmeras reedições. *A fisionomia humana*, de Porta, p. ex., teve vinte e uma edições sucessivas na Itália até 1656.

4. PRESBYTERO, E.P. Op. cit., p. 35.

5. LA CHAMBRE, M.C. Op. cit., p. 337.

pouca diferença dos seus precursores do século 16. Planetas e signos do zodíaco na fisiognomonia astrológica, humores e temperamentos na fisiognomonia natural, em nada excludentes entre si, continuam sendo a garantia daquilo que fundamenta a Teoria do Rosto: a analogia entre a alma e o corpo.

O homem organismo

É esse postulado mesmo que vai recolocar em questão o que constitui o acontecimento maior de uma história da fisiognomonia no século 17: as célebres *Conferências sobre a expressão das paixões* que o pintor Charles Le Brun profere em 1668 na Academia Real de Pintura e Escultura[6]. As conferências de Le Brun produzem um deslocamento considerável da problemática da fisiognomonia, nela introduzindo um conjunto de dados novos, e fazem surgir uma outra representação do laço secular que unia o rosto à alma.

Em 1628, o tratado de Harvey descrevendo a circulação sanguínea revoluciona a fisiologia do corpo humano. Submetido ao direito comum das leis físicas das forças e dos fluidos, o corpo humano torna-se um dentre outros corpos. Tem um funcionamento rigorosamente autônomo e se desespiritualiza: é pura mecânica, um autômato.

Quero que considereis essas funções como produzindo-se naturalmente no interior da máquina em

---

6. O texto da conferência foi publicado após a morte do pintor, sucessivamente por Testelin, Picart e, depois, Audran: *Sentiments des plus habiles peintres sur la pratique de la peinture et de la sculpture mis em table par Henry Testelin*. Paris, 1696. • *Conférence de Monsieur Le Brun sur l'expression générale et particulière*. Paris: Picart, 1698. • *Expression des passions de l'âme, représentées en plusieurs têtes gravées d'après les dessins de feu M. Le Brun par J. Audran*. Paris, 1727. Esse texto foi reeditado em LAVATER, G. *L'Art de connaître les hommes par la physionomie*. 10 vol. Paris, 1820 [ed. de Moreau de La Sarthe]. • JOUIN, H. *Charles Le Brun et les arts sous Louis XIV*. Paris: Imprimerie Nationale, 1889. E mais recentemente na *Nouvelle Revue de Psychanalyse*, n. 21, 1980. Paris: Gallimard. As notas de Jennifer Montagu no *Catalogue de l'exposition Charles Le Brun* (Versalhes, 1963) contêm preciosas observações.

razão da disposição mesma de suas partes, nem mais nem menos que os movimentos de um relógio ou outro autômato a partir dos pesos e engrenagens, de modo que não é necessário a esse respeito supor uma alma vegetativa ou sensível lá dentro ou qualquer princípio de vida além do sangue[7].

Coube a Descartes tirar todas as consequências filosóficas e morais da nova fisiologia: o corpo é abandonado à mecânica, os direitos da alma salvaguardados na metafísica e os efeitos da alma sobre o corpo considerados na ordem das paixões. É nesse esquema cartesiano que Le Brun fundamenta suas conferências. Elas são muito mais uma aplicação – ou, literalmente, uma ilustração – do tratado das *Paixões da alma*[8] do que um prolongamento da tradição fisiognomônica anterior, que parecem conhecer, mas à qual só fazem referência ocasional e alusiva[9]. Apoiando-se em uma fisiologia dirigida a pintores, as conferências dão testemunho de preocupações em grande parte estranhas ao campo de uma fisiognomonia que elas revolucionam. Na exposição e nos esboços de Le Brun, a antiga concepção que faz do rosto a linguagem da alma perde o sentido que tinha: o rosto vai cessar de ser o espelho que reproduz a alma para tornar-se a *expressão física de suas paixões*. A figura humana aí se desfaz e se recompõe em todas as suas dimensões, na sua relação com o mundo, com

---

7. DESCARTES. *Traité de l'homme*, 1664, p. 202. Apud ADAM, C.H. & TANNERY, P. *Œuvres*. Vol. XI. Paris: Vrin, 1974.

8. Além de *As paixões da alma* (Paris, 1649), as conferências de Le Brun devem ser situadas na perspectiva das obras dedicadas às paixões da alma da primeira metade do século 17: COEFFETEAU, N. *Tableau des passions humaines*. Paris, 1620. • SENAULT, J.-F. *L'Usage des passions*. Paris, 1641. • LA CHAMBRE, M.C. *Les caractères des passions*. Paris, 1640-1662. • LESCLACHE, L. *L'Art de discourir des passions*. Paris, 1660. Cf. RODIS-LEWIS, G. "Introduction" à edição de *Les Passions de l'âme*. Paris: Vrin, 1970.

9. "A sobrancelha é a parte de todo o rosto em que as paixões se fazem melhor conhecer, *embora vários tenham pensado que sejam os olhos*" (LE BRUN, C. "Conférence..." *Nouvelle Revue de Psychanalyse*. Op. cit., p. 99). L. Van Delft (op. cit.) assinalou a influência menor que Porta exerceu sobre Le Brun, como ademais sobre La Rochefoucauld, que se libertaram consideravelmente dele.

os sinais, com o movimento, com o tempo, com a sociedade dos homens em suma.

A figura humana separou-se do mundo das assinaturas. Nas *Conferências*, o homem só é referido a si mesmo, ao mecanismo do corpo e às paixões da alma. E esta, por sua vez, é localizada na organicidade, em um lugar hipotético na glândula pineal.

> Ainda que a alma esteja unida a todas as partes do corpo, há, entretanto, diversas opiniões no tocante ao local em que exerce mais especificamente as suas funções. Uns sustentam que é uma pequena glândula situada no meio do cérebro [...]. Outros dizem que é no coração, porque é nessa parte que se sentem as paixões. Quanto a mim, minha opinião é que a alma recebe as impressões das paixões no cérebro e sente seus efeitos no coração. Os movimentos exteriores que assinalei me confirmam bastante nessa opinião[10].

O lugar é na verdade de pouca importância. Como pouco importa que Descartes tenha se equivocado e em seguida Le Brun. O essencial mesmo é, antes, o efeito de tal concepção, uma vez admitida no campo da fisiognomonia: o homem espiritual deve-se localizar no corpo humano. O homem interior é também um *homem orgânico*, não mais simplesmente a imagem espelhada do corpo manifesto. O homem psicológico é trazido de volta ao interior do próprio homem, enquanto o corpo se vê desprovido das presenças mágicas e das virtudes ocultas que o habitavam. Na fisiognomonia de Le Brun um novo personagem entrou em cena: o organismo. E, com tal aparecimento, o homem-máquina sucede ao homem zodiacal. A representação da relação entre interioridade e aparência, tal como se mostra no rosto, adquire sentido então num outro universo referencial: o da medicina, da anatomia, da geometria, do cálculo.

---

10. LE BRUN, C. Op. cit., p. 96.

As figuras de Le Brun distanciaram-se consideravelmente das que ilustram a tradição fisiognomônica até Porta e ainda mais além nos tratados do século 17. No entanto, conserva-se com frequência da obra do pintor, paralelamente aos croquis sobre a expressão das paixões, a série de desenhos em que procedeu a uma comparação sistemática das morfologias faciais dos homens e de certos animais. E essa aproximação faz com que se inscreva Le Brun plenamente na tradição fisiognomônica[11], o que é sem dúvida um erro: ele deixou, ademais, croquis de anatomia a partir dos quais se poderia ler com mais justeza as suas *Conferências* como uma *anatomia das paixões*[12].

As representações zoomórficas em Porta e Le Brun não têm em nada o mesmo valor. São para o primeiro um elemento indispensável à figuração humana: a relação entre o homem exterior e o homem interior recebe aí sua legitimidade das simpatias que revelam com o universo das formas e características dos animais. A ponto de o homem e a besta se aproximarem, se assemelharem por fim e correrem o risco de se confundir.

Não é nada assim com Le Brun: as comparações zoomórficas são exteriores à representação das paixões, não são diretamente necessárias à *Conferência sobre a Expressão*, ao lado da qual figuram antes como simples acréscimo, uma concessão que Le Brun pôde fazer tanto à tradição fisiognomônica quanto à que consiste para os pintores em realizar a título de exercício cabeças expressivas fortemente bestializadas[13]. E se examinarmos estas últimas nos croquis de Le Brun (cf. figura 8), suas formas híbridas relacionadas às faces animais que as acompanham supõem necessariamente uma representação apagada da figura humana. Longe de fazer com

---

11. É o caso de J. Baltrusaitis (op. cit.), dentre muitos outros. Para uma discussão sobre esse ponto cf. DANDREY, P. & VAN DELFT, L. Op. cit.

12. Cf. BINET & DESCARGUES. Op. cit., p. 84.

13. As de Da Vinci e Ticiano são célebres e também as de Rubens, das quais temos uma visão geral em RUBENS, P.P. *Théorie de la figure humaine*. Paris, 1773.

que esta dependa de sua semelhança com a besta, situam-na como ponto de partida ou de chegada da analogia, à maneira de um terceiro excluído cuja ausência mesma produz a onipresença: a figura humana obceca, persegue, funda e permite a representação. Os desenhos zoomórficos de Le Brun ilustram de maneira paradoxal a autonomia adquirida pela forma humana em relação à animalidade. E as *Conferências sobre a Expressão* testemunham de fato o golpe dado à busca de correspondências exteriores entre homens e animais. Se ainda há comparações, são as do *homem consigo mesmo*. Se a imagem do homem e a da besta podem daí em diante se separar é porque avança a ideia de que sua ligação é de natureza outra que não o reflexo atemporal das semelhanças: o homem e o animal são organismos cujos quadros de identidades e diferenças serão logo estabelecidos pelo século 18. Expulsa de uma ciência natural do homem que se vai constituir pouco a pouco, a zoomorfologia reencontrará no século 17 o seu espaço que desde a origem jamais deixara de sê-lo e que a partir de então sempre ocupou: o espaço da *fábula* e da sátira social.

As *Conferências sobre a Expressão* e a fisiognomonia humana de Le Brun não são, portanto, estranhas entre si, mas devemos procurar alhures o seu parentesco: na sua construção, em sua arquitetura. Elas obedecem a um sistema semelhante de coordenadas, são regidas por um modo de cálculo similar. E se inscrevem numa mesma perspectiva semiológica, profundamente diferente da de Porta.

Da marca ao sinal

Toda forma, todo traço, todo vestígio que aparecem à superfície do corpo possuem na tradição fisiognomônica o valor de indícios. Em nada excludentes uns dos outros, os indícios acumulam-se ao infinito, tão longe quanto o olho possa vasculhar os detalhes do corpo e a língua nomeá-los.

Na semiologia de Le Brun o traço morfológico não pode mais daí em diante significar diretamente, independentemente

LE BRUN, C. *Fisionomias de homens e de animais*, 1671.
© Museu do Louvre

dos outros traços e se sobrepondo indefinidamente a eles. Assim, na sua fisiognomonia animal Le Brun recorre a um modo de cálculo geométrico a fim de distinguir o caráter dos animais a partir de sua morfologia facial: a natureza do animal pode ser *mensurada*, tanto de frente quanto de perfil, por um conjunto de coordenadas, de ângulos e de retas que denotam uma propriedade interna. Relativo a uma configuração de traços, o indício doravante deve ser *construído*. O sinal torna-se mais abstrato; aquém da literalidade analógica do desenho, a semiologia de Le Brun constrói um animal geométrico que é relacionado a um animal psicológico: antecipação dos cálculos que no século 18 levarão à Teoria do Ângulo Facial. De maneira geral, Le Brun multiplica os relacionamentos de traços morfológicos: ele realiza séries de olhos humanos sem rosto, de expressão mutável (cf. figura 9); implanta olhares humanos em várias espécies animais, concebe paradigmas de órgãos isolados pertencentes a espécies distintas[14]. As regras do que parece uma gramática visual segmentam, desarticulam e reconfiguram o rosto. Elas se interpõem entre o olhar e o corpo visível e transformam as percepções deste último.

O olhar parece distanciar-se do corpo. A fisiognomonia de Le Brun desprende-se das percepções e das intuições imediatas da fisionomia: um certo recuo torna-se necessário para que possa apreciar simetria e proporções. Parece de súbito que o corpo não fala mais uma linguagem natural e acessível de imediato, parece que perdeu seu sentido primeiro, sua inocência literal, carregando-se de uma legibilidade mais regrada, mais abstrata, mas também mais rigorosa. E enquanto o olhar penetra uma distância nova, o indício parece destacar-se do corpo morfológico onde estava inscrito como marca. Parece – literalmente – *desencarnar*: a marca torna-se sinal e cessa de se confundir com os traços morfológicos carregados pela epiderme. Com o distanciamento do olhar e a desencarnação do sinal, é o regime inteiro das percepções e das

---

14. Sobre esse conjunto de aspectos cf. BALTRUSAITIS, J. Op. cit.

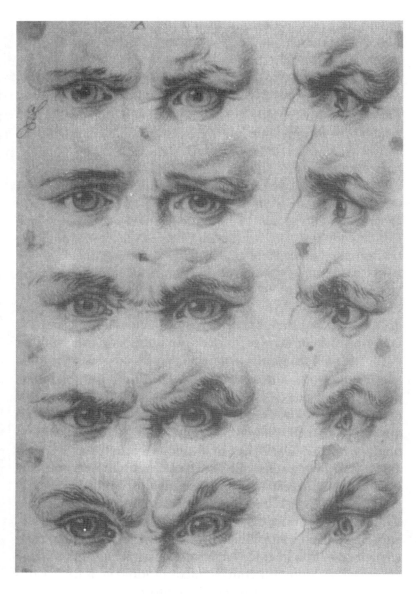

LE BRUN, C. *Estudos do olho.*
© Museu do Louvre

visibilidades corporais que se modifica: não se lê mais sobre o corpo *a inscrição gravada de um texto*, mas nele se veem em ação *as regras articuladas de um código*.

Dá-se o mesmo nas *Conferências*: cada figura representando uma paixão (cf. figura 10) é um conjunto de posições relativas de órgãos da expressão. Os croquis constituem, ademais,

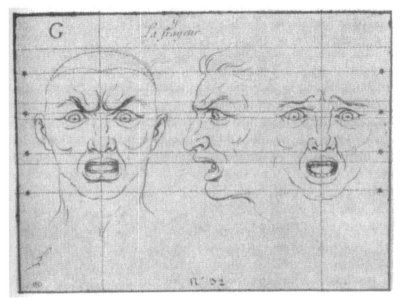

LE BRUN, C. *Conférences sur l'expression des passions*, 1668.
© Museu do Louvre

um inventário fechado, um "alfabeto"[15], de modo que se passa de uma figura a outra por uma série de transformações que afetam o conjunto das relações entre os traços morfológicos. A adição ilimitada de marcas é substituída por um conjunto fechado de sinais. A semiologia de Le Brun, mesmo que não

---

15. Cf. DAMISCH, H. "L'alphabet des masques". *Nouvelle Revue de Psychanalyse*, n. 21, 1980. Paris: Gallimard.

chegue a isso senão de modo imperfeito, tende a organizar os traços corporais em rede de sinais, em sistema de identidades e de diferenças. O corpo dissolve-se sob o código: temos aqui a tradução plástica de uma *retórica* de meneios e figuras. A partir do rosto em repouso da "tranquilidade", espécie de "ponto zero" do sistema[16], essa semiologia enumera e articula o conjunto das diferenças de expressão.

As relações entre significantes morfológicos e significados psíquicos também se transformaram. Com a dissipação do macrocosmo, o corpo se livra das divindades tutelares que vinham inscrever-lhe à superfície tanto o seu destino quanto o poder delas: os sinais adquirem então uma organização fundamentalmente *binária* e não significam mais senão por inferência direta, quando a um conjunto de traços expressivos corresponde sem mediação exterior uma paixão da alma. E eles não se relacionam mais a partir de então por analogia, mas por causalidade. *A arte de conhecer os homens* permite assim que Cureau leia no rosto os sinais de *uma linguagem das causas e efeitos.*

> Essa Arte [...] permite descobrir um efeito oculto pela causa que lhe é conhecida ou uma causa obscura por um efeito manifesto e um efeito desconhecido por um outro que é evidente. E esses meios são chamados *sinais* [...]. As causas e os efeitos servem de sinais à Arte de que falamos[17].

Lá onde se percebiam, no espelhamento infinito das superfícies corporais, os traços acumulados das semelhanças, detectam-se mais facilmente daí em diante o efeito de causalidades orgânicas e profundas; lá onde as marcas esperavam antes, imóveis, que o olho viesse dar-lhes voz, fazia-se necessário agora que o olhar captasse o movimento de um rosto que se exprime.

---

16. Ibid.
17. LA CHAMBRE, C. Op. cit., p. 275.

O tempo da expressão

Pois o rosto animou-se sob o efeito da paixão. Os trata-dos de fisiognomonia da segunda metade do século 17 não cessam de repeti-lo: a paixão é um movimento da alma. É um capítulo essencial da *Arte de conhecer os homens*: "Dizer como a alma se move e de quantas maneiras pode se mover; e mesmo como e por que ela faz mover o coração e os espíritos nas paixões"[18]. Todo movimento da alma provoca com efeito, mecanicamente, alguma ação do organismo e, por conseguin-te, algum efeito manifesto na superfície do corpo[19]. Eis, preci-samente, o que Le Brun denomina expressão:

> Tentarei fazer-vos ver que a expressão é também uma parte que marca os movimentos da alma, o que torna visíveis os efeitos da paixão[20].

As representações do rosto são assim percorridas por um movimento novo, do qual já se podiam detectar alguns frêmi-tos em Porta. Com o estudo da expressão o movimento ganha o conjunto da figura humana. Esse deslizamento das percep-ções do corpo de uma topografia a uma cinética teve durante o século 17 uma extensão mais geral: a anatomia é sensível a isso, esforçando-se então – em consequência da descoberta de Harvey – em tornar dinâmico o fenômeno do qual a rede da circulação sanguínea é o canal, e é a isso exatamente que se aplica Le Brun em seus croquis de anatomia[21]. O rosto, força-do a uma impassibilidade imóvel pelas convenções do retrato

---

18. Ibid., p. 7.

19. "A ação não é outra coisa que o movimento de alguma parte e a mudança não se faz senão pela mudança dos músculos. Os músculos não têm movimen-to senão pela extremidade dos nervos que o atravessam, os nervos não agem senão pelos espíritos contidos nas cavidades do cérebro e o cérebro não recebe os espíritos senão pelo sangue que passa continuamente pelo coração, que o aquece e rarefaz de tal modo que ele produz certo ar sutil que é levado ao cérebro e o preenche" (LE BRUN, C. Op. cit., p. 96).

20. Ibid., p. 95.

21. Cf. BINET & DESCARGUES. Op. cit., p. 132.

de aparato, anima-se então de uma vida interior à maneira luminosa e fluida de Velasquez ou tenebrosa de Caravaggio. É imbuído de um realismo psicológico por Rembrandt e de um naturalismo social por Frans Hals ou Le Nain. E o teatro dramatiza a paixão de Fedra como manifestação física, orgânica, que se apodera do corpo e prevalece sobre ele, fazendo-o arder[22]. É ainda aí que Bossuet define o horror: "A pele retraindo-se fará eriçar os cabelos cujas raízes encerra e causará esse movimento a que se chama *horror*"[23].

Em todos os casos trata-se de fazer do movimento corporal um signo. A fisiognomonia reconsidera o privilégio que havia desde a origem concedido aos traços estáveis e imóveis – forma, ossatura, configuração morfológica do rosto – em detrimento dos sinais móveis e passageiros da expressão, esses "acidentes" da fisionomia. Assim, Cureau dá grande importância à "postura" do corpo e ao "ar" do rosto, ambos "pertinentes principalmente ao movimento"[24]. Sensível ao movimento, a figura se inscreve numa temporalidade nova, uma duração *reversível* a penetra. Se o rosto fala ainda a língua da alma, é agora a língua de um organismo vivo: ele se desgruda do tempo eterno das marcas gravadas para dizer em seus sinais do caráter efêmero e momentâneo da paixão. Como se o corpo deixasse de adquirir sentido num modelo da linguagem escrita para se fazer pouco a pouco reflexo da volatilidade da palavra. Com o tempo da expressão, é uma duração *subjetiva* que envolve corpo e rosto.

Todos os movimentos do corpo individual parecem então tornar-se expressivos. A categoria expressão generaliza-se e

22. "Ei-lo. Ao coração todo o meu sangue se retira [...] / Definhei. Sequei pelos olhos, pelas lágrimas [...] / Eu o vi, enrubesci, fiquei pálida ao vê-lo. / Uma perturbação se ergueu em minh'alma perdida. / Meus olhos não viam mais, eu não podia falar. / Senti todo o meu corpo transir, arder" (Fedra, ato II, cena V, v. 581 e 690; ato I, cena III, v. 273-276) Cf. RODIS-LEWIS, G. Op. cit., p. 33.

23. BOSSUET, J. *Conn*, II, 12, que retoma assim a etimologia da palavra, pois que o latim *horrere* provém do sânscrito *harsh*, "eriçar".

24. LA CHAMBRE, C. Op. cit., p. 287.

se estende, durante o século 17, a todo um conjunto de comportamentos humanos daí em diante interpretáveis como manifestações codificadas da expressividade. Em 1622, Camillo Baldi inventa, no prolongamento do seu comentário sobre a fisiognomonia de Aristóteles, a primeira grafologia[25]. Mas além do traçado dos movimentos da mão, propõe o exame de todas as particularidades estilísticas da letra como testemunho da natureza daquele que escreve. A fisiognomonia da expressão subjetiva, que concebe o corpo pelo modelo da linguagem, estende-se pouco a pouco aos próprios comportamentos linguísticos, sejam escritos ou orais, e trata então a língua à maneira do corpo: a palavra se *morfologiza* quando Wulson de La Colombière[26] considera como equivalentes a indícios corporais as características individuais do discurso verbal ("a maneira de falar", "a fala lenta", "a temeridade e precipitação do discurso"), quando Prospero Aldorisio concebe uma fisiognomonia do riso[27] ou quando David Laigneau[28] elabora uma fisiognomonia da voz que estende sua jurisdição às margens e restolhos da linguagem, como a respiração e o suspiro, e até a sua própria exclusão mesma no silêncio, nos interstícios da palavra. O homem continua expressivo, mesmo no silêncio. Pois quando se cala é o seu corpo que fala.

Individualização, socialização pela expressão

Essa ascensão da expressão, que ao longo do século 17 acaba por envolver a conduta humana como um todo, é testemunho da extensão que alcançou o sujeito psicológico. Se o objetivo da prática da fisiognomonia continua sendo o conhecimento dos outros, a escolha das companhias, o olhar prossegue

---

25. BALDI, C. *Trattato come da uma lettera missiva si conoscano la natura e qualità dello scritore*. Capri, 1622.

26. LA COLOMBIÈRE, M.W. Op. cit.

27. ALDORISIO, P. *Gelotoscopia*. Nápoles, 1611.

28. LAIGNEAU, D. Op. cit.

e intensifica o movimento que havia iniciado de *retorno sobre si*, de exploração do homem interior. A fisiognomonia tende a aparecer como uma prática íntima e privada[29] e a observação do outro como um caminho necessário para o conhecimento de si. Em relação aos tratados outrora dedicados ao exame minucioso das superfícies corporais, as *Conferências* de Le Brun marcam uma espetacular reviravolta de perspectiva. Pela primeira vez, a classificação elaborada é comandada "do interior", pelas exigências de uma análise psicológica.

> Tenho falado desses movimentos interiores para melhor fazer compreender *em seguida* a relação que têm com os movimentos exteriores[30].

Além do mais, onde antes contentavam-se com uma tipologia psicológica sumária dos "caracteres" à maneira do pseudo-Aristóteles, produz-se agora com a análise das paixões um conjunto de diferenciações internas ao espaço psicológico. As paixões são todas estados do homem interior; o espaço íntimo percorrido pelo olhar reflexivo da introspecção cresce, diferencia-se e ganha complexidade:

> Interrogando somente a mim mesmo e examinando meu interior, tratarei de me tornar pouco a pouco mais conhecido e mais familiar a mim mesmo[31].

O conhecimento de si pregado por Descartes – e, com ele, o renascimento do estoicismo na primeira metade do século 17 – tem por objetivo, além da "familiaridade" consigo mesmo, *o controle pessoal das paixões*. Para serem "traçadas" e "conduzidas", as paixões devem ser observadas e distinguidas. E a figura da tranquilidade nos gráficos de Le Brun, se

---

29. "O meio que pode nos fazer conhecer os outros e nos fazer conhecer a eles. Não falo desse conhecimento público que se evidencia aos olhos das pessoas e que é ordinariamente mascarado; mas daquele que proporcionam a vida privada, o gabinete, o fundo do coração" (LA CHAMBRE, M.C. Op. cit., p. 2-3).

30. LE BRUN, C. Op. cit., p. 98 (grifo nosso).

31. DESCARTES, R. *Meditationes de Prima Philosophia* [1641]. Paris: Vrin, 1970, p. 34.

representa um "marco zero" retórico em relação ao qual as paixões vêm inscrever seus desvios, é também o *rosto calmo da moderação*, a figura serena da paixão controlada em relação à qual os croquis do pintor enumeram os excessos, as deformações que as paixões impõem ao rosto. A figura da tranquilidade é a representação ideal de uma unidade psicológica suficientemente estável e senhora de si mesma para revestir as diferentes máscaras da paixão – e logo se despojar delas como um ator sobre o qual deslizam personagens e paixões.

A vida social é um cenário em que somos observados sem cessar e no qual é preciso saber se portar. As fisiognomonias do século 17 refletem um crescimento do espaço íntimo, um desenvolvimento da esfera privada, ao mesmo tempo em que um reforço das restrições ligadas ao espaço público. A fisiognomonia torna-se então necessária em função de um controle cada vez mais cerrado do espaço social pelo olhar. Ela se torna um "guia de conduta na vida civil", a arte do desvelamento que "ensina a descobrir os desígnios ocultos, as ações secretas e os autores desconhecidos das ações conhecidas"[32] numa atmosfera de conspiração e suspeita engendrada pelas intrigas e rivalidades da sociedade cortesã. Mas, para além da corte, parece que a prática da fisiognomonia vira uma espécie de necessidade universal, indispensável a cada setor ou "estado" da sociedade. Ela participa da diversificação das formas de observação e de controle social por ocupação, por condição, por "dever de Estado".

Ela é útil ao teólogo que quer detectar as causas do pecado; indispensável ao filósofo que reflete sobre a natureza dos homens. Necessária ao "médico da alma", ela o é igualmente ao médico do corpo, que por seu intermédio inferirá que paixão está agindo, que humor é causa e em consequência o que deve ser purgado do corpo. Serve ainda de socorro ao bom cristão,

> [...] aquele cujo estudo principal consiste em arrancar o vício pela raiz e plantar a virtude [...]. Esse

---

32. Cf. supra, p. 30-32.

homem pode melhor conhecer onde é o ninho dessas serpentes e víboras que sugam o doce sangue de sua alma, pode ver onde se crava o espinho que lhe fere o coração[33].

A fisiognomonia acompanha assim o movimento da sociedade civil. Ao mesmo tempo ela se particularizou e se estendeu ao conjunto de posições, papéis, fileiras e funções que estruturam o espaço social. Ela participa mais profundamente, e de forma diferenciada, dos laços sociais, servindo mais prontamente a produzir e reconhecer os sinais de um código fisionômico e corporal que assegura a *integração* de cada um ao seu nível e ao seu justo lugar na sociedade civil. Ela tende mais a incluir o indivíduo no grupo social, fazendo-o participar do intercâmbio de um conjunto convencional de posturas e expressões que funcionam como signos, que excluí-lo e afastá-lo em função de uma marca, de um estigma indelével que lhe seria pespegado. À maneira da antiga fisiognomonia,

> não posso evitar de dizer a todos que devemos nos acautelar de frequentar os mutilados ou com imperfeição em algum membro [...]. Exemplo do que digo: aqueles que têm os olhos mutilados ou imperfeitos, o nariz, a boca, os pés, as mãos, com má-formação ou que mancam de um dos pés, ou que sabemos serem saturninos[34].

O *sinal inclui, a marca exclui*. Está aí a questão social que envolve essa conversão das marcas morfológicas em sinais de expressão e que se pode retraçar pelas fisiognomonias da era clássica: ela revela que a sociedade civil fundou-se sobre a necessidade compartilhada de um código de comunicação tanto verbal quanto corporal, que assegura *a individualização e a socialização pela expressão* de cada um de seus membros. Condição para que possa advir uma sociedade de concordância recíproca, que seria fundada numa conversação agradável

33. LA COLOMBIÈRE, M.W. Op. cit., p. 130.

34. D'INDAGINE, J. Op. cit., p. 139-140.

e em paixões bem moderadas. É nisso que a fisiognomonia se constitui um trunfo que o gentil-homem não poderia dispensar:

> O gentil-homem e político prudente, ao penetrar a natureza e qualidade de suas afecções e excluir seus movimentos desordenados, adquirirá uma contenção e maneira bem agradável e poderá por esse intermédio insinuar-se bravamente na amizade dos outros homens. [...] Importa muito na conversação conhecer exatamente a inclinação da companhia em que nos encontramos e a sociedade só pode ser agradável com quem tem paixões bem moderadas[35].

Uma política do olhar

Para além da sociedade civil, por fim, a fisiognomonia é da maior utilidade política, dizem os textos. Assim, não seria demais recomendá-la ao devoto predicador:

> Conhecendo perfeitamente por esses sinais a idade, o sexo, a natureza e adequação dos homens com os quais conversa, sem dúvida pode ele produzir estranhas coisas no entendimento dos seus ouvintes [...]. A mesma comodidade pode ser colhida por todos os oradores, como embaixadores, advogados, magistrados, capitães e todos os que queiram persuadir uma multidão[36].

A arte de conhecer os homens diz respeito, pois, primeiramente, aos representantes de Deus e os do poder real. As *Conferências sobre a Expressão* de Le Brun são portanto indissociáveis do lugar em que foram proferidas e do público ao qual se dirigiram. Elas participam dessa *política do olhar*, de múltiplas formas, instaurada por Richelieu em proveito do Estado absolutista. Política da qual a academia dirigida por Le Brun é uma peça fundamental. Le Brun defende ali os

---

35. LA COLOMBIÈRE, M.W. Op. cit., p. 130.
36. Ibid., p. 128-129.

princípios de uma arte narrativa que aprendeu com Poussin: um quadro deve ser lido como um discurso. Seus ensinamentos, suas opções técnicas, que valorizam o traço em detrimento da cor, obedecem a esse objetivo: as *Conferências* sistematizam o estudo da expressão que carrega a fisionomia, de modo a traduzir sem ambiguidade alguma as paixões e as personagens que intervêm nesses quadros históricos que celebram o louvor a Deus e ao rei, dos quais é preciso que sejam lidas claramente as lições para a edificação de todos.

> Essas figuras falam; e, quase sem discurso, fazem ver sensivelmente ao leitor o que é preciso que ele conceba[37].

Acontece, pois, com a pintura o mesmo que com a eloquência e o conhecimento da anatomia para o pintor, assim como acontece com a gramática para o retórico: é o fundamento mesmo da arte de persuadir, uma vez que ela garante a inteligibilidade do discurso.

> Um pintor poderia ser excelente se não conhecesse o homem? Quero dizer, o exterior do corpo humano e o que pode aparecer sob esse exterior, as veias, os músculos, os tendões. Ele deve, pois, saber perfeitamente a anatomia exterior do corpo [...]. Cada movimento tem uma atitude própria, cada paixão tem sobre o rosto uma característica, cada idade, cada sexo, cada condição um certo ar que é preciso conhecer e saber exprimir[38].

Sua analogia com a retórica revela o conteúdo normativo da pintura de Le Brun, assim como o caráter ambíguo do termo "expressão". Pois a expressão é ao mesmo tempo movimento aparente das paixões sobre o rosto, mas também prescrição das regras que a pintura deve seguir a fim de imitá-las. As *Conferências* de Le Brun contribuem assim para estabelecer

---

37. LAMY, B. *Traité de la perspective où sont contenus les fondements de la peinture*. Paris, 1701, p. VIII-IX.

38. Ibid., p. 11 e 16.

uma norma estética de comportamento facial, que vale para a pintura, fica próxima da arte dramática, mas participa, ademais, de uma estetização da vida social. Essas representações pictóricas e teatrais da facialidade são ao mesmo tempo reflexo e norma das fisionomias que se encontram na corte: a impassibilidade do rosto do rei, as máscaras de respeito ou de sedução usadas pelos cortesãos, o jogo de espelhos, ares, olhares e bocas de que a corte é o teatro.

O cuidado no movimento que animava as figuras é aqui curiosamente contrariado: os retratos de aparato pintados por Le Brun congelam os rostos numa expressão imóvel. As próprias *Conferências*, que pretendem exprimir toda a agitação da alma, capturam, paralisam e dissecam o movimento. Os croquis naturalizam a paixão, fisgando-lhe as espécies. O rosto é borrado por trás da figura, a natureza se apaga sob a convenção. É esse cuidado de legibilidade das figuras que leva Le Brun a privilegiar a sobrancelha em detrimento do olho: o traço capta mais facilmente a disposição e o movimento dos músculos da sobrancelha do que as sutis oscilações do olhar[39]. As *Conferências* de Le Brun desprenderam as percepções e as representações faciais das superfícies imóveis em que a tradição fisiognomônica as havia inscrito, para inscrevê-las numa *morfologia da expressão*.

O desaparecimento da fisiognomonia

O trabalho de Le Brun não teria futuro. Assiste-se a um quase desaparecimento da fisiognomonia nos últimos anos do século. Por tanto tempo ligada ao pensamento divinatório

---

39. "Mas ainda que se perceba facilmente essas ações dos olhos e que se saiba o que significam, não é fácil descrevê-las, porque cada uma é composta de várias alterações que se processam no movimento e na figura do olho, as quais são tão particulares e tão pequenas que cada uma não pode ser percebida separadamente, embora o que resulta de sua conjunção seja bem fácil de notar" (DESCARTES. *Les passions de l'âme*. Op. cit., p. 147).

e à astrologia, a fisiognomonia sofre do descrédito de ambas com o avanço do racionalismo científico na segunda metade do século 17. A "ciência do rosto" desaparece pouco a pouco dos léxicos e das enciclopédias. Em seu *Dicionário Universal* Furetière considera-a "uma ciência bem vã"[40]. O "léxico racional" de Étienne Chauvin, publicado em 1692, nem menciona a fisiognomonia ou a quiromancia, como aliás, também, a magia e a adivinhação[41]. A medicina não a trata melhor: é o resultado de um movimento que na segunda metade do século 17 levou igualmente a disciplina de Hipócrates a expulsar a astrologia dos bancos escolares[42]. E os teólogos renovam sua condenação da fisiognomonia, sobretudo quando esta se mantém ligada à adivinhação: a razão "corrige" as regras da fisionomia e a graça as "reverte", argumenta em 1679 o Abade Thiers em seu *Traité des superstitions*[43].

O fim do século vê o ceticismo se generalizar quanto ao rigor das leis fisiognomônicas. Também os moralistas

---

40. "*Fisionomia*: arte que ensina a conhecer o humor ou o temperamento do homem pela observação dos traços do seu rosto e a disposição dos seus membros. João-Baptista Porta e Robert Fludd escreveram sobre a fisionomia. A fisionomia é uma ciência bem vã, porém mais sólida que a quiromancia."

41. CHAUVIN, É. *Lexicon Rationae Sive Thesaurus Philosophicus*. Roterdã, 1692.

42. Em 1667, o licenciado Claude Berger dera uma resposta negativa à seguinte pergunta: *Estne imperfectus qui astrologiam ignorat medicus*. Em 1707, a tese de Le François (*Estne aliquod lunae in corpora humana imperium?*) traçou uma linha definitiva sobre a questão (cf. DELAUNAY, P. Op. cit., p. 1.211).

43. Ele diz aí que a fisiognomonia só poderia ser aprovada enquanto "se atenha aos limites da filosofia natural e só adivinhe coisas por conjectura e probabilidade, não com certeza. Pois ocorre com frequência que a razão corrija nos homens as más inclinações que lhes possam ter sido impressas pela natureza e dê a suas almas impressões inteiramente opostas às que aparecem em seus rostos e outras partes de seus corpos. A graça faz mais ainda, pois transforma lobos em ovelhas, perseguidores em apóstolos e criminosos em inocentes. Assim, ela inverte todas as regras da fisionomia que, ademais, não se podem estender nem sobre as ações particulares dos homens, nem sobre sua liberdade, nem sobre as coisas que lhes são exteriores, pois nada de tudo isso depende do temperamento deles nem da disposição dos seus corpos" (THIERS. *Traité des superstitions*. Paris, 1679, p. 194-195).

julgam-na incerta: "A fisiognomonia não é uma regra dada para julgar os homens; pode-nos servir de conjectura", diz La Bruyère em seus *Caractères*[44]. A antiga analogia entre as qualidades da alma e os traços morfológicos do corpo se desfaz nas percepções do rosto dentro das práticas e costumes da sociedade civil, assim como nas representações do homem natural. O homem interior parece descolar-se do homem exterior, tornando-se objeto de um novo reconhecimento e escapando do olhar que se lança à superfície das coisas: "Não se pode julgar os homens como um quadro ou uma figura, apenas à primeira vista; há um interior e um coração que é preciso investigar"[45]. O rosto de um homem não se reduz à sua figura. O moralista advoga um conhecimento profundo do ser e condena a vaidade das aparências:

> O ar espiritual é nos homens o que a regularidade dos traços é nas mulheres: o tipo de beleza a que podem aspirar os mais vãos[46].

A fisiognomonia é talvez vítima do seu próprio sucesso. Ela participou da constituição da sociedade civil fornecendo às práticas de observação do outro o apoio da sua tradição. Ela favoreceu assim essa contrafação generalizada das aparências que constitui, no teatro da sociedade cortesã, um desmentido permanente daquilo que ambiciona: revelar o coração do homem.

> O mundo é a meu ver como um grande teatro / Onde um por outro abusado e todos em público / Amiúde interpretam um papel oposto / Ao que são. Todo dia, mostrando um rosto falso, / Vê-se o tolo imprudente se fazer de sábio[47].

---

44. LA BRUYÈRE, J. *Les caractères ou les mœurs de ce siècle*. Paris, 1688 [Paris: Garnier, 1962, p. 362].

45. Ibid., p. 360.

46. Ibid., p. 362.

47. BOILEAU, N. *Satyr.*, XI.

A multiplicação das máscaras torna-a necessária, mas ao mesmo tempo condena-a à ruína, num momento em que além do mais ela vê sua legitimidade racional desmoronar. Seu recuo dá lugar então a outras representações possíveis da relação entre a interioridade e a exterioridade do homem. Avança entre os moralistas a ideia – em larga medida estranha à perspectiva da antiga fisiognomonia – de que o conhecimento do ser interior pode modificar a percepção de sua aparência externa e mesmo anulá-la ou invertê-la. É a revanche de Sócrates:

> Um homem que tem muito mérito e espírito e é conhecido por isso deixa de ser feio, mesmo com traços disformes; ou, se é feio, a feiura deixa de produzir a impressão que se tem dele[48].

E o lembrete de que convém observar o outro e observar-se – que está no princípio mesmo da fisiognomonia – torna-se menos imperativo à medida que as práticas de civilidade se instalam nos gestos, nas palavras, no coração e na razão dos homens. Talvez essa observação cerrada da aparência do outro que rastreia o homem interior não passe de uma primeira etapa da constituição de uma sociedade civil, indispensável à formação de uma norma de comportamento e fadada a se flexibilizar, a se tornar mais discreta, quando tal norma entre efetivamente nos costumes. Trata-se então do declínio da fisiognomonia como da noção de civilidade[49]: seu desaparecimento como modelo prescrito de conduta seria o sinal ao mesmo tempo de sua generalização e de seu enfraquecimento enquanto prática; e o indício ainda de um certo esgotamento do ideal do cortesão que reinava sobre a aparência.

Os escritos dos moralistas do final do século 17 traduzem isso ao marcar nitidamente a autonomia do homem privado em relação ao personagem público. É então que aparece sob a pena de La Bruyère – fato "único" na literatura da época, a

---

48. LA BRUYÈRE, J. Op. cit., p. 363.
49. Cf. CHARTIER, R. Op. cit.

se crer em Auerbach[50] – a descrição de um outro tipo físico diverso do que se encontra na corte e na cidade: a fisionomia dos camponeses.

> Vemos certos animais ferozes, machos e fêmeas, que se espalham pelo campo, negros, lívidos e queimados de sol, apegados à terra que escarafuncham e revolvem com uma obstinação invencível; têm como que uma voz articulada e, quando se levantam sobre os pés, mostram uma face humana e, com efeito, são homens. Retiram-se à noite a tugúrios onde vivem de pão preto, água e raízes; poupam aos outros homens a pena de semear, de lavrar e colher para viver e merecem assim não carecer desse pão que semearam[51].

Terrível descrição de um homem que manifesta, no entanto, em seu século, uma preocupação profundamente ética. Esses animais ferozes são homens: sua voz, sua aparência, seu rosto – que ainda não passa de uma "cara" – esboçam uma percepção antropológica que distingue formas humanas para além da sociedade cultivada da gente honesta. Mesmo que o povo do campo continue sendo uma sub-humanidade e o das cidades continue grotesco e careteiro[52].

Assim também, quando La Rochefoucauld retoma em suas *Máximas* a questão da relação entre os homens e os animais[53], toda correspondência morfológica desaparece. Se há

---

50. AUERBACH, E. *Mimesis* – La représentation de la réalité dans la littérature occidentale [1946]. Paris: Gallimard, 1968, p. 371.

51. LA BRUYÈRE, J. Cap. "De l'homme", § 128. Col. "Grands Écrivains". Apud AUERBACH, E. Op. cit. Sobre isso, cf. o que escreveu Roland Barthes em *Éssais critiques*, a propósito da distinção entre os rostos burgueses e camponeses na pintura holandesa clássica. "Tanto o rosto camponês é deixado aquém da criação quanto o rosto burguês é levado ao último grau de identidade [...]. Os camponeses de Van Ostade têm as caras abortadas, semicriadas [...]. Dir-se-iam esboços de homens" (Paris: Seuil, 1964, p. 24).

52. Cf. AUERBACH, E. Op. cit., p. 364-394.

53. LA ROCHEFOUCAULD, F. *Maximes*. Paris, 1664 [Paris: Garnier, 1967, p. 203-206].

ainda uma analogia, é preciso procurá-la na similaridade dos *comportamentos* humanos e animais. A sociedade civil é uma comunidade e uma diversidade de espíritos, de costumes e de linguagem. Nisso ela se distingue das diferenças de morfologia e de temperamento, de carne e de sangue que opõem as espécies animais. E enquanto os tratados do renascimento fisiognomônico do início do século 16 celebravam a analogia das formas e de caráter humanos e animais, François Bayle abre assim em 1677 as suas *Dissertationes Physicae* dedicadas à fisiognomonia:

> Homo animal dicitur politicum et ad societatem natum[54].

---

54. BAYLE, F. Op. cit., p. 77. [Em latim no original: "O homem é dito um animal político e nascido em sociedade" – N.T.]

3
A anatomia do sentimento
Rosto orgânico e rosto expressivo
no século 18

Uma história da fisiognomonia nos três primeiros quartos do século 18 pode ser prontamente escrita, pois a essa altura parece simplesmente não existir mais: na França não há nenhuma nova obra nem reedições até a década de 1770.

A fisiognomonia parece então definitivamente desacreditada. *Fronti nulla fides* [em latim no original: Nenhuma fé na fronte – N.T.] advertiu o Abade Mallet no artigo da *Encyclopédie* sobre "Metoposcopia", que julga tal ciência "bastante incerta, para não dizer inteiramente vã"[1]. Um devaneio, uma ciência imaginária, acrescenta Jaucourt no artigo "Fisionomia": não se pode julgar jamais pela fisionomia, a tal ponto os traços estão mesclados e confusos. E há engano ainda na interpretação do caráter das paixões. Recusando estender-se sobre essa "pretensa arte", o artigo remete a Buffon, "que disse tudo o que se pode pensar de melhor sobre essa ciência ridícula"[2].

Morte e ressurreição da fisiognomonia

As formas tradicionais de legibilidade do rosto estão com efeito em crise. Buffon recusa categoricamente a analogia das formas da alma e do corpo e, com ela, a fisiognomonia:

---

1. *Encyclopédie, ou Dictionnaire Raisonné des Sciences, des Arts et des Métiers.* T. XXI. 3. ed. Genebra/Neuchâtel, 1779, p. 767.

2. Ibid., vol. XII, p. 538.

Mas como a alma não tem forma alguma que se possa relacionar a qualquer forma material, não se pode julgá-la pelo aspecto do corpo ou pela forma do rosto. Um corpo malfeito pode encerrar uma alma bastante bela e não se pode julgar da natureza boa ou má de uma pessoa pelos traços do seu rosto, pois esses traços não têm qualquer relação com a natureza da alma, qualquer analogia sobre a qual se possa sequer fundar conjecturas razoáveis[3].

O rosto, para o naturalista, deixa de ser o reflexo da alma e o homem deixa de ser prisioneiro de sua conformação natural. Buffon insiste:

A forma do nariz, da boca e dos outros traços não faz à forma da alma, ao natural da pessoa mais do que a extensão ou espessura dos membros faz ao pensamento. Um homem seria menos sábio por ter olhos pequenos e boca grande?[4]

Essa simples pergunta destitui a tradição fisiognomônica de todo fundamento, desqualifica-a como "quimera" e a remete a suas origens mágicas:

Os antigos, porém, eram muito apegados a essa espécie de preconceito e em todos os tempos houve homens que quiseram fazer uma ciência divinatória de seus pretensos conhecimentos de fisiognomonia[5].

A antiga fisiognomonia não é mais aceita pela história natural do homem que se constitui no curso do século 18, pois ela supõe um outro olhar sobre o rosto: o olhar de Lineu ao situar a natureza humana no quadro das espécies, o olhar de Buffon ao inseri-la na cadeia contínua dos organismos vivos. A via de uma antropologia se destaca pouco a pouco, a de

---

3. BOUFFON, G. *Œuvres complètes*. T. IV. Paris, 1836, p. 94-95 [Ed. Dumézil].

4. Ibid.

5. Ibid.

uma "ciência do homem" que estabelece a relação entre o homem *físico* e o homem *moral*.

Poder-se-ia então pensar que a ruína da fisiognomonia era definitiva. Mas não era: desqualificada como ciência, ela refloresce no final da década de 1760, tanto como teoria quanto prática. Vai conhecer um considerável sucesso popular que permaneceu ligado ao nome de Johann Gaspar Lavater e que vai se prolongar durante toda a primeira metade do século 19, junto com a mania provocada pela frenologia de Gall. A obra do pastor de Zurique vira objeto de controvérsias filosóficas: Lichtenberg ridiculariza-a, Kant não vê ali mais que um "conhecimento sem conceito", crítica que será reformulada por Hegel[6], mas outros, homens de letras ou artistas, aderem a ela, como Goethe, que participa de sua redação, e Füssli, de sua tradução inglesa. Mais tarde, George Sand vai celebrá-la com um fervor bem romântico e Balzac verá nela um fundamento realista da arte literária da descrição física e moral dos rostos[7]. Sua história se cruza com a do retrato pintado: as morfologias acusadas pelas fisionomias pintadas por Hoggarth a anunciam, a precisão do traço físico e a caracterização psicológica dos retratos de Ingres a prolongam, como também, de outra maneira, as caricaturas animalescas de Granville. Mas ela conhece sobretudo um sucesso popular considerável: os

---

6. LICHTENBERG, G. *Über Physiognomik*. Göttingen, 1788. • KANT, I. *Antropologie du point de vue pragmatique* [1801]. Paris: Vrin, 1979. • HEGEL, G.W.F. *Phénoménologie de l'esprit*. T. I. [1832]. Paris: Vrin, 1939, p. 256-263.

7. SAND, G. *Lettres d'un voyageur* [1837]. Paris: Garnier-Flammarion, 1971, p. 208: "Poesia, sabedoria, observação profunda, bondade, sentimento religioso, caridade evangélica, moral pura, sensibilidade refinada, grandeza e simplicidade de estilo, eis o que encontrei em Lavater quando não procurava mais que observações fisiognômicas e conclusões talvez errôneas, no mínimo perigosas e conjecturais". E Balzac, dentre uma multidão de exemplos: "A frenologia e a fisiognomonia, a ciência de Gall e a de Lavater, que são gêmeas, uma ligada à outra como a causa ao efeito, demonstravam aos olhos de mais de um fisiologista os traços do fluido impalpável, base dos fenômenos da vontade humana e do qual resultam as paixões, os hábitos, as formas do rosto e a do crânio" (MIROUËT, U. *Œuvres completes*. T. III. Paris: Gallimard, p. 328 [Bibl. de la Pléiade].

Physiognomische Fragmente de 1775 são rapidamente traduzidos e se difundem nas principais línguas europeias, muitas vezes reeditados[8], principalmente sob a forma simplificada de um *Lavater portátil*, companheiro inseparável do fisionomista que vive adormecido em cada um[9]. A ponto de a fisiognomonia parecer flutuar na atmosfera desse final de século 18 e início de 19, curiosa ressurreição de uma disciplina de que a ciência havia proferido a condenação e anunciado a morte – o que basta para demonstrar que a sorte e infortúnios da fisiognomonia não podem ser explicados unicamente a partir da constituição de uma história natural do homem. Pelo fato de que, por um lado, a fisiognomonia do final do século 18 continua sendo elemento integrante do *conhecimento comum* quando já deixou de participar da racionalidade científica; e porque é, por outro lado, uma prática de observação do outro inscrita no campo das práticas sociais, fazendo parte enquanto tal da história destas últimas.

Será preciso, entretanto, que esses trabalhos sobre o rosto humano publicados nos últimos anos do século[10] se legitimem

---

8. LAVATER, J.G. *Physiognomische Fragmente...* Leipzig, 1775-1778. A obra foi traduzida para o francês e o holandês em 1781, em inglês em 1789, em espanhol no início do século 19. Uma edição em dez volumes por Moreau de la Sarthe apareceu em Paris em 1806 sob o título *L'Art de connaître les hommes par la physionomie*, reeditada em 1820.

9. *Le Lavater portatif, ou précis de l'Art de connaître les hommes par les traits du visage.* 2. ed. Paris, 1808.

10. O trabalho de Lavater não é isolado, mas precedido e seguido por um conjunto de trabalhos que sua notoriedade tende a eclipsar. Além da obra do anatomista inglês Parsons publicada antes de 1760 (*Human Physiognomony Explained.* Londres, 1747), destacam-se os seguintes livros na conjuntura em que apareceram os *Physiognomische Fragmente*: PERNETY, A.-J. *Discours sur la physiognomonie.* Paris, 1769. • *La connaissance de l'homme moral par celle de l'homme physique.* Berlim, 1776. • CAMPER, P. *Dissertation sur les variétés naturelles qui caractérisent la physionomie des hommes.* Paris, 1791. • CLAIRIER. *Le tableau naturel de l'homme ou observations physiognomoniques.* Estrasburgo, 1794. • SUE, J.-J. *Éléments d'anatomie à l'usage des peintres.* Paris, 1788. • *Essai sur la physiognomonie des corps vivants, considérés de l'homme jusqu'à la plante.* Paris, 1797. • FORESTIER, C. *Quelques considérations sur les traits de la face et sur les signes que le médécin peut en retirer.* Montpellier, 1799. • LE JEUNE,

face à ciência e respondam às críticas que esta lhes dirige. Suas respostas mostram um conjunto heterogêneo em que se encontram dois tipos de preocupações. Alguns trabalhos, como os de Parsons, Sue ou Camper, deslocam a problemática da fisiognomonia no campo dos objetos e dos métodos de uma história natural do homem e transformam sua perspectiva apoiando-se nas descobertas da osteologia, da miologia e da anatomia comparada. Outros, ao contrário, como Pernety, Lavater, Clairier ou Robert, prolongam na verdade a fisiognomonia tradicional, usando por vezes formulações que parecem tomadas diretamente a Jérôme Cardan:

> Tudo leva ao exterior um sinal distintivo, um sinal hieroglífico por meio do qual um observador pode muito bem conhecer suas virtudes secretas e propriedades[11].

Em um fim de século comprometido com as ideias científicas, essa fisiognomonia terá que compor com a racionalidade da história natural e da medicina. Lavater justifica-a longamente a partir da experiência e da observação. Pernety sacrifica a metoposcopia "muito incerta" para salvar a fisiognomonia que julga "certa". Recusam-lhe a condição de ciência, mas, longe de fazê-la calar-se, isso leva-a a uma constante licitação. Será para Lavater a "ciência das ciências", para Pernety a "ciência universal". A física, argumentam, não é afinal uma simples fisiognomonia da natureza, como a astronomia o é do céu, a botânica o é dos vegetais, a história o é do passado e a própria política nada mais do que uma fisiognomonia do Estado?[12]

Os trabalhos de fisiognomonia são assim perpassados de uma tensão particular a partir da década de 1760, inscritos

---

R. *Essai sur la mégalanthropogénésie, ou l'Art de faire des enfants d'esprit qui deviennent des grands hommes; suivi des traits physiognomoniques propres à les faire reconnaître, décrits par Lavater, et du meilleur mode de génération.* Paris, 1801.

11. PERNETY, A.J. *La connaissance de l'homme moral*, p. 27.

12. Ibid., p. 23.

no quadro de ascensão da racionalidade científica e constituindo ao mesmo tempo um refúgio do irracionalismo. Submetidos à ordem da razão, vão glorificar a vida do sentimento, dedicando-se à observação do rosto orgânico e exaltando o rosto expressivo.

Os sinais do anatomista

A anatomia do século 18 possui um conhecimento bastante completo da osteologia do crânio. A caixa craniana torna-se objeto de mensurações sistemáticas: aplicada à anatomia, a geometria permite transpor a uma medida angular uma conformação anatômica. O ângulo occipital de Daubenton, o ângulo facial de Camper[13] são efeitos de uma *mutação do olhar* sobre a fisionomia humana.

Professor de Anatomia, Camper destinava seus ensinamentos aos pintores. É nos seguintes termos que relata a intuição que o levaria a sua descoberta:

> Meu mestre, Charles de Moor [...], me deu para copiar um quadro de Van den Tempel no qual havia um negro cuja representação não me deu nada menos que prazer. Ele tinha, na verdade, a pele preta, mas ela cobria um corpo de moldura europeia [...]. Depois de ter estudado atentamente as gravuras do Guia, de Carl Marate, de Seb, Ricci e Rubens, descobri que, como Van Tempel, tinham representado homens pretos e não negros[14].

É a ossatura que permite distinguir a fisionomia do "homem preto" da fisionomia do "negro". O olhar do anatomista atravessa as camadas superficiais do rosto humano e descobre nas profundezas do corpo uma nova inteligibilidade. E súbito afloram à superfície do rosto os traços de uma estrutura

---

13. *Œuvres completes de Buffon avec les descriptions anatomiques de Daubenton.* T. XIII, XIV e XV. Paris: Verdière et Lagrange, 1928. • CAMPER, P. Op. cit.

14. CAMPER, P. Op. cit., p. 6.

interna do organismo: como se essa mutação do olhar fosse uma inversão de sua orientação, como se o olhar do anatomista considerasse a variedade dos traços humanos ao se instalar no interior mesmo do corpo; há literalmente nessa mudança de perspectiva uma revolução do olhar em relação àquele a que nos havia acostumado à antiga fisiognomonia. O ato de observar transforma-se profundamente. Onde outrora bastava a acuidade do olhar a observação se instrumentaliza e se desenvolve uma craniometria. De gesto único e isolado, o olhar se decompõe em uma complexa cadeia de operações, como dissecar, mensurar, comparar, classificar.

> Para fazer minhas observações, eu dividia exatamente ao meio várias cabeças, tanto de homens quanto de quadrúpedes, e imaginava perceber distintamente que a cavidade destinada a conter o cérebro era, em geral, de uma conformação bem regular; mas que a localização das mandíbulas superior e inferior era a causa natural da espantosa variedade que se nota nas fisionomias[15].

Sob o efeito de tal ponto de vista, o rosto humano como objeto vê sua própria percepção transformar-se profundamente: o que Camper distingue na multidão heterogênea de rostos no cais do porto de Amsterdã é a saliência de um maxilar superior, a cara larga de um, o maxilar inferior quadrado de outro. Ele coleciona "cabeças descarnadas de diferentes nações" e apaga da fisionomia o conjunto dos órgãos móveis e das camadas superficiais da expressão. Leem-se então no rosto não mais o temperamento e os humores, o caráter ou as paixões, mas as ordens subjacentes da espécie, a raça, a nacionalidade, a idade.

A natureza do sinal fisionômico não é mais a mesma daí em diante:

> Colocando lado a lado cabeças de negro e calmuque, de um europeu e um macaco, percebi que

15. Ibid., p. 10.

uma linha traçada da fronte ao lábio superior indicava uma diferença na fisionomia desses povos e fazia ver uma analogia marcante entre a cabeça do negro e a do macaco[16].

Que o sinal deva ser construído não é novidade; mas ele se abstraiu até não passar de uma medida numérica: o ângulo facial é de 70° a 80° no homem e de 58° no orangotango. A quantificação dos sinais é um passo introdutório à continuidade das espécies, que se escalonam segundo a ordem das variações numéricas. Mais ainda, parece pelas formulações de Camper que é a variação contínua dos sinais angulares que produz a diversidade das espécies.

> E logo que eu inclinava a linha facial para a frente, obtinha uma cabeça que tinha algo de antigo; mas quando dava a essa linha uma inclinação para trás, produzia uma fisionomia de negro e, definitivamente, o perfil de um macaco, de um cão, de uma galinhola, à medida que inclinava mais ou menos essa mesma linha para trás[17] (cf. figura 11).

O sinal fisionômico era outrora uma marca incrustada na própria carne, uma marca que o olhar buscava na superfície do corpo. Nas descrições de Camper para o rosto humano, prossegue o descolamento do sinal em relação aos acidentes da morfologia facial: o sinal quantificado existe independentemente do corpo, mas parece ao mesmo tempo se inserir de modo mais profundo e completo em sua estrutura; não é mais um simples traço superficial, mas uma lei orgânica. Uma lei que exprime a unidade e a variabilidade das espécies, prevendo sua localização na série ordenada dos organismos. Há nessa racionalização do olhar uma reviravolta de perspectiva semiológica. Antes o rosto exibia indícios externos, morfológicos ou expressivos, que propriamente lhe pertenciam e

16. Ibid., p. 12.
17. Ibid.

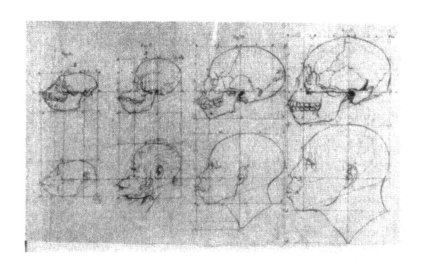

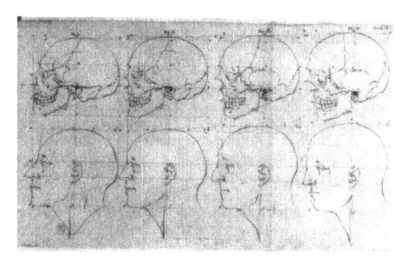

CAMPER, P. "L'Angle facial, du singe à l'Apollon".
Dissertation sur les variétés naturelles qui caractérisent la physionomie des hommes. Paris, 1791.
© BnF

que davam testemunho de qualidades psíquicas; agora ele é produto mais ou menos contingente, efeito derivado, traço obscurecido de um sinal orgânico profundo. No ar do rosto, no sentido da sua expressão flutua a *lei dos crânios*.

Blumenbach estenderá essas quantificações iniciais para traçar nos últimos anos do século o programa de uma antropologia na qual a craniometria constituirá, ao longo do século 19, uma das bases e mesmo com frequência um verdadeiro credo[18]. Camper precede Gall e já anuncia Lombroso.

Apolo o Negro e o orangotango

> A cabeça coberta de cabelos eriçados ou uma carapinha lanosa; a face escondida por longa barba encimada por dois crescentes de pelos ainda mais grosseiros, que pela largura e projeção encurtam a testa e fazem-na perder o caráter augusto, não apenas sombreando os olhos, mas afundando-os e arredondando-os *como os dos animais*; os lábios espessos e salientes; o nariz achatado; o olhar estúpido e feroz; as orelhas, o corpo e os membros peludos; a pele áspera como couro preto ou curtido; as unhas compridas, grossas e em gancho; solas dos pés calosas como cornos; e, por atributos sexuais, mamas moles e caídas, pele do ventre pendente até os joelhos; as crianças chafurdando de quatro na imundície, o pai e a mãe agachados sobre os calcanhares, todos medonhos e cobertos de uma sujeira fedorenta[19].

18. BLUMENBACH, F. *De l'unité du genre humain* [1795]. Paris, 1804. Cf. GALL, F.J. & SPURZHEIM, G. *Recherches sur le système nerveux en général et celui du cerveau en particulier*. Paris, 1809. • BROCA, P. *Instructions craniologiques et craniométriques*. Paris: Masson, 1875. • LOMBROSO, C. *L'Homme criminel*. Paris, 1895.

19. BUFFON, G.L. *Œuvres completes*. Vol. XIV. Paris: Pourrat, 1833-1834, p. 22-23. Sobre a antropologia de Buffon cf. DUCHET, M. *Anthropologie et histoire au siècle des Lumières*. Paris: Maspéro, 1971, p. 229-280, que cita esta passagem.

Não se trata da descrição de uma espécie qualquer de macaco, mas do retrato de um homem. E "retrato lisonjeiro" mesmo, diz Buffon, seu autor. É o retrato de um hotentote. Na descrição sistemática do homem selvagem à qual a nascente antropologia vai se lançar, discute-se se o "negro" não seria uma espécie equívoca, uma formação média entre o homem e o animal ou mesmo uma mescla monstruosa, produto de uma hibridização entre o homem branco e o orangotango. A resposta dada por Buffon a essa questão é, sem sombra de dúvida, negativa: o hotentote é um homem, pois pensa e fala. A distância que o separa do macaco é imensa, "pois que tem o recheio interior do pensamento e o exterior da palavra"[20]. O andar ereto e a linguagem são os sinais da humanidade, a fronteira além da qual estão os animais numa "ordem de dignidade decrescente" das espécies que leva Buffon do homem europeu civilizado aos animais selvagens.

Mas se o homem negro se distancia da besta pela linguagem, dela se aproxima no entanto pela figura. Se o uso de sinais é um limiar que separa irremediavelmente a humanidade da animalidade, essa clara distinção se embaralha, porém, na confusão de traços faciais. O homem, naquilo que lembra um animal, distingue-se pela linguagem; o animal, naquilo que lembra um homem, distingue-se pela cara.

O que equivale a dizer que a morfologia facial, espaço de transição entre as espécies, torna-se um dos lugares em que se vão reunir os sinais indicadores da degenerescência que leva de maneira contínua desde o ideal físico e moral do homem ocidental até as formas mais primitivas da animalidade, via homem selvagem. As considerações fisionômicas do século 18 são penetradas por essas concepções que fazem da fisionomia o indicador da raça e, do rosto, o signo privilegiado da decrepitude. Assim diz Jean-Joseph Sue nos seus conselhos fisionômicos destinados aos pintores:

---

20. BUFFON, G.L. Op. cit., p. 23.

Nos quadros, o francês, o circassiano aparecerão com a beleza que é própria a cada um, ao passo que o groenlandês e o calmuque apresentarão um rosto de largura disforme, com olhinhos miúdos e dois orifícios no lugar das narinas; e no Caribe distinguiremos por alto uma cabeça chata e olhos inanimados[21].

Mas a ideia de uma identidade orgânica profunda que traduziria na superfície as diferenças fisiognomônicas vai se estender, para além da raça, à identificação da nacionalidade. Quando Camper percorre as ruas e praças públicas de Amsterdã, para ele é "fácil distinguir à primeira vista não apenas negros de brancos, mas também, dentre estes últimos, judeus de cristãos, os espanhóis dos franceses, os franceses dos alemães e estes dos ingleses"[22]. O exemplo de Amsterdã é o de uma grande cidade comercial cujas multidões reúnem homens de todas as origens. Ele permite compreender a necessidade de dar à nacionalidade, à imagem da raça, essa identidade orgânica da qual a morfologia facial é a reveladora: o cosmopolitismo das grandes cidades encarregou-se de misturar os homens e arrisca pouco a pouco a tornar os rostos indistintos, embaralhando os traços das figuras primitivas:

O povo de cada país apresenta [...] alguma coisa específica que se transmite de geração em geração até que, pela mistura de várias nações, esses traços característicos se veem alterados ou inteiramente destruídos. As guerras, as migrações, o comércio, a navegação e os naufrágios mesclaram de tal modo os habitantes da Terra que só no interior de algum confim inacessível aos estrangeiros se encontram homens que ainda possuem uma figura original primitiva que os distingue visivelmente das nações vizinhas[23].

---

21. SUE, J.-J. Op. cit., p. 6.

22. CAMPER, P. Op. cit., p. 15.

23. Ibid., p. 16.

O cosmopolitismo *desnatura os rostos* assim como o faz, à sua maneira, a civilização, condenada por Rousseau na mesma época. Devemos ver também nessa nostalgia do homem primitivo que se faz sentir no final do século 18 os efeitos da irrupção, dentro de formas sociais tradicionais, de uma modernidade que desloca, reúne e mistura populações, progressivamente apagando a coincidência milenar entre fronteiras geográficas regionais e fronteiras morfológicas de tipos físicos, por conseguinte ofuscando as particularidades fisionômicas dos rostos, que não cessará de homogeneizar. Uma fisiognomonia torna-se então necessária para buscar a identidade orgânica da nacionalidade na morfologia facial ou craniana. Se os pintores têm que representar indivíduos de origens diferentes, "Lavater vai ensinar-lhes", segundo Vésale, "que há ademais, de uma nação a outra, diferenças marcantes nas formas; que o crânio de um holandês, por exemplo, é mais redondo em todos os sentidos, que seus ossos são mais largos, mais uniformes, têm menos curvatura e, em geral, a forma de uma voluta menos achatada dos lados"[24].

Essa fisiognomonia prolonga a antiga tradição que até o século 17 distinguia os povos pelos traços físicos e morais dos humores e temperamentos. Ela morfologiza o caráter nacional e no curso do século 19 vai dar fundamento natural a distinções históricas e culturais, a ponto de querer torná-los irredutíveis.

Crânios expressivos

> Ó, vós que adoreis a sabedoria infinita que forma e dispõe todas as coisas, parai um momento ainda para considerar comigo o crânio do homem[25].

Lavater compartilha na verdade essa paixão de final de século pelos esqueletos, que logo culminará na craniomania

---

24. SUE, J.-J. Op. cit., p. VIII.
25. LAVATER, J.G. Op. cit. T. II., 1820, p. 39.

desencadeada pela frenologia. Ele considera o sistema ósseo o desenho mais estável e o crânio como a "base e resumo desse sistema, assim como o rosto é resultado e sumário da forma humana em geral"[26]. Para compreender o rosto é preciso estudar o crânio e desprezar as carnes, que de certa forma não passam de "colorido que realça o desenho"[27]. Esse gosto acentuado de Lavater pela morfologia craniana, estimulado por Goethe, é tal que ele acaba por ver nisso "o objeto principal" de suas pesquisas; a craniometria é o futuro radioso da ciência do rosto.

> O fisiognomonista douto deveria, pois, concentrar toda a sua atenção na forma da cabeça [...]. Deveria e poderá fazê-lo um dia; e só então a fisiognomonia se apoiará solidamente em sua base natural e criará raízes profundas[28].

E Lavater estuda moldes em gesso, faz entalhes de contornos de rosto que lhe permitem "determinar com exatidão quase matemática as silhuetas"[29] (cf. figura 12). Na anulação da carne, no cancelamento da expressão, na revelação do esqueleto que materializa a silhueta, Lavater perscruta os traços morfológicos estáveis que inequivocamente predizem a alma. A silhueta é a sombra que o caráter carrega, o talhe claro da natureza, a efígie das inclinações e também a base inalterável em que se fundamenta a ciência fisiognomônica. Perturbado pela instabilidade da expressão, ele se volta para a observação das fisionomias em repouso: o aprendiz de fisionomista terá muito o que aprender no rosto apaziguado do homem que dorme, deverá inspecionar a fisionomia dos cadáveres, estudar as máscaras mortuárias, colecionar crânios, fazer os mortos falarem para compreender os vivos. O saber do fisionomista é uma *arte da natureza morta* (cf. figura 13).

---

26. Ibid., p. 26.

27. Ibid.

28. Ibid., p. 38.

29. LAVATER, J.G. Op. cit., p. 254 [Lausanne: L'Âge d'Homme, 1979].

LAVATER, J.G. *L'Art de connaître les hommes par la physionomie*. Paris, 1820.
© BnF

LAVATER, J.G. "Masque mortuaire".
© BnF

Nesse brusco ressurgir da morfologia na renovação da fisiognomonia de fins do século 18 é preciso ver a preponderância que a história natural adquiriu no espírito do tempo: à maneira de Camper, Lavater produz a derivação morfológica do Apolo antigo em batráquio. Mas sua anatomia é pura fantasia que não visa a classificação ordenada das espécies: o que ele busca na imobilidade dos traços é a permanência do caráter; na morfologia, uma psicologia[30] e, mais paradoxalmente ainda, *nos ossos, uma expressão.* Diante de um alinhamento de calotas cranianas ele exclama:

> Vede as silhuetas da parte óssea dessas três cabeças. Não se vê aqui nem aparência, nem traço, nem movimento e, no entanto, esses três crânios não são menos expressivos[31] (cf. figura 14).

A obra de Lavater é paradoxal se a relacionamos à lenta história dos tratados de fisiognomonia que pouco a pouco viu a expressão perfurar a imobilidade do rosto. Ela manifesta um arrebatamento pré-romântico pelo movimento que a leva a dar vida às formas inanimadas e rígidas do corpo humano; e vai exaltar a expressão. Mas na estrutura óssea do homem ela persegue igualmente uma *naturalização* do caráter psíquico, no sentido que esse termo pode ter para um taxidermista. É muito próxima, nesse aspecto, da frenologia de Gall: O que este procurará na verdade nas reentrâncias e saliências da calota craniana senão dotar o homem de um verdadeiro *esqueleto psíquico*, o esqueleto das "inclinações" que constituem a arquitetura permanente de sua personalidade?

---

30. Assim, distingue três classes de frontes humanas em função de sua inclinação; e descreve em 25 subdivisões os tipos de caráter correspondentes a essas formas: "Quanto mais estreita a testa, quanto mais curta e compacta, mais concentrado o caráter, mais sólido e firme [...]. As frontes em linha reta e de posição oblíqua indicam igualmente violência e vivacidade de espírito" (Ibid., p. 175). A mesma coisa entre os animais. Lavater examinou a cabeça do elefante e viu nela "um monumento de prudência, de energia, de delicadeza"; examinou os dentes do castor, que indicam "bondade e fragilidade"... As analogias antigas são tenazes.

31. LAVATER, J.G. Op. cit. T. II, 1820, p. 39.

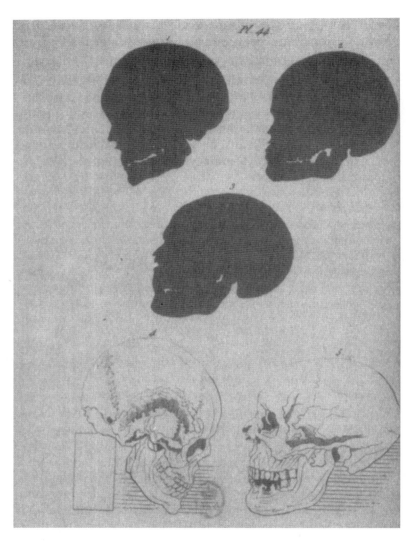

LAVATER. J.G. "Crânes expressifs".
©BnF

Esse paradoxo que perpassa a obra de Lavater é o efeito de uma tensão mais geral que atravessa a sua época. No curso do século 18, com efeito, a anatomia do crânio é objeto de um conjunto de pesquisas que, por meio de mensurações sistemáticas, nela detectam a nova inteligibilidade da unidade e variedade das espécies orgânicas; e ocasiona igualmente exames de natureza fisiognomônica da individualidade psíquica.

Abre-se assim no último terço do século 18 uma crise de legibilidade do rosto. E dessa crise é sintomática a fisiognomonia de Lavater. Seus aspectos contraditórios, as orientações irreconciliáveis que a dilaceram e comprometem sua coerência manifestam o fato de que duas vias divergentes sobre o conhecimento do homem se distanciam uma da outra daí em diante: *o estudo objetivo do homem orgânico* afasta-se da *escuta subjetiva do homem expressivo*. Surge uma fenda temática entre organicidade e expressividade que é também uma divisão discursiva, uma delimitação disciplinar: a objetividade orgânica cairá no domínio da ciência, enquanto a subjetividade expressiva será terreno das artes e das letras. É o fim do paradigma da expressão, quer dizer, dessa representação da expressão subjetiva concebida como linguagem unificada do organismo humano. As *Conferências* de Le Brun tinham sido, no que concerne as representações do rosto, sua última formulação geral coerente, pois puderam ainda no final do século 17 manter a divisão já aparente entre o orgânico e o expressivo sob o império da retórica e do domínio de si. Mas se os dicionários de Richelet (1680), de Furetière (1690) e da Academia (1694) se referem no verbete "rosto" ao movimento das paixões e às metáforas da expressão, a *Enciclopédia* de Diderot manterá apenas os elementos de uma semiologia médica. O rosto aí é sintoma orgânico e não expressão subjetiva. Esta emigrou para os verbetes "paixão", "retrato" e "expressão", onde é relacionada às belas-letras, à ópera e à pintura. E já não mais no campo dos objetos, mas dos discursos cujas propriedades formais se dissociam e serão separadas definitivamente em dois gêneros distintos no século 19, não seria o caso de ver no *Discours sur le style* proferido em 1753 por

Buffon um último pleito, na perspectiva clássica, pela unidade do homem orgânico e do homem expressivo? Tentativa de um escritor em ordenar os movimentos do organismo à racionalidade da expressão individual; resposta afirmativa de um naturalista à questão de saber se um douto pode ter estilo[32].

É, pois, a incoerência mesma do trabalho de Lavater que faz o seu interesse, quando parecia condená-lo: perpassado pela fissura que vai cindir daí em diante a racionalidade dos discursos sobre o homem e que ainda os opõe hoje, ele recusa os termos dessa divisão e se esforça por juntar esses elementos antes indissociáveis e que pouco a pouco se tornaram estranhos um ao outro: o *rosto orgânico* e o *rosto expressivo*, a facialidade muscular e óssea do homem e a face sensível do sujeito. E assim fazendo Lavater tenta escapar à crescente divisão do próprio homem em homem orgânico e homem sensível, essa falha ou ruptura em que se constituíram os traços da personalidade moderna.

Uma "ciência do rosto" que seja uma ciência do homem sensível – eis o sonho, daí em diante impossível, que persegue Lavater numa aliança barroca entre crânio e sentimento.

Uma linguagem do sentimento

> A imagem da alma é pintada na fisionomia. É uma alma tranquila? Então todas as partes do rosto se apresentam em estado de repouso que anuncia a calma interior. Sua união marca a doce harmo-

---

32. BUFFON, G.L. "Discours sur le style" [1753]. *Un autre Buffon*. Paris: Hermann, 1977, p. 159-160: "As obras bem-escritas serão as únicas que passarão à posteridade: a quantidade dos conhecimentos, a singularidade dos fatos, a novidade mesma das descobertas não asseguram imortalidade; se as obras que os contêm discorrem apenas sobre objetos menores, se são escritas sem gosto, sem nobreza e de maneira descuidada, perecerão, porque os conhecimentos, os fatos e as descobertas são facilmente removidos e transportados, ganhando mesmo se operados por mãos mais hábeis. As coisas estão fora do homem, o estilo é o próprio homem".

nia dos pensamentos. É uma alma agitada? Então a face humana se torna um quadro animado em que as paixões se traduzem tanto com delicadeza quanto energia, em que cada movimento da alma se expressa por um traço, cada ação por um sinal que a detecta[33].

O rosto é movimento. O século 18 prolonga essa concepção surgida no século 17 e vai dar-lhe uma amplitude e intensidade novas: se a expressão continua sendo movimento do rosto, será agora mais ressaltada a sua vivacidade, a sua *energia*.

Uma estética da mímica, do rosto como gesto facial, desenvolve-se assim na segunda metade do século 18. Encontra-se aí o sensualismo dos filósofos, que perpassa a fisiognomonia, o teatro, a pintura. Elabora-se todo um pensamento sobre a oposição entre corpo em repouso e corpo em movimento, privilegiando este em detrimento daquele. Assim Lavater distingue a "fisiognomonia" que "revela o caráter em repouso" da "patognomonia" que detecta "o caráter em movimento"[34], ressaltando toda a importância desta última. Assim também para Johann Jakob Engel ao tomar parte no debate sobre a interpretação do ator teatral, cujo rosto se torna gesto com o nome de "aparência"[35]. Ele concebe a mímica do ator como verdadeira linguagem do movimento facial, de que tenta dar

---

33. BUFFON, G.L. Apud SUE, J.-J. Op. cit., p. 15.

34. "Com razão distingue-se fisiognomonia de patognomonia. A primeira, enquanto oposta à segunda, se propõe conhecer os sinais sensíveis de nossas forças e disposições naturais; a segunda liga-se aos sinais de nossas paixões. Uma revela o caráter em repouso, outra o caráter em movimento" (LAVATER, J.G. Op. cit., p. 6 [L'âge de l'homme].

35. "O rosto é a sede principal dos movimentos da alma e os gestos tomam aqui o nome de aparências", escreve ele em suas *Idées sur le geste et l'observation théâtrale* [1786]. T. I. Paris, 1795, p. 53. Engel estende em sua obra o debate sobre a naturalidade da interpretação do ator, aberto na década de 1750 por Pierre Rémond de Sainte-Albine (*Le Comédien*. Paris, 1747) e do qual participam Lessing e o Diderot do *Paradoxo*.

conta com um sistema ordenado de gestos ao mesmo tempo sensíveis e enérgicos. E, da mesma maneira que Lavater, ele opõe à "fisiognomonia", que julga o caráter a partir dos traços estáveis, a "pantomima", que quer capturar os "movimentos momentâneos" do corpo[36]. Mesma preocupação de Diderot quando, nos seus *Ensaios sobre a pintura*, critica o convencionalismo e o maneirismo do retrato de aparato: privilegia aí a estética da ação, "bela e verdadeira", contra a da atitude "falsa e pequena"[37], isto é, de novo, o movimento contra a pausa. Expressão não é a atitude do rosto, nem a máscara imóvel nem a careta congelada. Laocoonte sofre, não faz caretas.

> Não confundam o sorriso falso, a careta, o canto da boca repuxado, o narizinho arrebitado e mil outras afetações pueris com graciosidade e menos ainda com expressividade[38].

Por fim, fora as considerações literárias e estéticas, o movimento ganha as representações científicas do corpo: em anatomia progride, paralelamente à osteologia, uma miologia que analisa a contração e o relaxamento muscular quando a maior parte da anatomia do século 19 só conhecia dos músculos sua topografia e suas inserções ósseas. Esse deslocamento das percepções anatômicas não é, por sua vez, sem efeitos estéticos. São testemunho as observações dirigidas aos pintores por Sue em seus *Elementos de anatomia*:

> Tudo o que causa à alma alguma emoção comunica ao rosto formas características produzidas pelos músculos, alguns inchando, outros relaxando, to-

---

36. "Chamo a *Fisionomia* de arte, semelhante à da *Pantomima*, pois ambas se ocupam em capturar a expressão da alma nas modificações do corpo, com a diferença, porém, de que a primeira dirige suas pesquisas a traços fixos e permanentes a partir dos quais se pode julgar do caráter do homem em geral, enquanto a outra se ocupa dos movimentos momentâneos do corpo que indicam tal ou qual situação particular da alma" (Op. cit. T. I, p. 5).

37. DIDEROT, D. *Essais sur la peinture* [1795]. Paris: Hermann, 1984, p. 348.

38. Ibid.

dos concorrendo para tais efeitos segundo a diferente energia que experimenta o sistema vital[39].

Um laço energético entre as emoções do homem moral e as expressões do homem físico toma progressivamente o lugar do laço causal entre os movimentos das paixões e as figuras do corpo. Ressalta-se então o vigor, a vitalidade do movimento, a energia, a elasticidade do corpo. E no registro literário ou estético a vida do corpo orgânico na expressão facial continua a ser percebida como uma linguagem:

> Pela inspeção desses movimentos e sobretudo das mudanças que se manifestam no rosto pode-se quase sempre julgar o que se passa no princípio vital. Pode-se, por conseguinte, assegurar que cada paixão tem seu caráter particular e uma linguagem que lhe é própria[40].

Na expressão o rosto fala ainda e sempre. Não é mais, claro, à maneira da inscrição outrora gravada de um texto imóvel. Mas não é também como nas figuras codificadas de uma retórica: seria antes à maneira das *expressões sensíveis* de uma linguagem.

A representação e a percepção do gesto de que "fala" a expressão facial se transformaram. Sua linguagem é uma linguagem *interior*. A pintura do retrato o ilustra, quando o "minúsculo toque", o ligeiro tremor da tinta pastel nos retratos de Quentin de La Tour ou Chardin traduz a delicadeza do movimento fisionômico, mas também a carga sensível, íntima, profunda. Como teria dito Quentin de La Tour em palavras que o século com frequência reproduz: "Eles creem que capto apenas os traços de seu rosto, mas desço ao fundo deles sem o saberem e os trago inteiros"[41]. E para Diderot

---

39. SUE, J.-J. Op. cit., p. 11.

40. Ibid., p. 16.

41. MERCIER, L.-S. Op. cit. T. II, cap. CLXL, p. 164-165.

a expressão, "frágil ou falsa se deixar incerteza sobre o sentimento"[42], é a imagem indissociável deste. A linguagem da expressão torna-se *linguagem do sentimento*.

> Se a alma de um homem ou a natureza deu a seu rosto a expressão de boa vontade, justiça e liberdade [...], esse rosto é uma carta de recomendação escrita numa língua comum a todos[43].

Quais são os meios dessa linguagem? O olho é seu instrumento privilegiado. O século 18 percebeu o olhar intensamente como o órgão do sentimento, a voz do sensível – "calor do sentimento" e "língua da inteligência", diz Buffon[44]. Examinada pelo naturalista, observada e imitada pelo pintor[45], a linguagem dos olhos fala ainda no teatro sobre a figura do ator: é para Engel "a parte mais eloquente do rosto"[46], aí contradizendo Le Brun e as vantagens que este atribuía às sobrancelhas. Pois essa eloquência do olhar não é mais da mesma natureza que a que poderiam descrever as tradições

---

42. DIDEROT, D. Op. cit., p. 372.

43. Ibid., p. 373.

44. "É sobretudo nos olhos que se pintam nossas agitações secretas [...]. O olho pertence à alma, mais que qualquer outro órgão; ele parece tocá-la e participa de todos os seus movimentos; ele exprime as emoções mais vivas e as paixões mais tumultuosas, como os movimentos mais doces e os sentimentos mais delicados, traduzindo-os em toda a sua força, em toda a sua pureza, tais como acabam de nascer: ele os transmite por sinais rápidos que levam a uma outra alma o fogo, a ação, a imagem daquela de que falam. O olho recebe e reflete ao mesmo tempo a luz do pensamento e o calor do sentimento: é o sentido do espírito e a língua da inteligência. A vivacidade e o langor do movimento dos olhos constituem uma das principais características da fisionomia" (BUFFON, G.L. Apud SUE, J.-J. Op. cit., p. 15).

45. Assim, a observação de Diderot: "O homem se enraivece, fica atento, curioso, ama, odeia, despreza, desdenha, admira; e cada um desses movimentos da alma é pintado no seu rosto em caracteres claros, evidentes, que nunca nos confundem. No seu rosto? O que digo? Na sua boca, na sua face, nos seus olhos, em cada parte do rosto. O olho ilumina-se e se apaga, relaxa, se perde, se fixa" (Op. cit., p. 371).

46. ENGEL, J.J. Op. cit. T. I, p. 53.

pictóricas e retóricas do século 17. Pode-se mais facilmente relacioná-la à vivacidade do movimento que à sua mensuração. E sobretudo não é mais considerada tanto em relação ao controle pessoal do corpo quanto às qualidades do substrato orgânico: a *volubilidade* dos órgãos é função da *elasticidade* dos tecidos.

> A alma fala o mais das vezes e da maneira mais fácil e mais clara pelas partes de que os músculos são as mais móveis; portanto, ela vai se exprimir a maioria das vezes pelos traços do rosto, principalmente os olhos[47].

O tempo do sensível

A linguagem do sentimento possui uma tonalidade e uma temporalidade que lhe são próprias. Assim cada paixão tem sua cor; e cada paixão se decompõe em uma miríade de instantes que se distinguem pelas sutilezas de suas nuanças. Um tempo sempre mais fugitivo desliza sobre o rosto e modifica suas percepções. Como se entre os séculos 16 e 18 as representações da figura humana passassem por uma lenta aceleração do quadro e dos ritmos temporais em que adquirem sentido, de uma temporalidade eterna a uma temporalidade efêmera, de uma figura de sempre ao rosto de um momento e deste a uma expressão do instante.

Esse *tempo do sensível* que o final do século 18 vê oscilar sobre a fisionomia é um tempo complexo, que não se reduz à sombra fugitiva do sentimento. Não há pois, na expressão espontânea do olhar, "nenhum intervalo, por assim dizer, entre o sentimento e seu efeito", ressalta Engel, que acrescenta:

> A arte mais experimentada de mascarar os pensamentos secretos não pode impedi-los de eclodir, ainda que domine todo o resto do corpo. O homem que quer esconder as afecções de sua alma deve sobretudo cuidar para que não lhe

---

47. Ibid., p. 55.

fixem os olhos; não deve atentar com menos cuidado para os músculos vizinhos à boca, que durante certos movimentos interiores se controlam muito dificilmente[48].

Um domínio absoluto do rosto é impossível, há no orgânico alguma coisa que escapa ao império da vontade. Uma praga corrói a máscara do cortesão, que cai pouco a pouco em pedaços. O rosto é por vezes tomado pelo movimento interior, faísca instantânea que já se percebe, mas ainda não conseguimos identificar. Com efeito, são várias temporalidades cujos períodos se entrecruzam na fisionomia: tempo fulgurante da agitação involuntária, tempo súbito da emoção, tempo efêmero da paixão e ainda o tempo de ciclos mais longos da evolução orgânica, que é o tempo irreversível das metamorfoses da idade sobre o rosto orgânico que lentamente leva o corpo ao seu fim.

> Então a gordura desaparece imperceptivelmente e deixa um vazio sob a pele. Esta, não tendo mais elasticidade suficiente para apertar-se, cede e se dobra [...]. Daí as rugas que aparecem na testa e na parte de baixo do rosto. A velhice vem em seguida imprimir seu triste sinete em todo o exterior do homem: a fronte calva, rugas que se multiplicam, faces afundadas que atestam a queda de quase todos os dentes, olhos meio apagados, um rosto sem cor[49].

Cada uma dessas temporalidades deposita seus vestígios no rosto, percebido como um mosaico de indícios permanentes ou fugidios. Desprendendo-se dos tempos imóveis, cosmológico ou divino, o corpo progressivamente adquiriu sentido numa duração mais curta, mais efêmera, mais complexa: um *tempo humano*. O tempo do *indivíduo*.

> Em cada parte do mundo, em cada rincão de um mesmo lugar, em cada província, em cada cidade

---

48. Ibid., p. 56.

49. SUE, J.-J. Op. cit., p. 5.

das províncias, em cada família das cidades, em cada indivíduo nas famílias, em cada indivíduo cada instante tem sua fisionomia, sua expressão[50].

A expressão é, então, o próprio indivíduo. E, no indivíduo, a expressão é ao mesmo tempo universal e singular. Portanto, não há nada no homem que não seja expressão, sustenta Lavater: da forma dos ossos à cor dos cabelos, da maneira de andar à maneira de chorar. "Talvez eu não devesse me servir da palavra *gesto* senão para essa espécie", diz Engel se referindo aos gestos expressivos[51]. Universal, a expressão é também infinitamente singular. O senso comum sustenta que não há dois rostos absolutamente iguais, o que Lavater teoriza ao fazer do rosto o sinal do caráter insubstituível do indivíduo:

> Nenhum homem pode ser substituído por outro. Essa crença [...] é ainda um dos pontos excelentes da fisiognomonia [...]. Todo homem deve ser medido segundo ele mesmo. Cada um é um sujeito à parte e não poderia tornar-se outro, da mesma forma que não poderia tornar-se anjo[52].

Está aí também um paradoxo das considerações de tipo fisiognomônico que produziu o século 18: a expressão é pensada como irredutivelmente singular e, ao mesmo tempo, objeto de classificações empreendidas para congelá-la. Atento igualmente ao movimento da expressão humana, Sulzer concebe assim mesmo o projeto de elaborar "uma coleção de gestos expressivos" que considera "possível e tão útil quanto uma coleção de desenhos de conchas, de plantas ou de insetos"[53].

---

50. DIDEROT, D. Op. cit., p. 371.

51. ENGEL, J.J. Op. cit. T. I, p. 51.

52. LAVATER, J.G. Op. cit., p. 143.

53. SULZER, J.G. *Allgemeine Theorie der Schönen Kunste.* Leipzig, 1771-1774. Verbete "gesto". Apud ENGEL, J.J. Op. cit. T. I, p. 60.

A observação de si mesmo

A importância decisiva que o século 18 dá ao indivíduo é marcada ainda pelas formas da auto-observação. Elas obedecem a um imperativo que não é mais simplesmente lembrado, mas verdadeiramente exaltado: o da sinceridade, que é condição, princípio mesmo e efeito buscado da observação interior. "A sinceridade começa quando nosso coração passa a perceber que é observado por si mesmo", confessa Lavater no *Journal d'un Observateur de Soi-même*, revelador de sua fisiognomonia[54]. É preciso observar o outro, mas também se observar. Trata-se de um dever imperioso, cuidado e atenção minuciosa de cada instante. No diário, Lavater ocupa-se do homem interior que está em si mesmo. Mas esse homem mudou de rosto. Não é mais uma simples introspecção da consciência, o tradicional diálogo com a alma, mas uma verdadeira conversa com o coração:

> Mas tu, ó meu coração, sê sincero, não subtraias da minha frente tuas profundezas, quero fazer amizade contigo, tratar uma aliança[55].

Essa conversa parece a que se pode ter com um amigo íntimo. Não há para Lavater maior bênção que "a amizade e a confiança de um coração humano consigo mesmo"[56].

O homem sensível vê-se reconciliado nesse curioso diálogo interior com o homem orgânico. O coração é aí representado como um elemento que é ao mesmo tempo o próprio indivíduo, mas dele se destaca, porquanto pode ser tratado como um amigo, um igual, um confidente. Na observação interior de si mesmo e na observação exterior dos rostos humanos. Lavater não consegue se decidir nessa oposição cada vez mais nítida que afasta o homem orgânico do homem sensível. Na observação dos crânios e nessa longa apóstrofe dirigida a

---

54. LAVATER, J. *Journal d'un Observateur de Soi-même* [1769]. Paris, 1853.

55. Ibid., p. 2.

56. Ibid.

seu próprio coração, ele *espiritualiza o organismo*. Não cabe concluir, no entanto, que essa glorificação do diálogo e do sentimento interior seja uma pura exaltação do homem sensível. A sinceridade que leva o homem à confiança em si mesmo, a fugir da hipocrisia como o pior dos males, é uma regra estrita, mais até, uma regulamentação para todos os momentos da vida. Os progressos da intimidade ainda assim são inseparáveis do desenvolvimento do autocontrole.

Lavater faz um registro minucioso, detalhado e cotidiano dos seus mais ínfimos sentimentos, dos artifícios mais secretos de suas paixões, com uma exatidão tal que, mesmo se lesse esse diário no dia da morte do autor, o próprio Deus não mudaria uma linha. Fazer um balanço exato de sua vida é algo que deve ser acompanhado da contínua e múltipla observação de regras e resoluções que não deixarão em paz por um instante o observador de si mesmo:

> Resoluções para todos os dias: as seguintes resoluções devem estar cotidianamente diante dos meus olhos; devem estar pregadas no meu armário e devo lê-las todas as noites e cada manhã[57].

O "desfrute de si mesmo" com que o Marquês de Caraccioli[58] vai celebrar este final de século 18 alia por vezes a doçura do sentimento íntimo aos rigores do emprego do tempo[59].

---

57. Ibid., p. 3.

58. MARQUÊS DE CARACCIOLI. *La jouissance de soi-même*. Utrecht, 1753.

59. "Quero todas as noites me examinar segundo essas resoluções, indicar lealmente no meu diário todas as coisas em que falhei e me perguntar a cada passo como cuidei de minhas obrigações, p. ex.: o que li, o que fiz, em que falhei, o que aprendi" (LAVATER. *Journal...* p. 6). A observação de si mesmo levará com frequência a essa literatura sobre o emprego do tempo cujas fontes são mais longínquas (cf. abaixo "A domesticação das paixões") e que terá grande sucesso no século 19. Como o "extraordinário *Essai sur l'emploi du temps ou méthode qui a pour objet de bien régler l'emploi du temps, premier moyen d'être heureux*, redigido em 1810 por Julien, militar reformado [que] [...] se apoia em Locke e Franklin [e] [...] recomenda dividir o diário em três partes de oito horas" (CORBIN, A. "Le secret de l'individu". Op. cit., p. 457).

Os rostos na multidão

L.-S. Mercier se espanta: "Os parisienses não passeiam. Correm, se precipitam. O mais belo jardim acha-se deserto em tal hora, em tal dia, porque é costume *amontoar-se em outra parte*"[60]. Tal espanto basta para mostrar a razão do ressurgimento de uma fisiognomonia que se supunha irremediavelmente condenada. Esse renascimento tardio e espetacular é, com efeito, indissociável das convulsões e reconfigurações sociais do final do século. Ele acompanha o desenvolvimento da cidade, o nascimento da multidão. As massas citadinas que ajuntam e multiplicam os rostos são ao mesmo tempo seu material e necessidade. Nos jardins do Palais-Royal que Mercier percorre, nas ruas dos subúrbios populares que Diderot observa, podemos daí em diante estar seguros de quem tem a ver conosco?

> Pois o Sr. Lavater, doutor de Zurique que tanto escreveu sobre a ciência da fisionomia, não está no Palais-Royal sexta-feira para ler nos rostos o que se esconde no abismo dos corações...[61]

Mas Mercier não é ele mesmo um desses "fisionomistas que acham de exercer sua sagacidade no meio de uma turba tão imensa [...], que têm prazer na multidão"?[62] Se Mercier crê em Lavater, é porque percebe "naturalmente" sua necessidade prática ali onde se encontra. Uma preocupação ligada, com efeito, à entrada em cena das multidões vê a luz no final do século 18: a da *identificação*.

A multidão das fisionomias quando se anunciam as sociedades de massa torna com efeito mais difícil a percepção das identidades. As pessoas passam a ficar sensíveis, pela primeira vez de modo tão nítido, ao efeito que as condições sociais

---

60. MERCIER, L.-S. Op. cit. T. V, cap. DCCCXVIII, p. 186.

61. Ibid. T. II, cap. CLXII, p. 165.

62. Ibid. T. II, cap. CLXI, p. 164.

podem produzir sobre o rosto. Diderot perscruta ao acaso das ruas as fisionomias das diferentes posições sociais: o artesão, o nobre, o plebeu, o eclesiástico e o magistrado possuem traços e expressões que lhe são próprios; e entre os artesãos é preciso ainda distinguir "hábitos corporais, fisionomias de lojas e oficinas"[63], como logo saberão fazê-lo os folhetins populares do século 19, ou seja, distinguir as fisiologias[64].

Mercier, por sua vez, repara identidades novas que se desenham no andar das pessoas da cidade, nos rostos dos parisienses, nos jovens do Palais-Royal com "fisionomias particularíssimas que retratam almas enfastiadas, corações frios, paixões sem prazer e sem vigor"[65]. E, como Diderot, ele se põe a diferenciar a frieza compassiva das fisionomias aristocráticas ou burguesas do calor expressivo das camadas populares. Se quereis ler e pintar verdadeiras expressões, aconselha Diderot aos pintores, ide então aos salões de baile e aos mercados. *A expressão está nas ruas.*

> Buscai as cenas públicas, sede observadores nas ruas, nos mercados, nas casas, e tereis ideias justas do verdadeiro movimento da vida em ação[66].

Os observadores da rua e da multidão no fim do século 18 apresentam assim uma percepção contrastada do rosto do povo. Ressaltam sua expressividade, mas sabem detectar nele os sinais de novas periculosidades. Se o povo de Paris fosse deixado à vontade para se entregar "ao primeiro transporte" emocional, "não teria nenhuma medida em sua desordem"[67].

---

63. DIDEROT, D. Op. cit., p. 374. Sobre as percepções do povo, da rua, da oficina, das massas no século 18, cf. os trabalhos de Arlette Farge: *Vivre dans la rue à Paris au XVIIIe siècle*. Paris: Gallimard/Julliard, 1979. • *La vie fragile* (*violences, pouvoirs er solidarités à Paris au XVIIIe siècle*). Paris: Hachette, 1986.

64. LHÉRITIER, A.; PICHOIS, C.; HUON, A. & STREMONKHOFF, D. *Les physiologies*. Paris: Université de Paris: IFP, 1958.

65. MERCIER, L.-S. Op. cit. T. X, cap. DCCCXX, p. 235.

66. DIDEROT, D. Op. cit., p. 348.

67. MERCIER, L.-S. Op. cit. T. V, cap. DCCCLX, p. 25.

Elabora-se assim uma fisionomia da populaça em que cumpre saber distinguir as espécies: os traços das "moças sustentadas", por exemplo, que "será preciso conhecer para não se enganar e poder distingui-las de uma burguesa honesta"[68]. É preciso reconhecer os homens perigosos por sua morfologia e Mercier os identifica pela baixa estatura.

> Os celerados que vi passar a caminho do suplício, os assassinos pérfidos, os envenenadores, eram todos de baixa estatura; [...] almas cruéis em corpos exíguos[69].

As classes trabalhadoras tornam-se pouco a pouco classes perigosas. E essa equivalência entre o povo e a periculosidade não é mais simplesmente da ordem da constatação, mas também da gênese. São as condições sociais que produzem tal efeito, que transformam rostos encantadores em fisionomias patibulares, crianças inocentes em adultos brutais e corrompidos:

> Vi no subúrbio profundo, em Saint-Marceau, onde me demorei por longo tempo, crianças encantadoras de rosto. Na idade de doze ou treze anos, aqueles olhos cheios de doçura haviam se tornado intrépidos e ardentes; a boquinha agradável se contorcera de forma bizarra; o colo tão suave se inflara de músculos; as bochechas grandes e redondas eram agora marcadas por duras protuberâncias. À força de se irritar, de se injuriar, de se bater, de gritar, de se descabelar por nada, eles tinham contraído pelo resto da vida um ar de interesse sórdido, de impudência e de cólera[70].

---

68. Ibid., cap. DCCCXVIII, p. 187.

69. Ibid. T. XI, p. 117. O que Arlette Farge ressaltou sobre as percepções dos gestos e das expressões do povo das ruas: "Sabemos poucas coisas sobre os gestos e a expressividade dos pobres da rua. A historiografia aplicou-se sobretudo a destacar impressões de conjunto e, antes de mais nada, as mais ameaçadoras" (*Vivre dans la rue...*, p. 92-93).

70. DIDEROT, D. Op. cit., p. 373.

A fabricação do rosto virtuoso

Impõe-se de maneira mais geral a ideia de que as condições sociais e culturais são elementos decisivos para a compreensão dos traços físicos dos organismos. Da mesma maneira que Buffon atribui as diferentes variedades da espécie humana ao clima, à alimentação, aos hábitos e costumes, chega-se com frequência a considerar nessa época que o rosto e o corpo carregam os traços da educação recebida. "A educação, os exercícios do corpo, uma vida regrada tornam o homem mais belo de rosto e de corpo"[71].

Mais belo, mas também mais feio quando se trata dos costumes bárbaros dos povos selvagens:

> Uns esmagam o nariz dos filhos, outros esticam prodigiosamente suas abas com anéis bem pesados de metal. Outros portam tais anéis bem mais pesados nas orelhas, alargando-as de forma espantosa; uns achatam a cabeça das crianças, comprimindo-a entre duas pranchas, outros a alongam prodigiosamente[72].

Mas não é necessário ir buscar costumes bizarros entre povos distantes. Os textos de fisiognomonia do século 18 sublinham os efeitos que a própria civilização imprime ao corpo. O fardo das boas maneiras, a camisa de força do vestuário, o garrote da civilidade entravam o vigor fisiológico do corpo natural. E os textos concluem com Rousseau que a civilização desnatura, corrompe, amolece a natureza, que ela é uma "prisão do corpo"[73] e uma máscara para os rostos.

É precisamente a esse mal que a fisiognomonia do final do século 18 pretende trazer um remédio. Se ao homem comum, com efeito, a máscara das aparências pode iludir, ela não passará...

---

71. CAMPER, P. Op. cit., p. 32.

72. SUE, J.-J. Op. cit., p. 7.

73. Ibid.

para um homem nascido fisionomista [...] de um vapor sutil que se dissipa à aproximação dos raios luminosos da tocha da natureza. Dissipando-se, ela deixa ver a verdade em todo o seu esplendor[74].

Lavater, por sua vez, insiste: é preciso ter nascido fisiono-mista, mesmo que se possa esperar vir a sê-lo, para possuir esse "sentimento e, por assim dizer, essa intuição rápida do homem"[75]. Ressurge então com nova força a antiga ideia se-gundo a qual a fisiognomonia permitiria um desvelamento do ser, um desnudamento do homem interior: "Aprendei a arte de conhecer os homens pelos traços de seus rostos, assim exorta Pernety. Arrancai essa máscara pérfida e que não reste a quem a levava senão a vergonha de tê-la usado"[76]. Esse ideal de transparência do qual a sinceridade e franqueza devem ser os frutos é pensado a partir daí como uma das condições daquilo que as transformações políticas vão logo reivindicar: a fisiognomonia será um dos fundamentos da invenção desse homem novo, republicano e virtuoso, um dos instrumentos mais preciosos da fabricação do cidadão.

Assim Clairier, padre constitucional, apresenta à Sociedade dos Amigos da Constituição de Estrasburgo uma fisiognomo-nia patriótica e revolucionária, obra "verdadeiramente na-cional" embora de interesse universal, "de utilidade pública" porquanto redigida "sob o império do civismo". Seu objetivo? Propor, a partir do conhecimento do homem físico e do ho-mem moral, uma educação mais esclarecida e mais sólida do cidadão. A fisiognomonia fora de fato a ciência dos reis; por que não poderia ser daí em diante uma ciência útil ao povo, ao cidadão "chefe e rei de sua família", ao "encarregado da admi-nistração pública", à "alma da província"?[77] Apresentavam-na outrora como indispensável ao conhecimento dos "deveres de

---

74. PERNETY, A.S. *La connaissance de l'homme...*, p. 30.

75. LAVATER, J.C. Op. cit., p. 22 [Ed. L'Âge d'Homme].

76. PERNETY, A.S. Op. cit., p. 44.

77. CLAIRIER. Op. cit., p. 26-27.

Estado" na sociedade do Antigo Regime, agora será inscrita na instrução cívica. A fisiognomonia terá por tarefa contribuir para formar as elites da nação. Mais ainda, é o futuro mesmo da nação revolucionária, pois vai ensinar-lhe a reconhecer e educar seus cidadãos.

> Uma tal nação não deve sem dúvida negligenciar coisa alguma para ensinar a conhecer na geração nascente de tantos cidadãos por quais sinais certos e fáceis ela poderá discernir os mais adequados por suas luzes e talentos, por sua integridade e coragem, a preservar a Constituição com zelo e tornar-se seus pilares e ornamentos[78].

A fisiognomonia é, para Clairier, um "método anatômico-moral" que terá o papel de "bússola" para os revolucionários, permitindo-lhes exercer um "feliz discernimento"[79] entre os homens. A figura do fisiognomonista confunde-se então pela primeira vez de maneira bem clara com a do pedagogo. A fisiognomonia tornou-se um sacerdócio laico, o do pai e do professor, do mestre esclarecido que "com essa chave que abre a porta dos espíritos e dos corações"[80] saberá a arte de sondar os seus recônditos.

Quer seja laica ou cheia de religiosidade como a de Lavater, a fisiognomonia na aurora do século 19 deriva irresistivelmente para a filantropia. Para Lavater, ela é o caminho que leva ao amor dos homens. Torna-se uma técnica de compaixão quando a arte de conhecer os homens é uma "arte de amá-los". É esse amor mesmo que justifica que se queira penetrar o coração de cada um. A filantropia legitima então a identificação.

> O fisiognomonista filantropo penetra com um arrebatamento secreto o coração do homem[81].

78. Ibid., p. 28.
79. Ibid.
80. Ibid., p. 42.
81. LAVATER, J.C. Op. cit., p. 24-25.

Esse estranho amor do próximo – amar o outro é desmascará-lo – vai se aplicar aos homens de maneira bem desigual. O olhar de Lavater está assim particularmente pronto a captar os traços morfológicos que marcam as fisionomias grotescas que ele empresta aos camponeses, aos tolos e aos imbecis. Ele se estende longamente sobre essas fisionomias "alteradas" e "degradadas" em que vê traços da degenerescência dos organismos vivos[82]. Mas se demora também a contemplar esses rostos plenos e laboriosos dos burgueses de Zurique que são um verdadeiro hino facial à glória das classes médias.

> Ainda um perfil do habitante de Zurique, o perfil de um homem fundamentalmente honesto, trabalhador, bom e dedicado [...]. Nosso caráter nacional, o da classe média, tão feliz e tão amada por todo o mundo, manifesta-se sobretudo na forma distinta do nosso nariz. Esta boca anuncia o amor do trabalho e a bondade do coração[83].

Compreende-se melhor assim o brusco reaparecimento da fisiognomonia. A obra de Lavater realiza uma *naturalização das classificações sociais* surgidas com a emergência de uma nova sociedade[84]. Ela acompanha a revolução democrática e

---

82. Assim, sob a rubrica "Alguns rostos de tolos que pariu o chão da minha pátria", pode-se ler a propósito de um camponês da região de Zurique: "É um imbecil de nascença, incapaz de qualquer educação, de qualquer pensamento inocente ou original. A sobrancelha encimando esse olho duro e imóvel, o afundamento entre a testa e o nariz, mas sobretudo a boca, o queixo e o pescoço, são traços característicos de uma incorrigível estupidez, que eu reconheceria o bastante ademais apenas pelas rugas da face" (Ibid., p. 223). A imbecilidade é, para Lavater, um estado natural.

83. Ibid., p. 224.

84. O que ressaltou M. Dumont em um artigo bem completo sobre Lavater, "O sucesso mundano de uma falsa ciência: a fisiognomonia de J.G. Lavater" (*Actes de la recherche en sciences sociales*, set./1984, p. 2-30). "As classificações que Lavater faz entre os homens, se seguem divisões sociais em formação, não respeitam a distribuição social das ordens antigas [...]. O ideal humano que ele proclama é o de uma categoria social que se esboça, de novos privilegiados em busca de uma identidade que indique sua distância tanto em relação ao povo quanto aos velhos privilégios" (p. 25).

quer fundamentar na natureza a nova ordem social. Mas nas formas mais extremas, que são também as mais perigosas de seu devaneio, ela se propõe mesmo *produzir* um mundo novo que seria o da harmonia entre almas e rostos. Está aí a parte utópica dessa fisiognomonia dos últimos anos do século 18. Robert inventa uma "megalantropogênese", quer dizer, uma arte de identificar na criança os sinais precursores do grande homem[85]. Lavater vai mais longe ao se propor arrebatar aos homens mais feios as crianças que são seu retrato vivo, criá-las em uma instituição pública bem mantida, depois colocá-las em circunstâncias que favoreçam a prática da virtude e, por fim, casá-las entre si. Na "quinta ou sexta geração" teríamos

> Homens cada vez mais belos [...]. Essa beleza progressiva será notada não apenas nos traços da figura, na configuração óssea da cabeça, mas também na pessoa inteira, em todo o seu exterior[86].

A eugenia já espiava por trás da filantropia.

---

85. A obra de Robert inscreve-se numa renovação das preocupações eugênicas que florescem na segunda metade do século 18 em inúmeros manuais de procriação que propõem aperfeiçoar a geração humana (cf. DARMON, P. *Le mythe de la procréation à l'âge baroque*. Paris: Seuil, 1979).

86. LAVATER, J.C. Op. cit., p. 61.

Parte II

O homem sem paixões

Prefácio
A domesticação das paixões

> *Comércio*: Entende-se por esta palavra, no sentido geral, uma comunicação recíproca. Aplica-se mais especificamente à comunicação entre os homens das produções de sua terra e indústria [...]. Toda coisa que pode ser comunicada a um homem por outro para sua aprovação ou utilização é matéria de comércio... (Verbete "Commerce". *Encyclopédie Générale et Raisonnée de Diderot et d'Alembert.*)

Nos rostos, gestos e conversas, no silêncio, nas artes de conhecer os homens, nos tratados de retórica ou nos livros de boas maneiras e civilidade, nas artes da conversação ou mesmo na de calar-se, a *individualização pela expressão* remete em definitivo, entre os séculos 16 e 18, a uma representação do eu que faz dela um abrigo, uma propriedade, um bem. Figuração do eu que não é talvez em parte alguma melhor representada que na pintura holandesa clássica: a cotidianidade do individualismo burguês, a humanização última da matéria pelo patriciado dos negociantes, classe que estabelece sua autoridade sobre as mercadorias e, com isso, sem dúvida faz também de cada homem um bem por si mesmo[1]. O comércio, a conversação podem provocar uma perda de si mesmo e, ao contrário, a solidão, o silêncio preservariam a integridade de si.

A individualização pela expressão se inscreve assim na história da interiorização progressiva pelo sujeito das tensões que resultam de sua imersão em um conjunto de relações e

---

1. Cf. BARTHES, R. *Essais critiques*. Paris: Seuil, 1964, p. 19-20.

de dependências sociais mais cerradas e complexas. Ela participa do processo de constituição das autolimitações que modificam as sensibilidades e os comportamentos humanos[2]. E nesse processo em que se formam as estruturas psicológicas do homem ocidental moderno há um elemento crucial já mencionado: *o domínio de si mesmo*, o autocontrole, que vai estender cada vez mais uma exigência de medida ao conjunto dos comportamentos individuais e das diferentes atividades do homem. É essa exigência que está operando no reconhecimento de *valores medianos* como normas de comportamento desejável, ideal de uma mediocridade valorizada, objeto de um trabalho sobre si. Essa legitimidade dos valores medianos não é dissociável da ascensão das classes médias nem do interesse que a Igreja tem no trabalho, da consagração que ela faz do trabalho como santificação da regularidade cotidiana contra a ociosidade. Tendo desde suas origens reprovado o excesso e o luxo, ela encoraja a prosperidade modesta, condena o enriquecimento e a prática da usura. E não para de temer os transbordamentos da prodigalidade, participando assim da distinção entre os comportamentos e psicologias aristocráticos e os que são próprios da burguesia, integrando a oposição de dois tipos de "honestidade" como de dois tipos de civilidade.

A aristocracia tende a prezar o espírito brilhante, mundano, polido, a graça, a ostentação, o dispêndio pessoal, preocupando-se menos com o valor interior; já a burguesia valoriza a virtude, a integridade, o esforço, a austeridade, as qualidades morais. O olhar, a opinião dos outros parece ter uma importância crucial para a aristocracia, mas para a burguesia a consciência do valor de suas próprias ações, o sentimento do seu valor, uma consciência econômica de si, "uma recusa moral da exibição de si"[3] são o que sem dúvida tem uma

---

2. Cf. ELIAS, N. Op. cit.

3. PERROT, P. "La richesse cachée: pour une généalogie de l'austérité des apparences". *Communications*, n. 46, out./1987, p. 157.

importância determinante[4]. "Como em tudo, é a vitória surda da poupança sobre o desperdício, da simplicidade sobre o ornamento, da austeridade sobre a frivolidade"[5].

A racionalização dos comportamentos faz aparecer assim a diferença entre uma racionalidade aristocrática e uma racionalidade burguesa. Mas nos dois casos são privilegiadas, embora de maneira distinta, a razão e a justa medida, o meio-termo. Isso nos traz de volta, então, às questões iniciais levantadas pelos trabalhos de Weber e Elias: Como capturar, através desses saberes e práticas do corpo e da expressão, no entrecruzamento dos modos de troca e de produção econômica, das formas políticas de governo e dos laços e dependências da sociedade civil, a maneira como se constitui um tipo de personalidade, uma estrutura psicológica específica?

Medida e poupança

Há no século 17 inúmeros livros de negociantes, mas reina um certo desprezo pelo mercador, um burguês. Entre essas obras está a de J. Savary, *Le parfait négociant*[6], que se entrega a uma verdadeira apologia do comércio e denuncia essa atitude de desprezo, atitude que transparece precisamente na descrição física e moral de um dos mais célebres representantes da burguesia do século 17, Colbert, feita por um de seus contemporâneos, o Abade de Choisy:

> Jean-Baptiste Colbert tinha o *rosto naturalmente carrancudo*. Seus olhos fundos, as sobrancelhas grossas e negras lhe davam uma *aparência austera* e tornavam seu primeiro contato selvagem e negativo. Mas na sequência, domado, achavam-no bem

---

4. Cf. NORMAND, C. *La bourgeoisie française au XVIIe siècle*. Paris: Alcan, 1908. • AYNARD, J. *La bourgeoisie française*: essai de psychologie. Paris, 1934.

5. PERROT, M. Op. cit., p. 157.

6. SAVARY, J. *Le parfait négociant ou instruction générale pour ce qui regarde le commerce*. Paris, 1675.

fácil de lidar [...]. Uma aplicação infinita e um desejo insaciável de aprender tinham para ele papel de ciência [...]. A seu ver nada era bom exceto o que ele mesmo fazia e não fazia nada a não ser à força de trabalho[7].

Colbert é um representante típico da burguesia: nem título nem privilégio de berço, mas uma inclinação e disposição para o saber, a expressão de uma vontade tenaz e sobretudo esforço e austeridade, as duas qualidades e virtudes burguesas por excelência, as mesmas em que insiste Savary, que dedica a Colbert sua célebre obra; qualidades que serão mais tarde celebradas, no século 18, por Benjamin Franklin, mas que já se encontram bem antes, desde o *Quattrocento* italiano, em Leon Battista Alberti. Com uma diferença sobre a qual Weber vai insistir sem cessar: mesmo que reconhecesse um certo parentesco entre os movimentos renascentistas e, mais tarde, o puritanismo, ele ressalta ainda assim que os primeiros não "determinaram da mesma maneira que a ética protestante 'o modo de vida da burguesia nascente'"[8].

O que para Weber faz com efeito a diferença entre os ideais da Renascença e o ideal calvinista da Reforma é a sistematização da conduta ética, "esse controle ativo de si mesmo" que as regras monásticas tendiam a desenvolver. O que [portanto] traz a Reforma é, antes de mais, uma *generalização desse ascetismo metódico*[9].

O ascetismo torna-se, assim, com a Reforma, um método de conduta racional, "uma moral da ação"[10]. No século 16, com efeito, está ausente o ascetismo metódico enquanto tal; é uma outra preocupação que se apresenta: a de *medir*

---

7. ABADE DE CHOISY. Apud LA RONCIÈRE, C. *Colbert*. Paris: Plon, 1919, p. 8.

8. BESNARD, P. *Protestantisme et capitalism* – La controverse post-wéberienne. Paris: A. Colin, 1970, p. 68.

9. Ibid., p. 70 (grifo nosso).

10. PERROT, M. Op. cit., p. 160.

o tempo, conservá-lo, não perdê-lo de forma alguma e de modo algum se perder nele, a de fazer bom uso do tempo, a de bem empregá-lo.

O comportamento e a mentalidade do cristão humanista e burguês desde o século 16 definem-se, portanto, essencialmente a partir da medida: medida do tempo, consciência do tempo; medida de si, medida dos outros. "A virtude cardeal do humanismo é a temperança"[11]. A exigência de um trabalho mais bem mensurado, nesse novo tempo, diz Le Goff, nasce sobretudo das necessidades da burguesia: necessidades de dinheiro, preocupação com o tempo; uma prática e uma mentalidade de calculistas ocupam a cena, o tempo se torna objeto de uma espiritualidade calculada.

> [...] Desde a primeira metade do século 14 [...] perder tempo vira um pecado grave [...]. Por imitação do mercador que, ao menos na Itália, se torna um contador do tempo, uma moral calculadora, uma piedade avara se desenvolvem. Um dos propagadores mais significativos dessa nova espiritualidade é um pregador à moda do século 14 [...] Domenico Cavalca [...]. Na sua *Disciplina degli Spirituali* ele dedica dois capítulos à perda de tempo e ao dever de preservar e levar em conta o tempo. A partir de considerações tradicionais sobre a ociosidade ele chega, através de um vocabulário de mercador [...] a toda uma espiritualidade do emprego calculado do tempo. O ocioso que perde seu tempo, que não o mede, é semelhante aos animais, não merece ser considerado um homem [...]. Assim, nasce um *humanismo à base do tempo bem calculado*[12].

É assim que Alberti, moralista e arquiteto, fundador da estética clássica, amante da harmonia e da proporção, ordena-se sacerdote para se entregar ao estudo com menos distração.

---

11. LE GOFF, L. *Pour un autre Moyen-Âge*. Paris: Gallimard, 1978, p. 79.

12. Ibid., p. 77. Cf. tb. LANDIS, D.S. *Revolution in Time, Clocks and the Making of the Modern World*. Cambridge: Harvard University Press, 1983.

As horas que dedica ao trabalho são distribuídas de tal modo que não lhe reste nenhuma para a dissipação[13]. Nos *Libri della famiglia*, manifesto de economia doméstica burguesa, arte de administrar a casa e governar a família, ele também condena a ociosidade; mas insiste muito mais ainda na necessidade de poupar. A poupança ele a concebe como virtude, a virtude econômica por excelência, a ponto de que

> a noção de *masserizia*, como diz Sombart, isto é, de economia doméstica em geral, torna-se quase sinônimo de poupança[14].

A exigência de medida ligada ao desenvolvimento do comércio faz sentir seus efeitos para além da mera organização da vida doméstica: penetra no mais fundo do sujeito e o envolve a ponto de se confundir com ele. Viver é poupar a alma, o corpo e o tempo.

> Meu espírito, meu corpo e meu tempo só os utilizo como deve ser. Procuro mantê-los com cuidado. Ajo de modo a não perder nada deles [...] na medida em que me parecem extremamente preciosos e muito mais meus que qualquer outra coisa[15].

O personagem de Alberti é a esse respeito exemplar, pois que o autor do tratado de economia doméstica é também o de trabalhos célebres como origem da perspectiva clássica. A preocupação da medida, oriunda do comércio, contribuiu em

---

13. "Ajam, pois, como eu ajo: de manhã organizo todo o meu dia, emprego-o como deve ser e, à noite, antes da refeição, examino tudo o que fiz durante o dia; então, se cometi a menor negligência que penso poder remediar de imediato, aplico-me a isso prontamente. E prefiro perder o sono a perder tempo, quero dizer, o bom momento das ocupações. Dormir, comer, coisas dessa ordem, posso recuperá-las no dia seguinte e satisfazê-las, mas as oportunidades do tempo, não" (ALBERTI, L.B. *Libri della Famiglia*. Livro III. T. I. Bari, 1960 [Ed. de C. Grayson] [Trad. LA RONCIÈRE, C.; CONTAMINE, P. & DELORT, R. *L'Europe au Moyen Âge*. T. III. Paris: Colin, 1971, p. 348-349].

14. SOMBART, W. Le bourgeois – Contribution à l'histoire morale et intellectuelle de l'homme économique moderne. Paris: Payot, 1966, p. 106.

15. ALBERTI. Op. cit. Apud LA RONCIÈRE et al. Op. cit., p. 348-349.

parte para modelar as percepções e representações das formas físicas, dos corpos e dos rostos[16]. Como pôde reconstituir a origem etimológica do verbo "pensar":

> *Pensar*, em várias línguas romanas, deriva [...] do latim tardio *pensare*, que de início havia significado "pesar". Esse verbo, acrescenta Fumaroli, evoca a imagem atenta daquele que pesa ouro, que examina o peso de suas peças na balança [...]. Pesar, testar são atividades bem concretas. Não se aplicam a "ideias" evanescentes. Pensar antes de falar, antes de escrever, é pesar suas palavras[17].

Comércio e urbanidade

O tom com o qual Savary, no século 17, abre sua obra lembra o que adotariam os enciclopedistas um século depois no verbete "comércio". Com a diferença apenas, praticamente, de que Savary vê a origem do comércio na providência divina:

---

16. É o que revela o trabalho de Baxandall ("L'œil du Quattrocento". *Actes de la Recherche en Sciences Sociales*, n. 40, nov./1981, p. 10-50). Ele mostra com efeito como a aritmética comercial, bagagem escolar de todos os florentinos do século 15, estava profundamente implicada nas representações do corpo pela pintura. A técnica da medição, ligada ao fato de que as mercadorias eram transportadas em recipientes de tamanho irregular, era utilizada para medir as formas físicas dos corpos pintados. "O que é importante é que uma mesma capacidade esteja no início do contrato ou dos problemas de troca, por um lado, e na elaboração da visão dos quadros, de outro [...]. Fazia-se naturalmente a relação entre as proporções em um contrato e as proporções de um corpo físico" (Op. cit., p. 45). Os estudos de proporção de cabeças humanas nos tratados de pintura (p. ex., LOMAZZO. *Trattato dell'Arte della Pittura*. Milão, 1584), mas também sua aparição nos manuais de fisiognomonia, como o de Porta, são testemunho dessa estetização da exigência de medida no Renascimento. Os tratados de fisiognomonia consideram a simetria como princípio essencial da figura humana: em sua *Anthropometria* (Op. cit.), Elsholtz desenha em 1663 o tipo humano ideal (*hommo symmetrus*) e inventa mesmo um aparelho para medi-lo (*anthropometron*).

17. FUMAROLI. *La rhétorique et son histoire* [Aula inaugural no Collège de France].

Vê-se bem que [Deus] quis estabelecer a união e a caridade entre todos os homens, porquanto lhes impôs uma espécie de necessidade de sempre precisarem uns dos outros... É essa troca contínua de todas as comodidades da vida que faz o comércio, e é esse comércio que faz também toda a doçura da vida[18].

Deus está na origem do comércio entre os homens, da troca de bens produzidos, da necessidade de laços humanos. Ainda que Savary condene a conservação mundana, a influência do berço, o caráter libertino e a falta de assiduidade na educação colegial, não é o trabalho enquanto virtude cardeal que constitui o argumento central da obra. Certo, Savary insiste no "lucro e no desejo de subir [...], aguilhão que obriga a trabalhar no comércio". Mas onde se poderia esperar, dado o contexto religioso da época, uma apologia do trabalho e da aplicação, Savary defende ao contrário a fineza, a inteligência em relação ao outro, a sutileza, a habilidade de negociação, a rapidez, a imaginação enfim. O comércio é entendido como urbanidade, afabilidade, tanto como laço social quanto econômico. Ele requer com certeza uma boa saúde, um corpo forte e robusto, mas também um aspecto físico agradável. Para bem comerciar é preciso ter boa aparência

porque [a boa aparência] convém muito bem a um mercador e a maior parte do mundo prefere negociar e tratar com um homem bem apessoado, porque isso o torna sempre mais agradável, do que com um outro que não tem a mesma vantagem exterior[19].

Cuidado com as conveniências exteriores, cuidado com a fisionomia. O homem de boa aparência é um trunfo comercial, de aprovação necessária à troca de bens: o comércio ainda é, nessa altura, indissociável da civilidade.

---

18. SAVARY. Op. cit., p. 1.

19. Ibid., p. 38.

No trabalho do burguês a Igreja encorajou portanto o esforço, a limitação. Ela não parece querer absolutamente se preocupar com o resultado, nem com o enriquecimento ou o prazer no trabalho: ela parece sobretudo sensível ao elemento de ordem, ao ideal de uma vida regrada, regular[20]. A Igreja, porém, se inquieta: o burguês moderado e razoável, racional, "age e prevê", bastando-se pouco a pouco a si mesmo; ele vai, portanto, afastar-se imperceptivelmente de Deus e da Igreja.

> Ele calcula, acautela-se contra o imprevisto, elimina ao máximo de sua vida o desconhecido [...]. Ele se sente dono de sua sorte e esquece a divina Providência [...]. A Previdência, para ele, vence a Providência, o cálculo racional supera a confiança em Deus; o burguês prudente e avisado só espera de si mesmo a prosperidade de seus negócios e a felicidade de seus filhos[21].

A Igreja vê-se assim confrontada ao pequeno comerciante prudente, submisso e modesto que ela não cessou de encorajar, mas também ao comerciante audacioso e empreendedor que quer fazer fortuna. E a este ela trata de ignorar. Ela condena a figura do homem mundano ocioso, ao mesmo tempo em que observa com um lúcido pessimismo: "Seria malrecebido no mundo e aí faria triste figura quem não fosse ocioso"[22]. Mas ela reprova também a figura do homem de negócios cujo retrato pouco invejável é traçado pelo Padre Croiset no século 18:

> [...] um ar sonhador e triste, olhos sempre acesos, um rosto de solitário, maneiras embaraçadas e que tacitamente rejeitam de antemão tudo que não tem a ver com empréstimo, câmbio e juros; tudo isso dá o direito de perguntar se há no mundo uma condição de vida mais penosa e austera, se há –

---

20. GROETHUYSEN, B. *Les origines de l'esprit bourgeois en France.* Paris: Gallimard, 1977.

21. Ibid., p. 223-224.

22. CROISET. *Parallèle des mœurs de ce siècle.* T. I., 1743, p. 81.

não poderíamos acrescentar? – uma condição mais trabalhosa e ingrata[23].

O excesso de trabalho, o excesso de ócio: a Igreja reprova a ânsia, tanto o abuso operoso quanto a dissipação, encorajando sempre o meio-termo, a mediocridade cristã. Será preciso aguardar o fim do século 18 e o aparecimento de certas formas de protestantismo anglo-saxão para ver, especialmente na pena de Benjamin Franklin, uma condenação ainda mais clara da ociosidade e uma apologia sem limite do trabalho[24]. Sombart considera assim que, com o célebre utilitarista, "[...] a concepção do mundo burguês atinge seu ponto culminante [...]. [N]ele tudo se torna uma regra, tudo é pesado e medido com exatidão"[25].

Egoísmos e compaixão

Certo, em *La Science du bonhomme Richard ou le Chemin de la fortune*, Franklin coloca o trabalho sob o olhar de Deus (que "não recusa nada ao trabalho"), porém mais ainda sob o olhar do mestre. Franklin funda, com efeito, o império da autolimitação em uma moral do trabalho; mais do que o medo, é a vergonha de não fazer nada que constituirá o melhor aguilhão para incitar ao labor: a ociosidade é imoral.

> Se estais a serviço de um bom mestre, não ficaríeis envergonhados que ele vos surpreendesse de braços cruzados? Mas vós sois vosso próprio mestre. Enrubescei, pois, de serdes surpreendidos sem fazer nada quando há tanto a fazer, para vós mesmos, para vossa família, para vosso país[26].

---

23. CROISET. *Réflexions chrétiennes sur divers sujets de morale*. T. II., 1752, p. 261.

24. Foram as interpretações puritanas do calvinismo original que mais ativamente contribuíram a fazer do "relaxamento um sinal inquietante de maldição e da prosperidade laboriosa um sinal de predileção" (PERROT, P. Op. cit., p. 160).

25. SOMBART, W. Op. cit., p. 114.

26. FRANKLIN, B. *La Science du bonhomme Richard ou le chemin de la fortune* [1732]. Ed. de 1879, p. 6.

Franklin aperfeiçoa esse olhar, o olhar sobre si mesmo que incita ao trabalho, o olhar sobre o outro que garante regularidade, aplicação, qualidade no trabalho. Apologia do olhar, da vigilância[27] mais ainda que do trabalho: prudência, circunspecção, desconfiança. O excesso de confiança é certeza de uma ruína próxima.

> Independentemente do amor ao trabalho, é preciso ainda [...] ordem, cuidado, vigiar nossos negócios *com nossos próprios olhos*, sem nos fiarmos nos olhos de outros [...]. O olho do mestre opera mais que suas duas mãos. Não vigiar vossos operários é entregar-lhes vossa bolsa aberta[28].

Verdadeiro manifesto da circunspecção burguesa que vem apagar a fé que a Igreja, durante séculos, exigiu de seus fiéis: o excesso de fé pode perder; nessa circunspecção insistente, por meio desse olhar sobre si mesmo e sobre outrem, Franklin exorta com paixão à poupança, a economizar tanto quanto ganhar. "Ganhai o que puderdes", certo, e: "Guardai bem o que ganhardes"[29]. E Franklin entesoura os ditos de uma moral burguesa da poupança numa luta incessante contra o dispêndio. Ele pleiteia pela economia, a abstinência:

---

27. O sonho aí é o de um dispositivo utilitarista célebre: a panóptica de Bentham, que glorificava o amor da ordem, do trabalho e da vigilância pregado por Franklin. O que permite talvez precisar sua origem: Cópia de um campo de trabalho criado na Rússia por seu pai, a panóptica de Jeremy Bentham não deve também a invenção do seu princípio às formas e rituais econômicos e domésticos – vigilância e autolimitação – que organizavam a vida pessoal da burguesia puritana e comercial do século 18? A panóptica, instalada sobre os costumes e consciências, seria então a projeção arquitetônica desses dispositivos, visando estendê-los até incluir neles toda a sociedade (cf. esp. BENTHAM, J. *Le panoptique*, precedido de "L'œil du pouvoir" (entrevista com Michel Foucault) e seguido de "L'inspecteur Bentham". Paris: Belfond, 1977 [Posfácio de M. Perrot]. Cf. tb. PERROT, M. *L'Impossible Prison*. Paris: Seuil, 1980. • MILLER, J.A. "La machine panoptique". *Ornicar*, n. 3, 1973, p. 19).

28. FRANKLIN, B. Op. cit., p. 7.

29. Ibid., p. 8.

"Em cozinha gorda o testamento é magro"[30]. E, sobretudo, a desconfiar do luxo que leva ao gasto irrefletido e ameaça a poupança: ao gosto do adorno, do brilho, do artifício, que ademais suscita a inveja, prefiram a sobriedade, a discrição, a limitação, virtudes e qualidades caras à burguesia. "Seda e cetim, escarlate e veludo apagam o fogo da cozinha"[31]. O que se esboça aqui é toda a moral burguesa do século 19, que louva as virtudes da vida doméstica – moral austera, moral da contenção, o "refrear das aparências"[32]. Mas o que impressiona ainda mais é a religiosidade de que é investido o trabalho: parece que o tempo se desprendeu de toda a dependência face à religião. Mais que um elogio do trabalho, é um cântico à glória do tempo que nos apresenta Franklin em uma apologia esmaltada por um bom-senso comum:

> Quanto tempo não dispensamos ao sono além do necessário, esquecendo que raposa preguiçosa não pega frango, achando que podemos descansar na cerveja [...]. Se o tempo é o mais precioso dos bens, a perda de tempo, como diz o bom Ricardo, é a maior das prodigalidades[33].

Tal transformação na relação pessoal com o tempo, o dinheiro e o trabalho naturalmente terá seus efeitos na esfera pública. Além da simples descrição do comportamento burguês no quadro doméstico, Tocqueville verá no "círculo dos pequenos interesses domésticos", na "sujeição aos assuntos menores" e nesse "amor tão inquieto e ardente da

---

30. Ibid.

31. Ibid., p. 15.

32. PERROT, P. Op. cit.

33. FRANKLIN. Op. cit., p. 9. Essas "estratégias da poupança de si" testemunham, como observa Corbin, uma "contabilização da existência, [uma] aritmética das horas e dos dias que oprimem o homem do século 19 [...], tendo a ver com o mesmo fantasma da perda que leva à manutenção doméstica de livros contábeis de extrema minúcia que geram a angústia da perda" (CORBIN, A. "Le secret de l'individu". Op. cit., p. 456).

propriedade" a extinção das "grandes e poderosas emoções públicas"[34] na democracia política.

Enquanto Franklin enumera assim as virtudes necessárias à vida privada – temperança, silêncio, moderação, economia, utilidade, controle de si mesmo –, Tocqueville pressentirá em tal domesticação das paixões individuais o apagamento das paixões públicas, o progresso das paixões comerciais: "As paixões que agitam mais profundamente os americanos são paixões comerciais e não políticas ou, antes, eles transpõem à política os hábitos do negócio"[35]. Os homens paradoxalmente serão incitados a uma consciência sempre mais acentuada da medida, a uma delimitação egoísta do eu, a um gosto inegável da solidão, ao mesmo tempo que à compaixão, essa sensibilidade à aflição do outro. Como observa justamente Goulemot:

> Estranho paradoxo [esse fim de século 18] que funda politicamente o indivíduo como unidade política *e* que moral e socialmente o julga por sua abertura ao outro[36].

Que nos ensina então essa brava genealogia do comércio? Que as maneiras, o comércio civil, assim como o comércio dos bens, modificam as sensibilidades e a psicologia do homem público e privado, fazendo de todo homem um *homem sem paixões*; e o convidam a uma *compaixão medida*. Em tal compaixão Tocqueville soube reconhecer um sentimento próprio ao indivíduo das sociedades democráticas; mais, sem dúvida: uma categoria política essencial dessas sociedades. "Nos séculos democráticos, os homens raramente dedicam-se uns

---

34. TOCQUEVILLE, A. *De la démocratie em Amérique*. Paris: UGE, 1963, p. 363 e 343.

35. Ibid., p. 167.

36. GOULEMOT, J.-M. "Les pratiques littéraires ou la publicite du privé". *Histoire de la vie privée*. Op. cit. T. III, p. 389.

aos outros, mas mostram uma compaixão geral por todos os membros da espécie humana"[37].

Mas o que nos ensinam ao mesmo tempo os avanços da privatização e da interioridade? Que a exibição do comércio consigo mesmo, que a busca de um eu profundo e sua exposição aos olhos do público se inscrevem com toda evidência do lado do ser e não do haver. Que existe paixão em querer "descobrir seu íntimo", como diz Rousseau no prefácio das *Confissões*. Época estranha em que o indivíduo busca simultaneamente se tornar um ser isolado, autônomo, *e* um ser transparente, gregário. Época estranha, que se compraz em uma "austeridade espetacular".

---

37. TOCQUEVILLE, A. Op. cit., p. 307. Cf. ARENDT, H. *Essai sur la revolution*. Paris: Gallimard, 1967. Se a "compaixão [...] foi descoberta e compreendida como emoção, como sentimento" por Rousseau, insiste também Hannah Arendt no fato de que foi ele quem "introduziu a compaixão na teoria política" (Ibid., p. 126 e 115). • COCHART, D.; DAVOULT, D. & HAROCHE, C. "La question de la solidarité au XIXe siècle" [Comunicação ao simpósio *Psychisme et histoire*. Aix-en-Provence, nov./1987].

4
O ar da conversa
Debates sobre a conversa, a companhia
e a solidão nos séculos 16 a 18

Em 1574, Stefano Guazzo publica na Itália um tratado intitulado *La civil conversazione*[1]. Menos de um século depois, Charles Sorel menciona o livro ao recensear em sua *Bibliothèque française*[2] certo número de obras "feitas para ensinar o que é a vida civil e a prática do mundo". Elas fazem parte de uma nova literatura cortesã que se desenvolve na Itália a partir da primeira metade do século 16. No primeiro plano entre esses tratados estão o *Corteggiano* de Baldassare Castiglione (1528) e também o *Galateo* de Giovanni Della Casa (1558), cuja grande influência vai ao ponto, segundo Sorel, de "em algumas nações, quando um homem comete alguma incivilidade, se dizer que ele não leu o *Galateu*".

A propósito de *La civil conversazione*, que está na esteira desses dois clássicos, Sorel é mais lacônico, mas deixa adivinhar sua importância. Não se trata em absoluto de simples manual de boas maneiras, mas de leitura mais árdua: "Mais elevada nos conhecimentos é *A conversa civilizada*"[3].

Guazzo, menos acessível, não terá assim o sucesso do *Cortesão* de Castiglione. *La civil conversazione* levanta, entretanto,

---

1. GUAZZO, S. *La civil conversazione*. Veneza, 1574. As referências que seguem remetem à edição francesa de 1592.

2. SOREL, C. *La bibliothèque française...* Paris, 1674.

3. Ibid., p. 53.

uma série de questões fundamentais sobre a relação entre a aparência e o íntimo, entre o indivíduo e a coletividade, a esfera privada e a esfera pública, a sociedade civil e a sociedade política. Mais, Guazzo articula essa série de oposições formulando-as a partir de uma experiência e de uma exigência centrais das sociedades: a da *conversação*. A conversa é a prática fundamental da sociedade civil, tal como esta se constitui e se desenvolve nos séculos 16 e 17. Sua necessidade é lembrada sem cessar por toda a parte, desde esses primeiros tratados italianos do século 16 a toda uma literatura que na França vai buscar descrever e prescrever os comportamentos expressivos e de linguagem na corte em primeiro lugar e, em seguida, nos salões do século 18. Existe assim, sobretudo no século 17, uma série de obras destinadas aos cortesãos que são variantes da arte de agradar na conversação. Mas, além dos tratados que lhe são dedicados explícita e exclusivamente, a arte da conversa percorre os livros sobre civilidade, constitui um capítulo obrigatório das gentilezas e decoro mundanos, suscita o cuidado dos moralistas que a temperam e a inquietude dos críticos religiosos que a reprovam. Pois, no fundo, esses incessantes trabalhos sobre a conversação delimitam o quadro de um debate crucial sobre o papel da linguagem como expressão de si e laço social entre os homens.

Deve-se então preferir a solidão à companhia, o silêncio à conversa? Mas o silêncio não é contrário à natureza do homem e a conversação não é sua natureza mesma? E, ao contrário, a solidão não permite o conhecimento de si enquanto o comércio do mundo leva à ignorância de si e à dissipação? Quando falar, quando escutar, quando calar? E como fazer tudo isso? Na conversa, como se exprimir pela boca, mas também pelo corpo, pelo rosto, pelos olhos?

As respostas a essas questões traduzem um deslocamento do sentimento de si e da sensibilidade ao outro: a esfera privada aumenta e a individualização progressivamente ganha terreno nas práticas da conversação quando o sujeito falante se afirma em relação aos outros. Mais profundamente ainda, porém, é uma redefinição da identidade subjetiva em sua relação com a linguagem que está em jogo aqui, a gênese do sujeito moderno como ser dotado de linguagem.

Exílios interiores

A obra de Guazzo toma a forma de um diálogo bastante civil que expõe e confronta os méritos dos interlocutores, mas também as servidões da solidão e do comércio com os homens.

O primeiro ponto de vista é o do solitário que na conversa só vê sujeição. A contenção de si, a escuta do outro, a atenção às circunstâncias são imperativas na conversação. É preciso a todo momento estar em guarda, pronto a responder ou forçado a calar. A solidão, portanto, alivia e libera. Ela oferece a cada um abrigo e repouso, em que é possível o abandono a si mesmo. Elogio da solidão: "Só amplio minha liberdade [...] não tendo que prestar contas de nada sobre mim a ninguém"[4].

O segundo interlocutor do diálogo entrega-se, ao contrário, a uma apologia da conversa, que a seu ver só traz prazer e bem-estar. A condenação que faz da solidão é severa, pois ela segrega um "fardo pesado de humores que [...] se assenhoram do espírito"[5]. É da natureza do homem apreciar a companhia, a sociedade, o comércio com outrem e odiar o isolamento. De fato, que é feito desses homens que se fecham por conta própria na prisão da solidão? "Eles se anulam, ficam sujos, magros, amarelados, pálidos e inchados pela putrefação do sangue"[6]. O retrato que *La civil conversazione* pinta do solitário faz assim do isolamento um estado social condenável e ao mesmo tempo uma doença.

---

4. GUAZZO, S. Op. cit., p. 9.

5. Ibid., p. 10.

6. Ibid., p. 12.

O texto de Guazzo traz ainda vestígios das concepções medievais: a célula social engloba os indivíduos de tal modo que não há lugar para a solidão pessoal.

> A sociedade feudal era tão granular e formada por grãos tão compactos que todo indivíduo que tentasse se destacar do estreito e abundantíssimo convívio que constituía então a *privacy* [privacidade, em inglês no original – N.T.], todo aquele que tentasse se isolar e erigir em torno de si o próprio claustro, que se fechasse em seu jardim murado era logo objeto ou de suspeita ou de admiração [...]. Só se expunham assim os trapaceiros, loucos, desviados, possessos: errar sozinho era, segundo a opinião comum, um dos sintomas da loucura[7].

Quando se escolhe a solidão, portanto, transpõe-se uma fronteira social, um limiar, há uma mudança de estado. O afastamento significa perigo, estranheza, exclusão. E mesmo se, desde antes da Renascença, o lento movimento da civilização empreende desentranhar a pessoa pouco a pouco de um convívio gregário[8], a desconfiança em relação à solidão persiste no tratado de Guazzo. É que está ancorada, ademais, em origens médicas bem antigas: a medicina dos humores soube desde a Antiguidade reconhecer nesse gosto pelos lugares afastados um dos sintomas maiores da melancolia, um dos males da abundância de bile negra num temperamento dominado por Saturno, a doença dos coveiros, dos criminosos, dos mendigos, o estado do louco errante, do possesso ou mesmo do licantropo. Mas ela soube também detectar nesse "desprezo do mundo" o traço do artista e, depois, o caráter do gênio[9].

---

7. DUBY, G. "Situation de la solitude, XIᵉ-XIIIᵉ siècles". *Histoire de la vie privée*. Op. cit. T. II, p. 504.

8. Cf. esp. DUBY & BRAUNSTEIN, P. "L'émergence de l'individu". Op. cit., p. 503-622.

9. Desde o *Corpus hippocraticum*, o estado solitário é ligado à melancolia, efeito da abundância de bile negra secretada pelo baço e responsável por paixões tristes. "Os afetados por uma melancolia assim produzida são cheios de an-

Num caso como noutro, entretanto, a solidão faz o homem de exceção, quando a companhia dos homens deve permanecer a regra. Se para Guazzo a solidão continua sendo um extravio, "inimiga da salvação e da saúde dos homens"[10], ele tende a pensá-la, no entanto, em uma antinomia menos radical com o comércio dos homens. Entre solidão e companhia, silêncio e conversa, *La civil conversazione* coloca em questão a nitidez da divisão, tendendo a deslocá-la e embaralhar bastante as fronteiras: as atitudes se flexibilizam, as percepções são menos rígidas acerca do isolamento. Assim, pode ser que o homem não se sinta em absoluto sozinho no afastamento, mas que tenha aí a sensação de uma presença, que já não é mais necessariamente a de Deus. Mais paradoxalmente ainda, acontece que se viva mais solitário em abundante companhia do que no mais distante exílio. É isso que Guazzo chama de *solidão do espírito*, quer dizer, o sentimento de estar sozinho entre os outros, estranho exílio interior no seio da assembleia mais frequentada. É então com o corpo e não com o espírito, "retirado em si mesmo", que se estará.

Conheço muitas pessoas que têm uma certa virtude de saber com os olhos, a face, os gestos e outros sinais exteriores se mostrar muito atentas aos discursos do outro e no entanto pensam em outra coisa, de tal modo *que num mesmo momento estão presentes e ausentes* e satisfazem simultaneamente aos outros e a si mesmas[11].

---

siedade e inquietude, segundo o diagnóstico de Celius Aurelanius, mal-estar a que se soma uma tristeza acompanhada de mutismo e ódio aos circundantes" (cf. GOUREVITCH, D. "La psychiatrie de l'Antiquité gréco-romaine". In: POSTEL, J. & QUÉTEL, C. (eds.). *Nouvelle histoire de la psychiatrie*. Toulouse: Privat, 1983). Mas logo (ARISTÓTELES. *Problemas*, XXX) acreditou-se que esse era um dos traços do homem de exceção, seja nas artes ou na filosofia. Cf. STAROBINSKI, S. *Histoire du traitement de la mélancolie des origines à nos jours*. Basileia/Nova York, 1965. • WITKOVER, D. *Les enfants de Saturne*. Paris: Macula, 1986.

10. GUAZZO, S. Op. cit., p. 13.

11. Ibid., p. 41 (grifo nosso).

O retiro em si mesmo, essa presença silenciosa, ausente do mundo, é testemunho das exigências paradoxais da privatização das condutas. O indivíduo é progressivamente levado a obedecer a uma dupla limitação: é preciso cortar nele mesmo o exterior corpóreo, essa parte sua que deve aos outros, do espaço interior onde pertence a si. Uma separação se alarga no mais profundo do eu, que pouco a pouco se *divide*. O retiro em si é o tempo de uma delimitação que circunscreve o lugar do foro íntimo, domicílio e refúgio último da pessoa, ao abrigo de um corpo oferecido aos olhares, de um rosto que ao mesmo tempo o protege e já não lhe pertence. Pois o rosto e os olhos são signos de uma troca, expressão exterior de uma partilha. É preciso unir então *em um mesmo ponto* o que foi separado, superar o sentimento de sua divisão sob as formas do desdobramento de si, quando ao mesmo tempo se reforçam a disciplina e as limitações sociais e se afirma a individualidade. Tal qual essa estranha ubiquidade em um único lugar que o texto de Guazzo reclama. É nesse sentido que a farsa e o fingimento serão legítimos e que a própria dissimulação poderá ser tida como "honesta".

É assim que a fronteira, a clara separação que opunha outrora o homem em sociedade ao homem solitário como habitantes de dois mundos distintos, se deslocou pouco a pouco no próprio interior do indivíduo; ela o atravessa daí em diante e tende a se confundir com o sentimento de uma divisão entre a exterioridade de seu corpo e a interioridade de sua alma. E no mesmo movimento ela separa a palavra do silêncio.

A linguagem está com efeito ausente desse retiro em si. Esse abrigo silencioso não é o de Montaigne na sua torre, farfalhando de proposições interiores, povoado de livros. No universo mundano em que se inscreve *La civil conversazione* a linguagem persiste como o lugar do outro, da exterioridade. As pessoas conversam, mas não se falam.

> Contra a solidão [...] a própria natureza deu a palavra ao homem, não para que fale sozinho e em si

mesmo, *pois isso seria loucura*, mas para que dela se sirva na direção dos outros[12].

A palavra deve ser de uso externo; é só através dela que os homens "se ajudam, se aliam e se unem"[13]. Mas a fala não faz calar o corpo: o homem que conversa é todo expressão e os olhos combinam então com a língua para fazer saber a afeição interior do coração. Os olhos "agem tão bem que sem nada dizer ou falar são entendidos de tal modo que não é preciso duvidar que sejam o retrato das nossas almas e que neles se abrigue inteiramente o amor como em repouso e em seu próprio domicílio"[14].

A expressão através do corpo e do rosto e, mais singularmente ainda, dos olhos, cuja importância vimos crescer nas fisiognomonias, como se verá o lugar considerável que lhe reservam a ação oratória e as civilidades[15], é um elemento indissociável da linguagem nas práticas da conversação. Numas e noutras jamais o corpo se ausenta da linguagem. Mas as artes da conversação concedem *privilégio à fala* onde as fisiognomonias instauravam de maneira complementar o reino do olhar. Os tratados de conversação são artes de conhecer os homens pela palavra – eles guardaram a lição de Sócrates: "Fala, para que eu conheça quem tu és!"

> E podeis crer que se os olhos fossem testemunhos suficientes e indícios seguros do espírito, Sócrates também teria outrora se contentado em observá-los[16].

Por que tanto cuidado com a palavra, tanto cuidado com a expressão, tanta contenção do corpo, tanto controle do rosto nesses livros que codificam o comércio da linguagem desde

---

12. Op. cit., p. 27 (grifo nosso).

13. Ibid.

14. Ibid., p. 379.

15. Cf. mais adiante, cap. 5 e 6.

16. GUAZZO, S. Op. cit., p. 380.

o século 16? A harmonia pessoal na expressão, a das palavras proferidas ou a do ar da fisionomia concorrem nesses tratados para a elaboração de uma sociedade *civil*, uma sociedade policiada, *doce*, feita de troca, de *concórdia*, de prazer recíproco.

> Não há coisa que mais nos afaste da natureza humana do que o rigor e a aspereza de costumes: e vê-se ordinariamente que esses peitos tão empinados e estufados, que essas caras mal-humoradas são detestados por todos e, se pensam que são louvados por jamais rirem, por enrugarem a testa, obscurecerem os olhos, mostrando um rosto furioso e briguento e proferindo palavras bem secas, são na verdade vistos como orgulhosos e desumanos [...]. Conheço alguns tão duros, severos, graves e sem civilidade que não se dignam sequer a responder a um cumprimento, o que é sinal de um coração bárbaro[17].

Longe da coletividade bárbara e guerreira, a sociedade civil quer responder ao ideal de uma sociedade pacificada pela aprovação da linguagem e da expressão. Mas Guazzo vai mais longe ainda e está aí sem dúvida a modernidade do seu discurso: a conversação, como fundamento da sociedade civil, garante a autonomia desta última face à sociedade política. Guazzo separa o espaço das práticas sociais do espaço das instituições políticas. É nesse sentido que a conversação é *civil*: a sociedade civil não obedece tanto às leis da cidade quanto à qualidade dos espíritos, isto é, à aprovação do comércio verbal dos homens que conversam.

> Notai como damos amplo conhecimento desse vocábulo, *civil*, pois concluímos e inferimos que viver com civilidade não depende tanto das leis da cidade quanto da qualidade dos espíritos dos homens. Assim ouço falar da conversação civilizada não pelo respeito da assembleia das cidades somente, mas antes pela consideração das maneiras de viver que tornam o homem civilizado e bem-instruído[18].

---

17. Ibid., p. 138.
18. Ibid., p. 46.

O desprendimento de si

As artes da conversação terão no século 17 uma posteridade duradoura. Antes de mais nada, no uso sacralizado da conversação que se desenvolve no início do século entre os círculos aristocráticos e fechados que frequentam as casas nobres longe da corte. A preciosidade mundana que aí se elabora não é, entretanto, codificada em tratados: a graça, o charme, esse "não sei que" não poderiam ser ensinados nem aprendidos[19].

Na segunda metade do século 17, porém, o reforço do poder real e a extensão da corte favorecem a publicação de inúmeros tratados que se dão a tarefa de instruir sobre a corte o grupo mais amplo dos que doravante são ali chamados. Esses tratados delimitam e prescrevem as formas da sociabilidade regrada e hierarquizada em uso na corte. E a conversação ocupa ali um lugar preponderante.

A codificação das trocas linguísticas testemunha então um reforço do controle social num universo em que reina o olhar: o olho do príncipe, que é preciso agradar para angariar favores; o olhar dos pares, a observação dos iguais, que é preciso satisfazer sem cessar. A sociedade política por vezes acomoda-se mal a uma certa autonomia da sociedade civil; e os tratados cortesãos dão largo espaço à conversação, como o publicado por De Grenaille em 1642[20], que exorta todos a uma certa forma de transparência, "sendo certo que não nos engajamos na sociedade civil senão para nos produzir por fora tais como somos por dentro"[21].

Ao exaltar a sinceridade e denunciar a dissimulação, De Grenaille rejeita o retiro no eu: convém não esconder nada de si no espaço público, que o homem interior não seja solitário,

---

19. Cf. REVEL, J. Op. cit.

20. GRENAILLE, F. *La mode ou caractère de la religion, de la vie, de la conversation, de la solitude...* Paris, 1642.

21. Ibid., p. 260.

mas solidário do homem das aparências. O hino à transparência – ou pelo menos à coincidência entre o homem interior e o homem exterior – celebrado por De Grenaille é de tonalidade um tanto ingênua. Ele não pode esconder o fato de que a constituição do espaço subjetivo orienta-se na verdade para formas mais complexas que desempenham seu papel simultaneamente em resposta às exigências de um controle social aumentado e à afirmação crescente do indivíduo.

Assim o cavaleiro de Méré, árbitro reconhecido da conversação, rejeita igualmente esse retiro no eu se isso significar um fechamento em si, um recolhimento distante demais, um "encolher-se em si mesmo"[22]. Essa sociedade de mútua aprovação, de um convívio doce cujo ideal é traçado nos textos do século 16 e cujas regras são codificadas nos do século 17, deve carregar seu caráter no rosto: os que desejam ocupar um lugar nela, partilhar suas servidões e seus prazeres, só podem a ela fundir-se ao termo de um trabalho sobre o próprio corpo e a própria linguagem, um trabalho com estrita disciplina e violência muda. A frase vai ornar-se das flores de retórica, o corpo mostrará um porte gracioso e, o rosto, um ar *aberto*. As artes da conversação repetem isso ao longo de todo o século 17: "Assim, só se pode agradar na conversação quando o que se diz é acompanhado de um ar aberto"[23].

Que cada um expulse, portanto, esse ar sombrio e constrangido que o retiro dá ao solitário. Vós que desejais aparecer em sociedade, sede abertos! A injunção é paradoxal e seus efeitos, complexos. Ela encoraja uma conformidade das aparências, pressiona para que se apague a singularidade. "Irei a uma assembleia para exibir ali uma paixão contrária à que nela reina?" – interroga-se De Vaumorière...

---

22. "Quando se vai ao mundo é preciso estar *aberto* e pronto a se comunicar [...]. Não vejo nada mais desonesto em sociedade do que ficar encolhido e como que enfiado em si mesmo" ("Chevalier de Méré". *Œuvres completes*. Paris, 1668 [Paris: Fernand Roches, 1930, t. II: "De la conversation", p. 121]).

23. DE VAUMORIÈRE, O. *L'Art de plaire dans la conversation*. Paris, 1688, Entrevista I, p. 17.

"Nada é mais contrário às máximas da sociedade civil do que essa conduta"[24].

Mas a observação das aparências acentua a distância entre o personagem público e o eu íntimo; o espaço interior divide-se e tem complexidades para além da superfície corporal que se oferece ao olhar. Relata o cavaleiro de Méré:

> Estou persuadido que em muitas ocasiões não é inútil observar o que se faz como se estivéssemos numa comédia e de imaginar que interpretamos um personagem teatral. Este pensamento impede de levar qualquer coisa por demais a sério e dá em seguida uma liberdade de linguagem e de ação que não se tem em absoluto quando perturbados pelo temor e a inquietude[25].

Abandona-se assim aos outros uma parte de si mesmo para se possuir com mais segurança. Nos tratados de conversação mundana elabora-se ao longo de todo o século 17 um trabalho sobre os modos de presença e ausência simultâneas em sociedade, um pensamento e uma prática do *descolamento de si* que fazem do paradoxo do comediante, esse distanciamento que separa o ator do seu personagem, uma maneira de ser. O retiro em si de Guazzo reduzia a presença solitária em companhia a uma aprovação discreta, furtiva e muda. Trata-se agora de fingir que a pessoa se perde no convívio para dele se ausentar ainda mais radicalmente. Os efeitos de tal distanciamento foram muitas vezes objeto de comentários[26]: uma teatralização barroca da vida pública que fez de Versalhes um teatro onde jamais o espetáculo é interrompido; uma política das aparências que tira seus recursos dos simulacros, em que o rosto se dissolve sob a máscara[27].

---

24. Ibid., Entrevista XVI, p. 346-347.

25. DE MÉRÉ. Op. cit. T. III. "Œuvres posthumes" ("Du commerce du monde"), p. 158.

26. Cf., p. ex., BEAUSSANT, P. *Versailles opéra*. Paris: Gallimard, 1981.

27. Cf. cap. VI.

Mas ainda: *um afastamento do homem sensível* que "impede de levar qualquer coisa por demais a sério". O cortesão, como o comediante de Diderot, se esforça sem sentir nada. Suas lágrimas "descem do cérebro, ao passo que as do homem sensível sobem do coração"[28]. Essa luta contra as paixões, esse combate contra si mesmo, de desfecho sempre incerto[29], realiza-se assim sobre o modo do distanciamento mais do que sobre o modo do que poderia parecer um trabalho sobre si. É um trabalho que toma a forma de uma indiferença; um esforço elegante, um cálculo desinteressado, uma intensão travestida de imprudência. Ao contrário da aplicação e da obstinação burguesas que exibem o esforço em toda indecência, o governo de si pelo desligamento é uma forma de controle que equivale a se *tratar como um outro*, do alto, de longe; um distanciamento de si mesmo, calculado não sem negligência.

A sociabilidade cortesã, construída sobre tais paradoxos, verá progressivamente crescer as tensões que a percorrem. Para o final do século, um importante tratado como o publicado por De Vaumorière (cf. figura 15), inteiramente dedicado à conversação, marca de forma bem nítida suas contradições: é preciso respeitar as conveniências e "apostar no decoro é precisamente não dizer senão aquilo que convém aos tempos, aos lugares, à pessoa que fala e àquelas que escutam"[30]. O quadro de definição da boa conversação lembra aqui o caráter impositivo da regra das "três unidades" que define a dramaturgia clássica. As codificações se desenvolvem e penetram todos os aspectos, tanto verbais quanto corporais, que a enunciação individual não poderia derrogar: é preciso

---

28. DIDEROT, D. "Paradoxe sur le comédien" [1798]. *Œuvres esthétiques*. Paris: Garnier, 1976, p. 313.

29. "Seja qual for a feição do coração, a menos que se mantenha bem-preparado, quem pode responder por seus movimentos? Quem pode ter certeza de não enrubescer ao cometer uma falta contra a própria reputação ou não empalidecer quando a morte surge de surpresa?" (DE MÉRÉ. Op. cit. T. III: "Du commerce du monde", p. 158).

30. DE VAUMORIÈRE. Op. cit., Entrevista X, p. 203.

DE VAUMORIÈRE, O. *L'Art de plaire dans la conversation*.
Paris, 1688 [frontispício].
© BnF

conhecer o nível do interlocutor, observar as circunstâncias, escolher o lugar, esperar o momento para medir o tom, calcular as palavras. E ainda adivinhar a "capacidade" das pessoas, porquanto a prudência o exige e não se poderia "absolutamente falar de forma atrevida diante de pessoas mais hábeis que nós". A fisiognomonia encontra então nos tratados de conversação a sua razão prática: "Há mesmo alguma arte em distinguir os rostos mansos dos tolos, os severos dos rudes, os maliciosos dos tristes [...][31]". Se por vezes é criticada ("As qualidades da alma", protesta Méré, "não provêm nem da tez nem dos cabelos"), ela o é sobretudo por seus preconceitos, morfológicos. De fato, ela se estende à totalidade do comportamento expressivo na conversação, para além do corpo e do rosto, à própria linguagem; até vir a tornar-se, com Méré, uma *fisiognomonia da fala.*

> A diferença dos espíritos e dos temperamentos se conhece na linguagem; com efeito, como não se fala senão para exprimir coisas que se sente ou que se pensa, procura-se por um instinto natural o som mais conforme a seus sentimentos e as palavras mais adequadas para comunicar seus pensamentos: de sorte que se o gênio é sutil ou grosseiro, terno ou duro, civil ou rústico, humano ou feroz, ativo ou preguiçoso, tudo isso se descobre nas palavras e nas maneiras de falar[32].

Equivalência absoluta do corpo e da linguagem na expressão: os tratados de conversação propõem uma fisionomia do estilo, indício do caráter, como existe uma fisionomia das aparências corporais, marcada pelas ações interiores. A fisiognomonia observava no corpo uma linguagem. A conversação parece por vezes perceber nas palavras a expressão de um rosto.

Para falar bem não basta, pois, ter boa aparência. O divertimento do outro na troca verbal tem exigências mais sutis.

---

31. Ibid., Entrevista II, p. 28.

32. DE MÉRÉ. Op. cit. "Œuvres posthumes". T. III: "De l'éloquence et de l'entretien", p. 111-112.

"Vemos todo dia", ironiza De Vaumorière, "gente da província que tem bela silhueta e belos traços e nem por isso a achamos agradável"[33]. A boa aparência convém ao burguês provinciano. O rosto cortesão é adornado de atrativos menos crus, de uma essência menos visível, de um encanto menos facilmente acessível ou simplesmente definível, qual seja, o *ar*, esse elemento natural e indispensável a uma conversa agradável.

> O ar de que falo é a alma da boa aparência; sem esse ar é bem difícil que se possa agradar; é esse ar galante ou polido que espalha aprovação sobre todas as coisas que se queira. Sobre o rosto, o porte, a atitude[34].

O rosto deve, pois, exalar o ar que se respira na corte. O fluido leve e intangível de uma harmonia do corpo, do gesto e do verbo, esse "não sei quê" em que se detêm as palavras, a tal ponto essencial que não se pode nomear. Objeto de todos os desejos, mas que recua e se esvai ao nos aproximarmos: contradição ainda, interna às artes da conversação, que propõem uma pedagogia do que não poderia jamais ser alcançado ou possuído; contradição da própria instituição curial, que integra e mantém afastada uma burguesia desejosa de partilhar o poder; que promove, mas lembra a quem quer subir que é preciso ter berço. Contradições da sociedade cortesã, que serão outras tantas razões de seu declínio.

Então, uma queixa se faz ouvir; depois, cada vez mais nítida, uma reprovação que cresce no seio mesmo de toda essa literatura que fez da aprovação discreta da conversação seu objeto: as aparências tornam-se opacas, não sabemos mais com quem lidamos. De Vaumorière anuncia então no final do século o que o século seguinte vai estigmatizar na pena de Jaucourt, falando da impossibilidade de descrever a

---

33. DE VAUMORIÈRE. Op. cit., Entrevista XIV, p. 318.

34. Ibid.

expressão das paixões numa época em que "todos os homens convêm aparentar que não sentem paixão alguma"[35].

> Confesso, reconhece ele, que é difícil julgar a disposição das pessoas que compõem uma assembleia. A maior parte do mundo se faz uma espécie de mérito estar sempre em guarda e esconder suas intenções[36].

Os fugitivos de si mesmos

Com a aparência de abertos, os rostos se fecharam e em seguida desapareceram. Pior ainda: o distanciamento conduz à *perda do sentimento de si.* "Não nos sentimos? Pode-se crer que seja preciso esconder nossos sentimentos de nós mesmos como os dissimulamos aos outros? [...] O quê! Eu jamais teria prazer em dizer meus verdadeiros sentimentos?"[37] É o que se indagam os personagens no diálogo de *L'Art de plaire dans la conversation.* Tratando-se como um outro, o indivíduo corre o risco de se afastar demais de si mesmo, até se apagar: "é verdade que se deve falar menos de si do que de qualquer outra coisa"[38].

A conversação vai assim ser submetida no século 17 a uma dupla crítica. A primeira é a dos moralistas, que se faz do ponto de vista da própria sociedade civil e dentro dela, como uma autocrítica. Corresponde ao avanço de um sentimento de sinceridade que antecipa Rousseau. É por exemplo a de La Rochefoucauld[39] recomendando não se esquecer de si, não "se afastar imperceptivelmente" de si mesmo, mas também não se fechar em si. A via é estreita, a desse sentimento de autenticidade que tende a se distanciar.

A segunda crítica é de origem religiosa. É radical e exterior ao mundanismo. Encontra-se assim no tratado de inspiração

---

35. *L'Encyclopédie*, verbete "Passion (peinture)". T. XII, p. 151.

36. DE VAUMORIÈRE. Op. cit., Entrevista X, p. 203-204.

37. Ibid., p. 210; Entrevista XVI, p. 343.

38. Ibid., Entrevista I, p. 11.

39. Cf. cap. 6.

jansenista que F. Lamy publica em 1644, *De la connaissance de soi-même*, uma reprovação veemente da vida civil e da conversação. Os tratados de conversação consideravam que "nada é mais importante para o comércio da vida que ser agradável na conversação"[40], que os homens nasceram para a sociedade e que a entrevista, o encontro, é seu laço mais natural; mas Lamy vê aí apenas um comércio pouco agradável "que consiste em cada um sair de si mesmo e se expandir uns em direção aos outros através dos olhos, da boca e das orelhas"[41]. Intolerável mistura de corpos a que se opõe uma apologia da solidão, da castidade verbal: "A companhia nos rouba de nós mesmos e a solidão nos restitui"[42].

Reinaria, pois, no mundo uma conjuração contra o que os homens têm de mais precioso, um bem inestimável que cada um carrega em si, *o homem interior*, "esse eu mesmo real e verdadeiro". Todos os meios são bons para evitar a visão desse objeto, para fugir se eventualmente o encontramos ou, ainda, para fazê-lo calar-se, para sufocá-lo. E em primeiro lugar entre esses meios está a conversa, pela qual o homem se expande para fora de si mesmo, se dissipa e se perde "para evitar encontrar esse inimigo comum do qual todos fogem"[43]; ou, então, para enterrá-lo sob uma enxurrada de palavras inúteis. A conversa faz da sociedade civil "uma tropa de fugitivos miseráveis", que *fogem de si mesmos*. E dessa deserção de si no comércio com o outro o culpado é o homem:

> Não há pior moradia que si mesmo. Foge-se eternamente de si e nada se aprende tanto quanto se achar a si mesmo. O eu mesmo é para um homem do mundo o encontro mais infeliz que possa ter, é o objeto mais terrível que se pode apresentar a seus olhos. Ele não consegue suportar a vista de si mesmo [...] e não sei em que sentido se disse que o

---

40. DE VAUMORIÈRE. Op. cit., Entrevista I, p. 5.

41. LAMY, F. *De la connaissance de soi-même*. Paris, 1644, p. 234.

42. Ibid., p. 18.

43. Ibid., p. 31.

homem se ama e se busca tanto em si mesmo, logo ele, digo eu, que se evita com tanto zelo[44].

A crítica jansenista do divertimento, tal como pode ser lida tanto em Lamy quanto em Pascal ou Nicole[45], combate o avanço de uma sociedade civil cujas práticas se afastam das práticas religiosas, as quais perdem cada vez mais sentido. A condenação da dissipação no comércio e na conversa é a do distanciamento de si, pois isso equivale a romper com Deus. "Enquanto há acordo com Deus, há inteligência de si e se pode tranquilamente examinar a si mesmo. Mas a partir do momento em que se rompe com Deus, rompe-se consigo mesmo; quando se resiste a Deus, divide-se a si mesmo, combate-se a si mesmo; em uma palavra, não há mais paz consigo mesmo"[46].

O texto de Lamy é um chamado à ordem de uma concepção religiosa tradicional da subjetividade que o avanço da racionalidade, os progressos do individualismo e a laicização das práticas sociais subvertem cada vez mais. O corpo aí é um território fechado, casa, célula, receptáculo[47] em que reside o homem interior. Nesse espaço interior o homem pode habitar em paz se permanecer sob o olhar de Deus. O texto de Lamy retoma o tema sem cessar: o espaço interior é um *espaço do olhar*, não de palavras[48]. Espaço de silêncio, espaço de solidão, onde o homem pode superar a divisão, permanecer

---

44. Ibid., p. 27-28.

45. Assim, nos *Essais de morale* (1671. T. III, p. 1), quando Nicole diz que o preceito mais comum da filosofia é o de se conhecer a si mesmo e observa que, "longe de trabalhar seriamente para adquirir esse conhecimento, os homens praticamente só se ocupam toda a vida em tratar de evitá-lo. Nada lhes é mais odioso que essa luz que os revela a seus próprios olhos e que os obriga a se ver tais quais são".

46. LAMY, F. Op. cit., p. 76.

47. Cf. DUBY, G. Op. cit., p. 517. Cf. tb. O capítulo seguinte.

48. "Quando se trata das palavras interiores, ou seja, dos pensamentos, o Santo Evangelho nos diz não que o Senhor as escuta, mas que Ele as vive" (SANTO AGOSTINHO. *De Trinitate*. T. XVI. Paris: Bibliothèque Augustinienne, p. 468 [Trad. P. Agaësse]).

unido se o seu olhar se confunde com o de Deus em um só olhar[49]. É esse modelo de tradição monástica de renúncia ao mundo e à linguagem que vai lentamente se apagar, enquanto o espaço da consciência individual se transforma pouco a pouco sob as exigências da razão, as lógicas e as práticas da linguagem e do comércio social. A linguagem penetra mais profundamente o espaço reflexivo: a introspecção, o exame de consciência reclamam a auto-observação; logo o homem estará falando, conversando consigo mesmo. E a sociedade, sua opinião e sua moral vêm ocupar esse lugar do homem interior onde Deus reinava desde muito tempo.

Chamada à ordem divina, a crítica de Lamy à conversação tem o tom radical dos conflitos exacerbados. Sabe-se das difíceis escolhas da Igreja e da profunda divisão que enfrenta nessa época, pois no momento mesmo em que Lamy dispara contra as práticas da sociedade civil os jesuítas redigem com aplicação tratados de cortesia. Mas Lamy ignora sobretudo as novas aspirações que vêm à luz no espaço social.

Cresce com efeito, no curso do século 17, um desejo, um sentimento de liberdade na conversação, a convicção de que para isso são necessários a confiança no outro e um certo desprendimento de si, condições para que nela a partir daí se encontre prazer[50]. Com cada vez mais frequência, em Méré

---

49. "O olho com que vejo Deus é o mesmo com que Deus me vê. Meu olho e o de Deus são um só e o mesmo, uma só e mesma visão, um só e mesmo conhecimento, um só e mesmo amor. O homem que permanece assim no Amor de Deus deve morrer para si mesmo e para todas as coisas criadas, de tal sorte que se ocupe tão pouco de si quanto de qualquer um que se encontre a mil léguas. Tal homem permanece na Igualdade e na Unidade, nenhuma desigualdade há nele. Esse homem deve ter renunciado a si mesmo e abandonado o mundo inteiro [...]" (MESTRE ECKHART. *Traités et sermons.* Paris: Aubier, 1942, p. 179).

50. Como diz De Grenaille (Op. cit., p. 264): "Sobretudo desejo que a franqueza e a liberdade reinem nas cerimônias mais restritas. Do contrário, que contentamento posso ter em me envolver no comércio se encontro aí uma cruz ao procurar prazer? Por acaso eu me divertiria me incomodando? Amo muito mais estar em meu gabinete que numa companhia que estuda os meus menores gestos".

ou La Rochefoucauld, diz-se que na conversa há uma mesma necessidade de intimidade, de escolha das companhias, uma mesma rejeição do incômodo que representam as pesadas restrições da etiqueta, dos olhares perscrutantes. Tais limitações são obstáculos a uma sociedade do divertimento, a sociedade civil que se quer cômoda e agradável. "Para tornar a sociedade cômoda, é preciso que cada um conserve sua liberdade. É preciso que a pessoa não se veja ou que se veja sem sujeição para se divertir junto com outras"[51].

Esse questionamento dos costumes aquém da sociedade política, de certas restrições da sociedade absolutista, é acompanhado de uma maior sensibilidade ao outro. Assim desenvolve-se na conversação um *sentimento do outro*, da *consideração* que lhe é devida. "É perigoso", observa La Rochefoucauld, "querer ser sempre senhor da conversação"[52]. É preciso muita vez preferir a escuta à eloquência em matéria de conversação, acrescenta ele: "a mais segura das regras [...] é escutar, não falar nada e não se forçar jamais a falar"[53]. Em tais considerações, a prudência tática não está certamente ausente. Mas não convém também forçar o outro a falar: "Não o pressione a aprovar o que é dito e nem mesmo a responder"[54].

Tudo isso mostra um aprofundamento da exigência de *diálogo* na conversa: a comunicação é uma troca verbal na qual a contenção de si, o distanciamento em relação ao outro e a reciprocidade são necessários. Mas também uma sensibilidade ao outro, como que uma compaixão, que torne possível sentir suas alegrias e dores, como se pudéssemos em certas circunstâncias experimentar algo do que se passa em seu íntimo, imaginando-nos em seu lugar. "Eu faltaria às boas maneiras se não fosse me rejubilar com um amigo por um casamento vantajoso e cometeria falta ainda mais considerável se

---

51. LA ROCHEFOUCAULD, F. Op. cit., p. 164.
52. Ibid., p. 170.
53. Ibid., p. 170-171.
54. Ibid. I, p. 169.

não parecesse sensível à aflição de um parente que acabasse de perder o filho único"[55].

Na sociedade civil, no nível mais fraco e mais pessoal dos processos de linguagem, no coração de um sistema político e social tão manifestamente desigual inventam-se formas tímidas e frágeis de reciprocidade "em uma certa maneira de agir e de falar, suave e cortês, que dá o nome de civis àqueles que dela se servem corriqueiramente"[56].

A conversa consigo mesmo

Esse ideal de uma sociedade conversante, cujos termos são afinados ao longo dos séculos 16 e 17, mostra o que foi a sociedade dos salões do século 18 e essa "arte de conversar" que foi ao mesmo tempo seu charme e sua glória. Para isso foi preciso esperar que a corte absolutista não absorvesse mais inteiramente a vida social, que as atividades mundanas se afastassem de Versalhes como seu único centro e refluíssem para Paris, disseminando-se pelos salões.

É então que a arte e o gosto da conversação em companhia restrita funda uma forma de sociabilidade nova, privada, muito seletiva. Como diz Madame Du Deffand: "Só me apraz o meu barril na companhia de quatro ou cinco pessoas para conversar"[57]. A conversa é uma necessidade absoluta na sociedade da linguagem. É a sua própria essência, o seu espírito, a regra do que os Goncourt chamam "a companhia perfeitamente boa", essa associação de pessoas privadas, dos dois sexos, que quer se distinguir do vulgar por meio de uma arte de agradar levada à perfeição, uma amabilidade delicada,

---

55. DE VAUMORIÈRE. Op. cit., Entrevista XVI, p. 346.

56. Ibid., Entrevista II, p. 21.

57. MADAME DU DEFFAND. *Lettres à H. Walpole...* Paris: Plasma, 1979, carta de 03/08/1769, p. 60.

um saber dos modos e maneiras. A conversação é o seu primeiro cuidado:

> Ar e usos, jeitos, etiqueta exterior, a boa companhia os fixava, dando o tom à conversação, ensinando a louvar sem ênfase e sem enfado, a responder a um elogio sem desdenhá-lo nem aceitá-lo, a valorizar os outros sem parecer protegê-los. Ela entrava e fazia entrar os que agregava em suas mil finezas e rodeios de linguagem, de pensamento e mesmo de sentimento, o que não deixava jamais uma discussão chegar ao nível da disputa, velando tudo com ligeireza e, não se apoiando em nada além do espírito, impedia a maledicência de degenerar em maldade pura e simples[58].

Não seria possível haver salvação fora dela, confiança que sem cessar manifesta a pluma de Madame Du Deffand: "Vós não tendes em absoluto necessidade de apoio, mas eu não saberia passar sem isso; vós vos bastais a vós mesmos e eu não posso suportar estar sozinha [...]. Não tenho pior companhia que eu mesma [...]. Preciso da sociedade, seja dos vivos ou dos mortos [...]. Prefiro a medíocre e mesmo a má companhia do que ficar reduzida a mim mesma [...]"[59]. E isso numa época em que se aprofundou o gosto pela solidão, o amor ao retiro. A ela poderia responder Julie de Lespinasse: "Passo parte da minha vida sem poder falar [...]. Amo o silêncio, o recolhimento, o retiro"[60].

Necessidade de companhia, necessidade de solidão: essa contradição vivida pelo mundo no século 18 está no coração de uma obra publicada em 1762 pelo teórico e prático assíduo da vida dos salões que foi o Marquês de Caraccioli, *La*

---

58. GONCOURT, E. & GONCOURT, J. *La femme au XVIIIᵉ siècle* [1862]. Paris: Flammarion, 1982, p. 87-88.

59. MADAME DU DEFFAND. Op. cit., respectivamente: cartas de 13/11/1771, p. 78; de 31/05/1778, p. 125; e de 23/03/1776, p. 114.

60. LESPINASSE, J. *Lettres...* Paris: Charpentier, 1876; carta XV (16/08/1773), p. 52.

conversation avec soi-même[61]. Ele critica longamente a dissipação mundana, a inutilidade e a futilidade de certas conversas. E se entrega a uma apologia da solidão. Mas em termos diferentes dos de Lamy um século antes: companhia e solidão, silêncio e conversação se opõem agora contra o fundo de um horizonte onde a presença de Deus se tornou mais discreta.

O homem interior separou-se do olhar divino: a alma é para Caraccioli uma "sociedade", uma "voz", um oráculo interior. Se é preciso calar as paixões, é para poder ouvir essa voz e *conversar com ela*. E essa conversação consigo mesmo revela então ao indivíduo um mundo inteiro dentro de si mesmo: "À medida que conversamos interiormente, sentimos um mundo dentro de nós, semelhante àquele que habitamos"[62].

Faz-se então melhor a medida dos deslocamentos efetuados nesses debates sobre a conversação desde o tratado de Guazzo. A linguagem deixou de ser o laço com o outro, o lugar do outro, e a interioridade não é mais totalmente consagrada ao olhar. "Falar-se" era para Guazzo pura loucura; "olhar o interior de si mesmo", para Lamy, era um mandamento divino; "conversar consigo mesmo" torna-se para Caraccioli o exercício mais alto, o bem mais precioso. A linguagem, com um retorno sobre si, instalou-se no mais profundo do sujeito.

Assim, é típico que em Caraccioli não se encontre mais expressão da observação de si, da introspecção concebida a partir de um puro olhar. Quando se olha ainda para o interior de si mesmo, é para "se folhear", para ler ali como que percorrendo o mais pessoal dos livros. As práticas de leitura silenciosa, íntimas e privadas, imprimiram assim um traço reflexivo na consciência que os indivíduos têm de si mesmos. A alma é um armário, uma "biblioteca", dirá Caraccioli, uma voz conselheira. Ele exorta os homens a se retirarem ali o mais frequentemente possível, "a fazer uso de sua alma, a

---

61. MARQUÊS DE CARACCIOLI. *La conversation avec soi-même*. Paris, 1762.

62. Ibid., p. 41-42.

encará-la como a primeira biblioteca que devem folhear e o mais excelente conselheiro que devem escutar"[63]. Num momento em que o livro adquire tamanha importância, é preciso aprender-se, saber-se, ler-se e jamais deixar seu próprio volume fechado por muito tempo.

Pois essa biblioteca, esse livro interior contém inesgotáveis riquezas. Há em Caraccioli uma apologia da *singularidade*, uma valorização absoluta do pensamento individual, "armazém inesgotável de riquezas". Há um apelo ao *senso íntimo* de cada um, que é o que nos guia na consulta desse livro que está em nós, na escuta da conversação interior. E vemos se destacarem na *Conversa consigo mesmo* certos temas essenciais do individualismo: autonomia e liberdade do indivíduo, autossuficiência e satisfação consigo. Na conversação interior, com efeito,

> cada homem é rei, ele fala e tudo se cala [...]. Ele determina o encontro e interrompe a entrevista ou a prolonga à vontade. Tornamo-nos pequenos centros em que sabemos nos bastar a nós mesmos[64].

A sociedade, pela linguagem, penetrou pouco a pouco o coração do indivíduo, processo que se chama "civilização dos costumes" ou "racionalização das condutas". E cada indivíduo tende a viver-se como centro do espaço social. As oposições entre esferas pública e privada, companhia e solidão, conversa e silêncio foram deslocadas e redistribuídas. A companhia e a conversa são essenciais, mas é possível dispensá-las quando se possui em si mesmo toda uma sociedade, quando é possível encontrar-se consigo próprio. Pode-se, pois, escolher a solidão, permanecer silencioso. Mas isso ainda persiste quando dentro de si há o rumor de mil vozes da linguagem? Pôde-se dizer que o lento movimento da civilização dos costumes consagrava a queda do homem público

---

63. Ibid., p. 19.
64. Ibid., p. 23-26.

e o triunfo do homem privado. Sem dúvida. Mas certamente, ao consagrar o homem à linguagem, esse movimento uniu e por vezes confundiu as esferas pública e privada, ao fazer ao mesmo tempo do indivíduo um sujeito social e da sociedade uma comunidade de indivíduos.

Pode-se, a partir daí, ver os efeitos do desenvolvimento das práticas de linguagem e expressão na constituição da sociedade civil; mas também compreender, nas formas assumidas por esta última, certos elementos de transformação ulterior da sociedade política.

Pois nos seus tratados para uso mundano Caraccioli anuncia o triunfo político do indivíduo e consagra a soberania do burguês, soberania que consiste, como ele observa em *La jouissance de soi-même*, "a estudar a falar como se queira, a não atrair os olhares de ninguém, a não provocar nem a inveja nem a piedade [...], em uma palavra, a não ter contas a prestar senão a si mesmo"[65]. O indivíduo autônomo, autossuficiente, solitário, tem acesso, entretanto, ao *universal* no interior de si mesmo: "Entrai em vosso próprio interior e lereis sem ajuda do alfabeto os grandes princípios sobre os quais se deve meditar... A conversação interior nos torna homens de todos os séculos; e a exterior, homens de alguns dias"[66]. Autônomo, soberano, fundado na razão por sua universalidade, o indivíduo solitário adquire uma legitimidade política nova que ao mesmo tempo desqualifica o mundano ocioso e dissipado: ele será "o amigo glorioso da pátria"[67].

---

65. MARQUÊS DE CARACCIOLI. *La jouissance de soi-même*. Op. cit., p. 503.

66. MARQUÊS DE CARACCIOLI. *La conversation avec soi-même*. Op. cit., p. 44 e 67.

67. "O tempo do estudo e da conversação é abandonado a alguns solitários, que se trata como homens originais ou inúteis, como se mais da metade do mundo, que apenas joga, come, dorme e passeia, prestasse grande serviço à sociedade [...]. Crê-se então merecer o título glorioso de *amigo da pátria* quando se frequenta os homens unicamente para ver e se fazer ver?" (Ibid., p. 187).

O império do sentimento

O encontro e envolvimento mais complexos, no interior do indivíduo, das esferas públicas e privadas faz dos homens da segunda metade do século 18 presas de uma sensibilidade exacerbada, de sentimentos mais prontos a se exprimir, mas também mais conflituosos, que anunciam a sentimentalidade romântica. Conflitos e tensões atravessam o homem interior, no qual cresce a sensação de sua própria divisão: "Se soubesse fazer uso de si [...] o homem constataria que há disputas dentro de nós, um "não sei quê" que consente e por vezes não quer"[68].

No universo mundano que descreve e pratica o Marquês de Caraccioli, porém, o "não sei quê" não é mais simplesmente esse ar exterior que é preciso saber carregar como um ornamento gracioso, mas o antagonismo de forças interiores ao indivíduo que o agitam e dividem, condição que ele sente, mas não sabe realmente como chamar. As percepções de si deslocaram-se e afinaram-se: trata-se aqui menos de *ver*, de considerar sua pura exterioridade física, do que *sentir*, mesmo que seja preciso reconhecer que se ignora o que se sente. Trata-se menos de discorrer em companhia dos outros que de percorrer o espaço íntimo da conversação interior, *terra incógnita* a decifrar e reconhecer. "Quantas pessoas", ironiza Caraccioli, "passam a vida a discorrer e não conhecem de si próprias senão um rosto, mãos e pés!"[69]

A necessidade de uma exploração interior, guiada pelo senso íntimo, não fez em absoluto desaparecer a dissipação de si. Bem ao contrário, parece que nesse universo mundano do século 18 os indivíduos estão ao mesmo tempo voltados para a interioridade e a exterioridade, tão fortemente implicados na cena pública quanto no espaço privado. Com efeito, no momento mesmo em que escreve Caraccioli, um louco delírio teatral explode por todos os cantos de Paris, o gosto

---

68. *La Jouissance de soi-même*. Op. cit., p. 295-296.

69. Ibid., p. 292.

das máscaras é levado ao paroxismo com a libertinagem e a "astúcia" das mulheres, essa "falsidade natural, essa dissimulação adquirida, um olhar à vontade, uma fisionomia controlada, a mentira sem esforço de todo o seu ser, a observação profunda, uma mirada penetrante, o domínio dos sentidos"[70]. Sente-se e se procura, mas também se finge, intimidade sentimental. E a própria conversa é tomada pelo excesso de expressões, a língua faz uma "escalada de superlativos"[71], todos são afetados pela febre do discorrer. Ninguém exibiu mais o paradoxo de uma época que incita os indivíduos simultaneamente à conversação interior e à tagarelice mundana que o próprio Caraccioli, sem dúvida. É um "boca-mole", um falastrão, segundo Madame Du Deffand:

> Vosso Caraccioli me vê com frequência, mas não aumenta meu gosto por ele. Tem uma abundância de palavras que não passam de um monte de folhas sem utilidade alguma [...]. Creio que o Caraccioli morrerá logo; sofre de uma abundância fleumática, de palavras que o sufocam. Não lamentamos conhecê-lo, encontrá-lo, tê-lo por visita, mas mesmo assim é cansativo, é cacete[72].

É preciso discorrer, falar, falar mais. "Falar" torna-se pouco a pouco, nesse fim de século pré-romântico, o equivalente

---

70. GONCOURT, E. & GONCOURT, J. Op. cit., p. 274.

71. É o que dizem os Goncourt, assim descrevendo: "*Espantoso, miraculoso, divino* são os epítetos correntes na conversa [...]. Não se fala mais senão de *graças imensas*, de *perfeições sem fim*. À menor fadiga a pessoa se sente *aniquilada*; ao menor contratempo fica *desesperada, sufocada, totalmente enlouquecida*. Deseja-se algo? A pessoa é *doida varrida* por aquilo. Um homem é desagradável? É de *matar a pau* ou *jogar pela janela*. Se a pessoa é um pouco tola, diz-se que é *de uma estupidez a toda a prova*. Aplaude-se *estrepitosamente*, elogia-se *às nuvens*, ama-se *incrivelmente*. E esta febre de expressões não basta; para ser uma mulher "perfeitamente escolada", é necessário ciciar, modular, suavizar, efeminar a voz, pronunciar *pombinhuch* em vez de *pombinhos*, *machäch* em vez de *maçãs*" (Op. cit., p. 71).

72. MADAME DU DEFFAND. Op. cit., respectivamente, p. 80 (12/02/1772) e 114 (23/03/1776).

de "sentir". "Se eu não vos dissesse o que sinto, o que penso, não vos falaria"[73], admite Julie de Lespinasse. A linguagem deixa de ser então, na comunicação vivida, uma mediação neutra que certamente liga os sujeitos, mas também os distingue; é penetrada pelo sentimento íntimo a ponto de perder toda função descritiva em prol apenas de suas potencialidades expressivas: "Não posso vos falar senão do que sinto e gostaria de vos contar o que vi"[74], suspira a mesma Julie. E desse modo a troca verbal, expressão de uma sensibilidade apaixonada, vira desapropriação e doação de si ao outro, conjunção de almas em que toda contenção, todas as distâncias outrora preservadas tão cuidadosamente parecem dissolver-se. A verdadeira conversação tem, para Julie de Lespinasse, a aparência de uma troca amorosa[75]. Com o seu paroxismo o sujeito se desfaz e a língua é abolida: "Não tenho mais palavras, tenho apenas gritos"[76].

A conversa, portanto, é varada pela exaltação pré-romântica do sentimento. Mas também se esboça uma separação mais nítida entre a esfera pública e um domínio privado da palavra em que a intimidade faz valer os seus direitos. À atividade, ao movimento, aos ruídos da vida pública, aos usos exteriores retóricos e espetaculosos da linguagem se opõem a calma interior da palavra íntima, abrigo pessoal da conversação consigo mesmo, e as suaves trocas de palavra domésticas,

---

73. LESPINASSE, J. Op. cit., carta VII (21/06/1773), p. 17.

74. Ibid., carta XXXVI (1774), p. 87.

75. "Meu amigo, parece-me que tendes direitos sobre todos os sentimentos de minh'alma. E vos devo satisfação de todos os meus pensamentos; não creio poder me apossar deles senão confiando-os a vós" (Ibid., carta LXIX (07/11/1774), p. 181).

76. Ibid., carta LVI (03/10/1774), p. 140; ou ainda: "Consegue-se moderar a violência da alma: agora posso vos falar... Ontem, *eu não tinha palavras*" (Ibid., carta VI (20/06/1773), p. 15). São efeitos semelhantes que A. Vincent-Buffault observa na sua *Histoire des larmes* (Paris: Rivages, 1986, p. 238 e 240) quando, no final do século 18, "a efusão vira regra [...]. Nesses derramamentos de lágrimas o excesso é a norma [...]. As pessoas choram abraçando-se, sem conseguir falar".

o doce lar da conversa em família. De modo que, com a divisão dos usos públicos e privados da palavra, o universo burguês da conversação separa os comportamentos sociais, mas também os tipos psicológicos extrovertido e introvertido e ainda os papéis sexuais do homem – arauto do discurso público – e da mulher – guardiã da palavra privada. Sob o distanciamento público crescem os apegos privados. Julie de Lespinasse faz a reprimenda:

> Meu amigo, vós não sois feito para a intimidade: precisais expandir-vos, tendes necessidade do movimento, do burburinho da sociedade [...]. Não fareis jamais senão coisas ligadas ao movimento, quer dizer, ações, atos distantes; e não é assim que procedem a sensibilidade e a ternura. Estas prendem, ligam, preenchem a vida toda, só geram virtudes doces e pacíficas, fugindo ao brilhantismo[77].

A oposição entre discurso público e palavras privadas, a separação do domínio da linguagem entre homens e mulheres de acordo com as divisões da sociedade e da intimidade não são, porém, tão marcadas quanto pode parecer aqui. O silêncio da conversação interior e o sussurro confidencial não fizeram calar o gosto pelo discurso público entre as mulheres que arbitram a cena mundana dos salões. Já os homens que declamam ou rivalizam em eloquência na praça pública não são levados por isso a renunciar à *fala baixa* da confissão ou do sentimento íntimo. Uma dupla necessidade se impõe a cada um, que faz aumentar a ordem pública e o comércio privado da palavra, mas também a tensão que os liga e separa. É preciso participar da opinião e salvaguardar ao mesmo tempo a própria *privacy* [privacidade, em inglês no original – N.T.]. Não há então melhor exemplo que o de Addison, que mais que qualquer outro trabalhou em seu *Spectator* pelo desenvolvimento de uma opinião pública, o olhar e discurso de

---

77. LESPINASSE, J. Op. cit., respectivamente carta XXXIII (1774), p. 75-76, e carta XI (25/07/1773), p. 34.

uma sociedade sobre si mesma. Mas o crescimento considerável do poder da palavra pública, a imprensa, com sua vocação de observar e informar sobre tudo e todos, deve encontrar no respeito da individualidade o seu limite, uma fronteira que não deve ser ultrapassada. Addison pleiteia que a imprensa não faça nenhum ataque *ad hominem* e reivindica também seu direito pessoal ao anonimato:

> Confesso que meu objetivo é satisfazer o leitor em tudo que seja razoável, [mas] essa confissão me tiraria dessa obscuridade de que desfruto desde muitos anos e me exporia nos locais públicos a mil saudações e mil civilidades que sempre me pareceram bem desagradáveis; pois o mais penoso para mim é que falem comigo e me olhem atentamente[78].

O sujeito falante é, portanto, no universo dos discursos, cidadão de dois mundos que precisa habitar e a cujas obrigações convém satisfazer de modo igual. Que a ligação entre essas duas esferas possa ser paradoxal, que produza no interior do indivíduo uma tensão passível de ser vivida como uma divisão de si ou mesmo, por vezes, um rasgar-se, disso não há dúvida alguma. Mas tal divisão não implica uma contradição dos termos ou sua exclusão recíproca. A conversação não perece com a proliferação das palavras interiores ou os discursos íntimos.

Bem ao contrário, parece na virada do século que se estendem a cada indivíduo os benefícios do comércio social pela linguagem. Madame de Staël louva o "bem-estar" pessoal gerado por uma conversa animada. A palavra sugere, então, um estado individual, tanto físico quanto moral, que se reveste subitamente de virtudes terapêuticas. Um fluido ligeiro, uma energia nova, feitos de encontro e prazer recíproco, percorrem então vivamente o corpo social e "mesmerizam" sutilmente seus elementos: a conversa, essa maneira de

---

78. ADDISON. *L'Esprit d'Addison ou les beautés du spectateur...* T. I., 1777, p. 19.

"manifestar o espírito em todas as sutilezas através do tom, do gesto, do olhar, produzindo à vontade uma espécie de eletricidade que faz jorrar centelhas, alivia uns do excesso mesmo de vivacidade e desperta outros de uma penosa apatia"[79].

Dessa corrente benéfica que purga uns e fortifica outros, dessa simpatia calorosa e alegre da linguagem e do espírito, ninguém poderia ficar doravante afastado, nem mesmo aqueles cuja deriva da razão condenou para sempre ao isolamento e exclusão. Numa sociedade em que se afirma um ideal de conversação, a palavra é um direito inalienável. Também os loucos terão esse reconhecimento quando Pinel tentar, com seu "tratamento moral dos alienados"[80], educá-los ao mesmo tempo em que cuida deles; isto é, "falar[-lhes] com doçura", escutá-los e "ter compaixão por seus males".

---

79. MADAME DE STAËL. Apud GLOTZ, M. & MAIRE, M. *Salons du XVIII*e *siècle*. Paris: Nouvelles Éditions Latines, 1949, p. 57.

80. PINEL, P. *Traité médicopsychologique sur l'aliénation mentale et la manie*, ano XI, 1801. Paris.

5
Calar, controlar-se
Uma arqueologia do silêncio

Quando a conversa se extingue, quando a companhia se dispersa e todos se retiram, vem então o tempo do silêncio. Mas é mesmo certo que o silêncio seja esse instante após a fala, esse momento em que o discurso se rompe – eliminação ou constrangimento da conversa, simples refugo ou anulação da linguagem? "O tempo para se calar deve ser o primeiro na ordem: jamais sabemos falar bem se não aprendemos primeiro a nos calar"[1]. O silêncio não pode ser, portanto, um dom exclusivo do solitário que signifique uma ruptura dos laços sociais. O homem de palavras é um homem do silêncio: manuais de civilidade, artes da conversação, tratados de retórica, livros de fisiognomonia lembram isso entre os séculos 16 e 18. A questão do silêncio ocupa um lugar considerável nessas obras que regulam tanto os comportamentos corporais quanto a fala na vida pessoal e pública. Mesmo que seja muito discreta, como deve ser, sempre muito presente e no geral quase inaudível. As condutas silenciosas têm longínquas origens estoicas e cristãs. E cobrem realidades complexas: para certos textos o silêncio é antes de tudo um imperativo religioso; para outros, uma regra social; e, para outros ainda, uma necessidade política. E há aqueles para quem, por fim, é uma exigência "natural" do corpo.

---

1. ABADE DINOUART. *L'Art de se taire, principalement en matière de religion*, 1771. • COURTINE, J.J. & HAROCHE, C. (ed.). *Jérôme Millon*, 1987, p. 65.

Ruídos e silêncios do corpo

Assim os tratados de fisiognomonia, que desde a origem fazem da moderação um imperativo moral essencial e das formas corporais médias um sinal exterior de tal virtude. Para Aristóteles, como para as obras latinas ou árabes da Idade Média, o sábio se reconhece pela "mediocridade" dos sinais: uma fronte regular, o nariz reto, uma boca de tamanho médio, um rosto simétrico e um corpo bem proporcionado fazem os melhores homens e os mais belos[2]. Quando se desenvolve, a partir do século 16, uma maior sensibilidade à expressão, tais exigências são mantidas, ao passo que outra é marcada de maneira cada vez mais insistente: os movimentos do rosto devem ser estabilizados e controlados. As fisiognomonias, os livros de boas maneiras e mesmo os tratados de retórica dizem-no cada um à sua maneira: o controle da agitação do corpo e sua conversão em gestos medidos e harmoniosos são indícios do homem honesto. Uma atenção mais vigilante é dada daí em diante ao invólucro corporal[3], a todo movimento

---

2. Cf. DENIEUL-CORMIER. Op. cit., p. XX-XXII.

3. Essas observações batem com as finas análises de G. Vigarello sobre a sensação de porosidade dos invólucros corporais no processo de transformação das práticas de higiene nos séculos 16 e 17. Há mesmo o temor na época de que a água possa penetrar o corpo infiltrando-se pela pele; temor ao mesmo tempo semelhante e inverso ao que ocorre no terreno da expressão, em que se trata de cuidar para que nada saia bruscamente do corpo (cf. VIGARELLO. G. *Le Propre et le Sale*. Paris: Seuil, 1985). O invólucro corporal é assim uma fronteira simbólica essencial à delimitação pessoal. G. Duby já insiste, em sua análise do surgimento do indivíduo entre os séculos 11 e 13, na assimilação dos limites do corpo medieval às paredes de uma morada interna cujas aberturas devem ser rigorosamente defendidas: "O invólucro do corpo é assim, no mundo dos homens, a mais profunda das clausuras, a mais secreta, a mais íntima, que interdições as mais rigorosas proíbem romper. Casa-forte portanto, fortaleza, ermida, mas ameaçada e assediada sem cessar [...]. Por conseguinte, é preciso velar por esse corpo e especialmente pelas aberturas que perfuram a muralha e por onde o inimigo pode infiltrar-se. Os moralistas conclamam a montar guarda ante esses postigos e janelas que são os olhos, a boca, as orelhas, as narinas, porquanto por aí penetram o gosto do mundo e o pecado, essa podridão: vigilância assídua, como nos portões do mosteiro e do castelo" (Op. cit.,

suscetível de deformá-lo e fazê-lo projetar-se de sua superfície; e também ao controle de seus orifícios e de tudo que pode sair deles, particularmente as emissões linguísticas e sonoras em geral[4]. A fisiognomonia não se satisfaz mais em perscrutar o rosto, é preciso agora escutá-lo. *E o corpo é incitado ao silêncio.*

A língua "demasiado ligeira no falar" denota desde então, para Coclès, o homem de pouco entendimento. Porta faz desses acidentes em que se perde o controle da língua – gaguejar, hesitar, cometer lapsos – sinais de imbecilidade. Sua vigilância estende-se aos ruídos silenciosos dos gestos expressivos que acompanham a fala: estigmatiza os que falam gesticulando com as mãos, a seu ver uns "porcalhões" e "tagarelas". As percepções vão pouco a pouco refinando-se até se tornarem sensíveis a essas marcas discretas da expressão que se situam aquém da linguagem articulada: há em alguns desses

---

p. 517. Cf. tb. POUCHELLE, M.-C. *Corps et chirurgie à l'apogée du Moyen Âge.* Paris: Flammarion, 1983). Querem que o corpo, ao contrário, seja percebido como um recipiente que contém a Palavra de Deus ou então como morada e abrigo da alma. Tais análises permitem aqui fazer uma inserção histórica do que a psicanálise chama de "imagem do corpo", especificando as transformações da percepção subjetiva das fronteiras do corpo (cf., p. ex., ANZIEU, D. *Le Moi-peau.* Paris: Dunod, 1985).

4. Esse ponto foi desenvolvido por J.-J. Courtine e G. Vigarello ("La physionomie de l'homme impudique: bienséances et impudeurs dans les physiognomonies au XVIe et au XVIIe siècle". *Communications*, n. 46, out./1987) a propósito do aumento da sensação de pudor na era clássica. O controle subjetivo do corpo orgânico e o sentimento de pudor que exprime a racionalidade psíquica é aí relacionado a essa transformação das representações do corpo que M. Bakhtine soube exprimir opondo um corpo grotesco ao corpo clássico. Tal oposição bate com o que quisemos mostrar aqui com o nascimento e o desenvolvimento da categoria expressão: o corpo expressivo é o corpo clássico de Bakhtine. Neste, com efeito, comenta Bakhtine, "o papel predominante é das partes específicas do corpo que exercem funções de caracterização e expressão: a cabeça, o rosto, os olhos" (BAKHTINE. *L'Œuvre de François Rabelais et la culture populaire au Moyen-Âge et sous la Renaissance.* Paris: Gallimard, 1970, p. 319).

tratados[5] uma fisiognomonia da *voz emudecida*, da respiração, do sopro, do suspiro, dos ruídos quase inaudíveis do corpo.

Esse registro dos ruídos ínfimos da expressão traduz um temor: o de que alguma coisa súbita surja e escape do corpo, de que este se derrame e se espalhe para fora de si. Assim, quem respira forte a ponto de parecer sem fôlego a todo momento "tem o costume de revelar tudo o que faz"[6]. As fisiognomonias inquietam-se então com o suspiro, reprovam o bocejo tanto pela boca escancarada quanto pelo som. E pelas mesmas razões condenam mais ainda as explosões de riso em que uma tradição bem antiga vê um sinal seguro de loucura. Melhor vale rir pouco e *silenciosamente*, o que é indício de constância, prudência e temperança que saberão agradar a todo mundo.

> Sócrates diz que o riso desmedido e excessivo é sinal de loucura e escreveu que Platão tinha tal pudor e contenção de modos e mostrava no rosto tamanha modéstia que jamais o viram rir uma vez sequer, excessivamente ou não[7].

Aí está o paradoxo dessas observações fisiognomônicas que nisso acompanham as prescrições dos livros de boas maneiras: as produções vocais do homem de bem devem ser medidas a ponto de exibir uma certa qualidade silenciosa. Assim, recomenda-se um timbre de voz médio, que não seja nem agudo demais nem grave em demasia, nem demasiadamente suave nem demasiado áspero, seguindo portanto o registro "medíocre" do *cantus obscurior* em que os tratados de *pronuntiatio* retórico situam nessa mesma época a voz do orador sacro[8]. Dá-se com a fala o mesmo que com a voz: o escoar muito apressado ou abundante demais das declarações

---

5. Particularmente em Porta no século 16 e W. de La Colombière ou D. Laigneau no século 17 (Op. cit.).

6. PORTA. Op. cit., p. 247.

7. Ibid., p. 254.

8. FUMAROLI, M. Op. cit., p. 257-259.

denota a loucura dos que têm "uma torrente de palavras, mas apenas uma gota de razão":

> Os loucos têm o coração na boca, mas os sábios têm a boca no coração. Pois os loucos falam e depois deliberam, mas os sábios deliberam com razão para depois falar com circunspecção[9].

Encontra-se, pois, nos tratados de fisiognomonia, subjacente à temática do silêncio, uma concepção bem antiga de que o corpo assemelha-se a um recipiente e a palavra a um fluido. Guardar silêncio é, portanto, garantir o corpo fechado, a contenção verbal. Entregar-se como os falastrões à temeridade e à precipitação do discurso é também comportar-se como "vinho novo, que trinca o barril se não o fazemos respirar"[10].

Do cristão ao civilizado

Os imperativos de silêncio inscrevem-se assim numa longa tradição naturalista que incita na perspectiva estoica à moderação no uso do corpo, reclamando seu controle e contenção. Mas são também de origem cristã. No curso dos séculos 17 e 18, entretanto, a questão do silêncio vai deslocar-se progressivamente da fé para os costumes. A religião cessa pouco a pouco de envolver as condutas públicas e privadas, deixa de lhes dar sentido quando "se rompe a aliança institucional entre a linguagem cristã enunciando a tradição de uma verdade revelada e as práticas condizentes com uma ordem no mundo [...]. O sistema que fazia das crenças o quadro de referência das práticas foi substituído por uma ética social que formula uma 'ordem' das práticas sociais e relativiza as crenças religiosas como objeto de uso"[11].

---

9. COLOMBIÈRE. W. Op. cit., respectivamente p. 179 e 178.

10. Ibid., p. 182.

11. DE CERTEAU, M. *L'Écriture de l'histoire*. Paris: Gallimard, 1975, p. 155 e 154 e, de modo mais geral, p. 153-211.

O silêncio monacal do retiro, o silêncio agoniado do místico, o silêncio trêmulo do pecador diante de Deus é substituído pouco a pouco por uma arte de calar, de se recolher a si mesmo, de controlar a língua como bom cristão e sujeito virtuoso, à medida que as práticas civilizadas se distanciam dos comportamentos religiosos. Os ímpetos da fé muda dão lugar a um ensinamento das virtudes, de que os jesuítas estiveram entre os principais artífices ao se colocar deliberadamente do lado da sociedade civil, inculcando-lhe a "civilidade" e a "honestidade". A questão do silêncio é um indício crucial da lenta transformação das práticas religiosas em práticas civis, um ponto de encontro do cristianismo com a sociedade, um elemento essencial da civilidade cristã. O tema religioso do silêncio funda então uma pedagogia da contenção, da reserva, da reticência na vida social. Convém doravante meditar, refletir, falar pouco, fazer do silêncio uma disciplina cotidiana, mais que um mandamento religioso; trata-se de um imperativo moral e não um ato de fé. Como instigou o Abade Dinouart em sua *Arte de calar*, que se inscreve nessa tradição:

> Desejo que a presente obra seja útil nesta época em que o silêncio se tornou indispensável para muitas pessoas como um meio seguro de conservar o respeito pela religião e conseguir para o Estado cidadãos fiéis, discretos e virtuosos[12].

Há doravante uma exigência de silêncio que se impõe na vida civil. Entre as origens disso está uma concepção muito antiga do eu face a Deus, que é a da tradição ascética e mística do *socratismo cristão*. É a de um eu abrigo, receptáculo, morada do senhor, onde o sujeito silencioso se apaga e se recolhe em êxtase diante de Deus. Essa representação antiquíssima, onipresente nos textos evangélicos, lugar-comum

---

12. ABADE DINOUART. Op. cit., p. 59. *L'Art de se taire* é uma retomada do tratado de civilidade cristã publicado no final do século 17 por J.-B. Morvan de Bellegarde: *Conduite pour se taire et pour parler, principalement en matière de religion.* Paris, 1696. Cf. COURTINE, J.-J. & HAROCHE, C. *L'Art de se taire.* Op. cit. [Prefácio].

da espiritualidade cristã[13], ensina a humildade como virtude cardeal e faz do conhecimento de si mesmo – princípio fundamental do socratismo cristão – o meio para alcançá-la: devemos procurar Deus em sua morada, no mais fundo de nós mesmos, no interior mesmo de nossa alma. As grandes escolas místicas saíram desses preceitos, mas também das tradições moralistas que ensinam como se chega à virtude: não há virtude sem humildade, humildade sem silêncio interior nem silêncio sem esse conhecimento e domínio de si que permite o abandono contemplativo de Deus ou o respeito de uma conduta que nisso se inspira. A virtude moral da humildade repousa no controle das aparências, do corpo e do gesto, numa ascese da fala.

Retiro em si mesmo, anulação do eu e silêncio: a sabedoria antiga do socratismo cristão nutre de maneira paradoxal certos tratados de retórica humanista. Na sua *Art de parler*, Lamy confere assim uma origem divina à sociedade civil e vê nos rituais silenciosos do corpo cristão a fonte das figuras de retórica.

> Tendo feito os homens para viver juntos, Deus formou-os com essas inclinações naturais [...]. Observo que, como a natureza dispôs nosso corpo de tal modo que ele assume posturas próprias para fugir do que pode prejudicá-lo e naturalmente se coloca da maneira mais vantajosa para receber o que lhe faz bem, também a natureza nos leva a adotar certas maneiras, ao falar, capazes de produzir os efeitos desejados no espírito daqueles a quem falamos, seja o de levá-los à cólera ou à doçura, ao ódio ou ao amor. *A essas maneiras chamamos figuras*[14].

Essas formas de se expressar e se relacionar através do corpo e da linguagem formam assim um laço entre os homens:

---

13. Cf. RICARD, R. "Notes et matériaux pour l'étude du 'socratisme chrétien' chez sainte Thérèse et les spirituels espagnols". *Bulletin Hispanique*, vol. XLIX, n. 1, 1947; vol. I, 1948, n. 1.

14. LAMY, B. *L'Art de parler*. Paris, 1676, p. 8.

posturas e figuras são constitutivas da vida civil, tornam a vida civil possível e a organizam, governam e adoçam.

Ora, de 1570 a 1625, as retóricas eclesiásticas conferem um lugar considerável às técnicas da *actio*, à arte do gesto, de novo considerada elemento essencial da arte do discurso público[15]. O renascimento da *actio* inspira-se nas retóricas antigas, no trabalho silencioso do corpo estudado desde Cícero ou Quintiliano. Ela modela o corpo do orador sagrado segundo o corpo do orador antigo, para fazer dele o tipo ideal de corpo eloquente. Essa retomada de interesse pela *actio* é indissociável da evolução da civilidade: o próprio Erasmo contribuiu nesse sentido ao esboçar nos seus *Ecclesiastes* um modelo do "corpo do cristo orador", a fim de lutar contra os excessos góticos da eloquência medieval[16]. A *actio*, essa arte silenciosa do corpo eloquente, que experimenta uma espetacular renovação no fim do século 16 e início do 17, acompanha e inspira os rituais profanos de civilidade[17].

A tradição do socratismo cristão perpassa as civilidades na Idade Clássica. Ela alimenta os preceitos de *modéstia* essenciais nos tratados de cortesia cristã, tais como o de A. de Courtin ou J.-B. de La Salle[18]. Assim, para este último, as regras de boas maneiras e civilidade cristãs pedem que se considere o "corpo como templo do Espírito Santo". Mas essa exigência interior que faz do corpo o recinto de um culto pessoal requer o exercício de uma vigilância minuciosa da

---

15. Sobre as fontes da *actio* na retórica da Idade Clássica, cf. esp. FUMAROLI, M. *L'Âge de l'éloquence*. Genebra: Droz, 1980, p. 315ss. • FUMAROLI, M. "Rhétorique de la voix et du geste... Op. cit. Cf. tb. a bibliografia do número da revista *XVIIe siècle* em que se encontra esse artigo.

16. FUMAROLI, M. Op. cit., p. 30.

17. "Foi a eloquência sagrada que desempenhou o papel motor no renascimento de uma *actio rhetorica* no século 16 e foi a partir dessa versão da *actio* que suas derivações profanas (etiqueta da corte, arte do comediante "reformado") se desenvolveram" (Ibid., p. 315).

18. COURTIN, A. *Nouveau traité de la civilité qui se pratique en France et ailleurs parmi les honnêtes gens*. Paris, 1671. • LA SALLE, J.-B. Op. cit.

aparência, do olhar e das palavras, impondo um relativo silêncio da expressão. É importante ter um aspecto e atitude modestos de que todo excesso seja banido, tanto o excesso de rigidez quanto o de negligência, tanto o de grandeza quanto o de anulação de si. As boas maneiras reclamam um estrito controle dos movimentos do corpo e do rosto.

> É adequado, no entanto, compor o rosto segundo as circunstâncias em que nos encontramos e as pessoas com quem conversamos [...]. Pessoas que vivem no mundo são obrigadas por seus afazeres a se ver e se falar, mas tais encontros frequentes, as conversas ditadas pela necessidade ou o entretenimento devem sempre manifestar circunspecção, sabedoria e modéstia cristã[19].

Se é preciso "compor" o rosto, é para nos fazermos "amáveis", não mostrar qualquer severidade nem afetação, nada de distante nem tampouco melancólico. Convém evitar uma expressividade ruidosa demais e dar preferência a uma suave gravidade, uma sabedoria amável, uma moderação bem temperada. "O homem sábio conserva tanto quanto possível um rosto sempre igual"[20]. Se de La Salle recomenda gesto igual, moderação, constância, autocontrole, é que estes são os sinais da virtude. Com efeito, "[uma excessiva] mobilidade [do rosto] é uma prova de que a pessoa se deixa levar pela paixão e, por conseguinte, que é pouco virtuosa"[21]. De La Salle traça assim, no detalhamento dos deveres do cristão e dos gestos da vida civilizada, um verdadeiro retrato psicológico e moral tanto do cristão quanto do homem cortês, civil: é um homem moderado, prudente, prevenido, sempre circunspecto, contido, silencioso mesmo quando as circunstâncias o exigem.

> O homem, nascido para a sociedade, deve aplicar-se a conhecer os deveres que lhe impõem a

---

19. Ibid., p. 4 e 29.
20. Ibid., p. 4.
21. Ibid., p. 5.

religião, a honra e a razão nas diferentes circunstâncias da vida: a prudência de atitudes, maneiras cautelosas, circunspecção do discurso [...], consideração pelos iguais[22].

A exigência de silêncio interior face a Deus passa assim lentamente ao silêncio exterior da igualdade de trato com os outros. E o sentimento religioso de humildade se converte em sinais sociais de prudência. O cuidado do conhecimento interior de Deus em si mesmo é substituído pelo exercício de uma vigilância constante sobre a própria conduta, sobre as próprias expressões e palavras. Pela civilidade cristã, são a religião e a sociedade, juntas, que reclamam o silêncio do corpo.

> É preciso, pois, se lembrar desse princípio [...] que é prestar atenção incessante em nós mesmos para ver se estamos na *contenção* que nos convém, pois dessa atenção vem a contenção e *da contenção, a civilidade*, assim como da falta de atenção vem a falta de contenção e, desta, *a incivilidade*[23].

Essas injunções ao silêncio que percorrem a Idade Clássica fundam-se num ideal de autoconservação que vê na fala o risco de uma perda de si, de uma desapropriação.

> Jamais o homem se possui mais que no silêncio: fora daí ele parece expandir-se para fora de si e se dissipar no discurso, de modo que está menos em si que nos outros[24].

O homem se perde na palavra. Tanto para os tratados de fisiognomonia quanto para os livros de boas maneiras, ela é o que escapa, corrimento e ferida, efusão em que o corpo se esvazia e se expande, dissipando-se para fora de si. Na *Arte de calar*, do Abade Dinouart, lê-se o temor de uma perda de substância corporal se a língua se solta. Os caprichos da fala

---

22. Ibid., p. 1 (Prefácio).
23. COURTIN, A. Op. cit., p. 337 (grifo nosso).
24. ABADE DINOUART. Op. cit., p. 65.

trazem o risco de a pessoa não se possuir mais, de abandonar o império de si.

Percebe-se então nessas incitações ao silêncio o eco amplificado de um medo que envolvia a conversação quando concebida como efusão recíproca em que os homens se expandiam e se perdiam uns nos outros. As críticas religiosas da conversa como dissipação mundana são, assim como as exigências de silêncio, uma lembrança das origens divinas da representação que faz do corpo esse receptáculo fechado em que coabitam silenciosamente o sujeito e seu Deus. Possuir-se é, então, ser *o guardião das fronteiras do seu corpo*, "conter"-se dentro de si mesmo. Do que ninguém deu descrição mais literal que A. de Courtin na sua concepção de *contenção*:

> A própria palavra *contenção* por si só o exprime, derivada que é da palavra *conter*: uma pessoa só tem contenção quando contém nos limites onde todas as coisas devem estar, primeiramente, suas paixões, depois os seus membros ou ações e a sua língua ou sua fala [...]. Só se diz que um homem [...] tem controle de si quando controla o seu íntimo ou suas paixões e que, contendo-as no exterior, tudo o que vemos dele parece equilibrado e tranquilo[25].

Ser senhor de si, portanto, é conter-se, controlar-se. A própria noção de civilidade implica essa representação religiosa do eu, decorre dela, porquanto a civilidade "considerada em si mesma consiste apenas em se dominar"[26]. Na origem do imperativo de silêncio que se difunde ao longo dos séculos 17 e 18 e que concerne a civilidade e seus gestos, a conversação e a fala, há pois um modelo bem antigo do corpo como recipiente hermético ameaçado sem cessar pelo fato de as matérias que encerra poderem escapar-lhe. As

---

25. COURTIN, A. Op. cit., p. 323 e 322.
26. Ibid., p. 322.

origens da tradição naturalista de que provêm as representações do corpo desenvolvidas pela fisiognomonia, as fontes religiosas que fundam os comportamentos civis se referem assim a comportamentos vizinhos. Esse corpo receptáculo cujo silêncio parece garantir a clausura adquire sentido também num registro *econômico*, como se obedecesse ao modelo de uma economia arcaica, de uma acumulação primitiva em que convém armazenar dentro de si riquezas que não se poderia de modo algum deixar filtrar senão gota a gota, contando cuidadosamente o que se dispende. É nesse sentido que o silêncio é de ouro e que o excesso de conversa é ao mesmo tempo perda de um bem, um desperdício e o escoamento de um líquido, ou seja, uma incontinência. Encontra-se assim, tanto na memória da sabedoria popular quanto na tradição naturalista das fisiognomonias ou na de uma moral de origem religiosa, uma economia primitiva da palavra em que a tagarelice se assemelha a um relaxamento do corpo e a uma dilapidação patrimonial. É a economia cristã da palavra assim formulada por J.-B. de La Salle:

> Em geral, é preciso ser *reservado*, *econômico* na distribuição dos louvores, examinar sempre as coisas, apreciar o que valem para avaliá-las e elogiá-las segundo as regras da prudência e do discernimento[27].

Ou ainda essa economia civil do gesto, que obriga o homem honesto a reprimir o que Courtin chama de ato *desconcertante*, essa brutal escapada fora de si, maior obstáculo à realização da civilidade:

> Só se perde a contenção quando o interior ou o espírito, deixando seu lugar, desconcerta o que está fora e impede que o exterior responda às obrigações que lhe impõem as leis do dever do homem honesto ou civil[28].

---

27. LA SALLE, J.-B. Op. cit., p. 35 (grifo nosso).
28. COURTIN, A. Op. cit., p. 323.

Em seguida ele enumera com precisão as regras da vida civil, algumas das quais se confundem com os princípios mesmo do socratismo cristão:

> Essas regras que levam a conhecer-se a si mesmo, a conhecer os outros, a observar os lugares e o momento, são tão necessárias que, se uma das quatro faltar, todas as nossas ações, ainda que uma boa intenção as motive, parecerão incivis e disformes[29].

Incontido, desconcertante, projetado fora de si, o homem torna-se "incivil", descortês, e sua aparência, suas ações tornam-se "disformes", diz Courtin, usando os termos como sinônimos.

Está aí, pois, a lição antiga que é retomada pela arte do silêncio: na fala, no gesto excessivos, o sujeito pode abandonar o domínio de si e ver o próprio corpo deformar-se, abrir-se e virar propriedade de outrem. Convém poupar-se: o silêncio possui virtudes salutares que é preciso cultivar. Virtudes mínimas sem dúvida, uma *arte do pouco*, próxima do nada.

O silêncio não é, porém, uma ausência. A arte de calar é uma arte de falar paradoxal. Não basta, para calar-se, fechar a boca. O silêncio do homem não é o mutismo da besta, pois *seu silêncio é expressão*: ele fala a língua do rosto.

> Um sinal, um sorriso que vos escape pode tornar ainda mais criminosos aqueles que escapam porque acreditam vos divertir ou agradar. Que vosso rosto fale então por vossa língua. O sábio tem um silêncio expressivo que vira uma lição para os imprudentes e um castigo para os culpados[30].

Maneiras de calar, maneiras de falar

O silêncio deve, pois, fazer-se "espiritual": é o silêncio que se deixa ver quando se percebe, no rosto de uma pessoa

---

29. Ibid., p. 17-18.
30. ABADE DINOUART. Op. cit., p. 105.

que nada diz, "um certo ar aberto, agradável, animado, próprio a fazer compreender, sem ajuda da fala, os sentimentos que se quer dar a conhecer"[31]. Reencontra-se então a propósito do silêncio esse "ar aberto" que preconizavam os tratados de conversação: Guazzo fazia acompanhar o silêncio do "retiro em si mesmo" de uma discreta aprovação gestual das palavras do interlocutor; Méré não admitia o "reforço de si mesmo" e recomendava que o rosto levasse uma expressão aberta e alegre; desse mesmo ar de abertura ao outro La Rochefoucauld fazia o sinal de uma escuta, a possibilidade de um diálogo, uma promessa de reciprocidade. A regra do silêncio é clara: não devemos nos fechar ao outro. O rosto taciturno só convém aos espíritos melancólicos e chorosos. O ar aberto e amável que recomendam tanto as artes da conversação quanto os preceitos do silêncio é a marca impressa no rosto de cada um pelos paradoxos de uma sociedade civil em que se reforça o controle social ao mesmo tempo em que o indivíduo se autonomiza, porquanto essa sociedade é concebida como espaço de diálogo, de troca e de expressão. É preciso, pois, ao mesmo tempo e no mesmo lugar, saber calar e se expressar. É por isso que retóricos e teóricos da linguagem, Lamy ou Bouhours, fazem do silêncio uma "arte de bem calar" e consideram que ela tem princípios e regras, assim como a arte de bem falar. Uma arte, mas também uma virtude. Assim, para Bouhours:

> Toda a vida civil desenrola-se em segredo e, como os indivíduos não podem ser bons amigos e gente honesta se não sabem guardar silêncio, os personagens públicos não podem desempenhar suas funções se não forem senhores da sua língua[32].

Uma sociedade dotada de linguagem é uma sociedade de silêncio, mas não deve ser uma sociedade de mistério. Os que preconizam o silêncio condenam o gosto excessivo do segredo, isto é, quando, bem longe de dizer o que é preciso calar,

---

31. Ibid., p. 70.
32. BOUHOURS, D. *Entretiens d'Ariste et d'Eugène*. Paris, 1683, p. 256.

cala-se também o que é preciso dizer. Bouhours considera que tal dissimulação "choca [...] a sociedade civil, que consiste na comunicação de todas essas coisas; [...] peca [...] contra a sinceridade e a franqueza que é o laço de comércio que os homens têm entre si"[33].

A arte de guardar silêncio é, portanto, complexa. Há coisas que é preciso calar, outras que é preciso dizer. Não é possível contentar-se em saber calar a boca. "Há pessoas que não falam nada, mas basta que se as observe um pouco para perceber que morrem de vontade de falar [...]. Há pessoas discretas que sabem mostrar no rosto tudo o que levam no coração"[34].

A sociedade civil é uma sociedade de silêncio e linguagem, de segredo e diálogo, de dissimulação e franqueza, de contenção e de troca. Uma sociedade do retiro em si e de cuidado com o outro, de reserva e compaixão, ao mesmo tempo fechada e aberta, um equilíbrio instável, precário. Bouhours soube condensar esse conjunto de paradoxos no atalho de uma fórmula: em sociedade "é preciso ter a boca fechada e o rosto aberto"[35]. Compreende-se então de maneira mais precisa os efeitos das transformações da sociedade civil sobre o próprio sujeito: corpo e linguagem são aí submetidos a um domínio tal que o silêncio e a fala possam inscrever-se na harmonia natural da expressão e participar assim das múltiplas exigências do laço social – dizendo e calando, alternativa ou simultaneamente, pela boca e o rosto.

Compreende-se assim por que essas artes do silêncio que acompanham a tradição dos tratados de civilidade podem terminar em classificações das maneiras de calar a língua e ao mesmo tempo falar com o rosto: uma laicização, uma generalização, um enfraquecimento progressivo dos modelos de gestualidade religiosa. Uma classificação tal como a que nos deixou o Abade Dinouart; faz-se um silêncio "artificioso", um

---

33. Ibid., p. 269-270.
34. Ibid., p. 271.
35. Ibid., p. 272.

silêncio de dissimulação quando nos calamos apenas para surpreender, quando reagimos "só com maneiras enganosas"; há o silêncio "complacente" da bajulação, que se aplica em escutar sem contrariar aqueles que se deseja agradar, "de sorte que os olhares, gestos, tudo supre à ausência de palavras, com o objetivo de aplaudir"; há o silêncio "zombeteiro", em que o rosto aprova enquanto se desfruta o prazer secreto de enganar; há o silêncio do "desprezo", uma tática de reserva e espera, que mostra um rosto impassível quando calar é dar corda ao outro, levá-lo a se declarar, a fazer o primeiro movimento[36].

Vemos aí algumas engrenagens essenciais da arte cortesã e por vezes a fronteira bem indefinida que separa os manuais de civilidade cristã dos tratados de corte. As práticas do silêncio nessas tradições repousam em uma ética fundada na prudência e apreciação das circunstâncias. Devemos segurar a língua, usá-la de forma adequada segundo o tempo e os lugares no mundo e segundo a consideração devida àqueles com quem conversamos.

Ocorre lentamente uma *deriva do silêncio*. O silêncio primeiro, de origem religiosa, percepção interior, recolhimento e retiro em si mesmo, laço essencial com Deus, aos poucos se exterioriza em linguagem. O silêncio que habitava o espaço íntimo saturado pelo olhar, esse "castelo interior" das *Moradas* de Santa Teresa de Ávila, o "castelo de diamante" da alma, residência luminosa de Deus[37], perde sua transparência,

---

36. Cf. ABADE DINOUART. Op. cit., p. 69-71 ("Différentes espèces de silence"). Esse silêncio de desprezo é aquele que, a crer nos Goncourt, pratica Madame Geoffrin, "hábil em se apagar, em calar, em escutar, recolhida em si mesma e atiçando por trás a tagarelice dos outros, manipulando as pessoas como instrumentos, sábia em tirar delas os sons" (*Portraits intimes du XVIIIᵉ siècle*. 2ª série. Paris, 1858, p. 157-182).

37. A imagem de "castelo interior" de Santa Teresa inscreve-se numa tradição mística em que o retiro solitário vira uma "fortaleza de silêncio". O que Ph. Braunstein comenta assim: "Dentre todas as definições da alma que propõe Mestre Eckhart nos seus *Sermões*, uma das mais contundentes é a do castelo forte: 'Esse castelinho forte é tão elevado acima de todo mundo e de todo poderio que somente Deus pode jamais penetrá-lo com seu olhar. E por ser Um

torna-se opaco na expressão e no gesto. Se o corpo, para J.-B. de La Salle, é sempre o "templo do senhor", o que ele em geral oferece a contemplar é uma fachada. O silêncio toma lugar entre as práticas civis, faz ligação entre os homens exatamente onde tecia a relação mais pessoal que unia o homem a Deus. Dessacralizado, coloca-se entre as práticas sociais. Então se cruzam os destinos do silêncio e da conversação, pois ao mesmo tempo a linguagem, outrora votada à exterioridade do comércio entre os homens, torna-se mais interior, até estruturar pouco a pouco o espaço íntimo segundo o modelo de uma conversa consigo mesmo. Assim, as trajetórias aparentemente contrárias do silêncio e da linguagem devem ser compreendidas contra o fundo de transformação civil e profana das práticas religiosas: interiorização da linguagem e exteriorização do silêncio traduzem a socialização progressiva da esfera privada, a lenta individualização do espaço público. O homem desliga-se de Deus, a vida civil impregna-se de uma religião disseminada por suas práticas, uma religiosidade moral. O homem silencioso espalhou-se pelo mundo, o homem modesto tornou-se aquele que é prudente. Ao silêncio da fé, ao isolamento da convicção ou do fervor sucederam essas artes discretas que se praticam na companhia dos outros: as artes da circunspecção, da espera, da oportunidade. São artes que ensinam a reter as palavras, mas sem disfarçar demais as que se deixa escapar, que ensinam a calar sem fechar demais o coração, artes que ensinam a ser reservado sem se tornar sombrio ou taciturno. Está aí toda a arte daquele que temporiza, que não se compromete nem se revela. *Arte da moderação*, em que a verdade não se diz na verdade nem se esconde inteiramente, arte que sustenta as práticas da conversação e constitui de modo mais geral um elemento

---

e Simples, Ele entra nessa unicidade que chamo de castelinho forte da alma', como dizia a mística Mechtilde de Magdeburgo" (*Histoire de la vie privée*. Op. cit. T. II, p. 606). Quanto às "moradas" de Santa Teresa, são revistas nas páginas essenciais que Michel de Certeau lhe dedicou na sua *Fable mystique XVIe-XVIIe siècle*. Paris: Gallimard, 1982, p. 257-279.

essencial dos rituais da vida civil, da qual reflete e realiza os limites. Mas essa arte remete também a um *modelo político*, pois "quem não sabe calar é indigno de governar"[38].

> O silêncio político é o de um homem prudente, que se domina, que se conduz com circunspecção, que não se abre absolutamente a qualquer hora, que não diz tudo o que pensa, que não fica sempre explicando sua conduta e seus desígnios; o qual, sem trair os direitos da verdade, não responde sempre de forma clara, para não se deixar de modo algum a descoberto[39].

Os poderes do silêncio

A importância da civilidade transparece no uso que fará o Estado absolutista dos rituais de civilidade próprios à Igreja, com a finalidade de exercer um controle mais severo sobre a sociedade.

É um homem da Igreja e estadista, o Cardeal Richelieu, um dos primeiros a compreender tão claramente toda a dimensão política. Ele verá no uso sistemático das regras de civilidade, no estabelecimento de um ritual forçado e meticuloso do menor gesto e olhar, o meio privilegiado de dominar, domesticar, controlar e disciplinar o corpo, a expressão, o discurso. E, se preciso, mais: de "colocar de joelhos" a sociedade e, antes de mais nada, esses senhores por demais rebeldes, pouquíssimo submissos à pessoa do rei e ao Estado. Ranum ressalta:

> Toda sua vida, não houve gesto, olhar ou movimento de um músculo da face, por menor que fosse, que Richelieu não perscrutasse e não avaliasse o respeito ou irreverência dele[40]. Jamais per-

---

38. FÉNELON, F. *Télémaque*, III.

39. ABADE DINOUART. Op. cit., p. 71.

40. RANUM. Op. cit., p. 431. Cf. tb. ANSART, P. *La gestion des passions politiques*. Lausanne: L'Âge d'Homme, 1983, esp. cap. II.

mitiu à civilidade ser apenas "honesta": em vez disso, perscrutava todo gesto e todo "ato de linguagem" a fim de reforçar a autoridade real[41].

O que o cardeal vê nos rituais de civilidade, de etiqueta, são os meios de colocar em vigor os detalhes minuciosos de um poder absolutista. Nada revela melhor a importância que ele dá ao olhar do que a política que seguem, sob suas ordens, os intendentes que contribuem para sua aplicação. Dentre esses, Laffemas, sem dúvida o mais autoritário, declara: "Faremos guerra ao olho [...]"[42].

Seu *Testamento político*, suas *Máximas de Estado e Fragmentos políticos*[43] fazem de Richelieu ao mesmo tempo um filósofo político e um prático de civilidade – teórico de uma política do olhar. No sentido amplo, de ter visões do futuro, de prevê-lo; e no sentido mais restrito, de impor pelo olhar esse poder exercido pelo olhar sobre o olhar de cada um, ou seja, o dever de baixar os olhos. As instruções que ele se impôs para conduzir-se na corte, as recomendações que faz ao rei, as regras de conduta que impõe aos súditos obedecem às exigências de uma *política do silêncio*: exercer um controle do próprio humor, do temperamento e dos instintos, das paixões e das palavras. Ser senhor de si: "É preciso escutar muito e falar pouco para bem agir no governo de um Estado"[44]. Se é agradável poder se entregar por vezes à franqueza, há um cuidado primeiro: a corte é corrompida, nela é preciso mostrar prudência, contenção, circunspecção, adaptar-se às circunstâncias, saber com quem lidamos, "conservar sempre o espírito na conduta"[45].

---

41. Ibid., p. 434.

42. Ibid., p. 437.

43. RICHELIEU, A. *Testament politique*. Amsterdã, 1688. • *Maximes d'État et fragments politiques*. Paris: Hanoteaux, 1880.

44. *Maximes d'État et fragments politiques*, p. 778.

45. Ibid., p. 770.

Desde o início do *Testamento político*, Richelieu faz considerações gerais sobre a conduta política racional do príncipe, preferindo sempre a razão à autoridade bruta da força. A razão persuade, imperceptivelmente ganha a vontade dos homens. Ela é a "chama" que guia a conduta dos príncipes. Ela clareia onde a paixão cega e entrava o exercício do olhar, onde prejudica a precaução e impossibilita o governo dos homens.

> Quem prevê de longe não faz nada por precipitação, porquanto pensa a respeito em boa hora, e é difícil agir mal quando se pensa com antecedência[46]. É preciso dormir como o leão, sem fechar os olhos, que se deve ter continuamente abertos para prever os mínimos inconvenientes que podem ocorrer[47].

Governar é calar, mas é também prever: é preciso saber manter *a boca fechada e os olhos abertos* tanto no exercício do poder quanto na vida civil. Richelieu arrisca então pintar um retrato da pessoa do rei e dos princípios de sua conduta. O rei é de "um humor inquieto e impaciente".[48] A vontade é precisamente "o inimigo mais poderoso" de sua majestade – a vontade ou, antes, seu exercício, dificultado pela paixão.

> O espírito de Vossa [sic – N.T.] Majestade subjuga tão absolutamente seu corpo que a menor de suas paixões toma o seu coração e perturba toda a economia de sua pessoa [...]. Inimigo tanto mais perigoso por ser interno e doméstico[49].

A paixão é o inimigo íntimo dos reis e, portanto, do Estado. O rei deve proteger seu espaço exterior, mas deve também defender seu espaço interior, conter seu discurso, se impedir de falar mal de quem quer que seja, saber fechar os ouvidos à calúnia e saber abrir os olhos, mantendo-os abertos

---

46. *Testament politique*, p. 19.

47. Ibid., p. 20.

48. Ibid., p. 217.

49. Ibid., p. 213-214.

mesmo quando parecem fechados. "É da grandeza dos reis a contenção nas palavras"[50].

> Jamais ninguém vendeu melhor suas palavras, mesmo o seu sorriso e até seus olhares. Ele tornava bem precioso pela escolha e a majestade tudo o que a raridade e brevidade de suas palavras aumentava bastante. Se as dirigia a alguém [...] toda a assistência o observava [...][51].

Silencioso, o rei deve mostrar a todo instante uma máscara impenetrável. A fixidez, a opacidade e vigilância do rosto real lembram sem cessar o seu poder. A impassibilidade, esse silêncio do rosto, traço essencial da arte de comandar, responde às exigências de um modelo político. A retórica jesuítica lembra isso, acrescentando "que é preciso não apenas calar a língua, mas também e mais ainda a alma; e de fato com frequência sucedeu que muitos revelassem pela simples expressão do rosto seus desígnios secretos"[52].

O silêncio é então uma condição necessária ao fulgor do rosto daqueles que por sua simples e muda presença impõem obediência e respeito. O silêncio é um privilégio de rei, a expressão última da lei.

Os reis podem ser personagens mudos, mas não é por isso menos certo que, como leis vivas, o que eles ordenam sabiamente têm, no entanto, lugar. Recorrendo a esse traço da alma real e à ressonância de sua majestade, eles contêm os súditos nos seus deveres[53].

Os tormentos do silêncio

Exigência religiosa, regra de conduta da vida civil, necessidade do político, esse império discreto do silêncio que no

---

50. Ibid., p. 222.

51. *Anecdotes, scènes et portraits, extraits des Mémoires du duc de Saint-Simon.* Paris: Tallandier, 1925, p. 221.

52. FUMAROLI, M. Op. cit., p. 250.

53. Ibid., p. 262.

século 17 penetra as condutas privadas e públicas vai parecer cada vez mais claramente ao longo do século 18 um jugo por vezes insuportável. Antes de mais nada, queixam-se de que com frequência ele falha, ao medir as palavras, em ocultar o pensamento. Que a economia do verbo faça calar as ideias impõe o silêncio ao sentimento. Para Madame Du Deffand é um tormento particular "falar sem dizer o que pensa"[54]. E outro é constatar, em sociedade, a diluição do pensamento nas palavras: "Quase ninguém pensa e não há quem diga o que pensa"[55].

O século 18 com certeza deplorou que se fale para calar-se, como testemunham confissões, memórias e correspondências. Mas ele trouxe à luz a natureza complexa e paradoxal do silêncio: quando, na conversa, falar se torna o equivalente a sentir, o silêncio do outro quer dizer aborrecimento, indiferença, por vezes crueldade. Julie de Lespinasse indaga-se dolorosamente:

> Como, se amais, não tendes nada a me dizer? Sofreis, esperais, gostais? Por que não me dizeis nada?[56]

Os poderes do silêncio perpassam a troca amorosa. Parece mesmo que traçam a sua estrutura, quando à frieza impassível dos homens responde o abandono feminino, as palavras e preces das mulheres. O silêncio é, então, um sofrimento, uma ferida, por vezes até motivo de desespero.

> Vosso silêncio me faz mal [...]. Meu amigo, se eu estivesse apaixonada, vosso silêncio me faria morrer; e, se eu tivesse apenas amor-próprio, ele me feriria[57].

E as palavras são um consolo, um remédio, quando difundem os benefícios da efusão pessoal no diálogo. Sair do silêncio é libertar-se dele pela palavra.

---

54. MADAME DU DEFFAND. Op. cit., p. 117.

55. Ibid., p. 128.

56. LESPINASSE, J. Op. cit., p. 55.

57. Ibid., p. 56 e 125.

Não pretendo nada senão essa espécie de consolo que nos concedemos tão raramente de pronunciar tudo o que pensamos [...]. Meu amigo, para me acalmar, para me livrar de um pensamento que me faz mal, é preciso que vos fale[58].

Está aí toda a complexidade paradoxal dos laços entre palavra e silêncio tal como se exprimem no final do século 18. Tanto quanto a palavra em outras circunstâncias, o silêncio alivia, permite encontrar em si a calma e a medida. Julie de Lespinasse confessa por fim:

Passo uma parte da minha vida sem poder falar; minha voz apagou-se e é, de todos os incômodos, o que melhor convém à disposição de minh'alma: amo o silêncio, o recolhimento, o retiro[59].

58. Ibid., p. 17 e 168.
59. Ibid., p. 52.

6
As formas na sociedade civil
Impassibilidade, distância, respeito nos séculos 16 a 18

> A etiqueta – dirá um príncipe – é uma coisa pueril da qual sou o primeiro a rir; mas é a única muralha que me separa dos outros homens. Tirem isso e não passo de um cavalheiro. A opinião é tudo; os homens vivem de fórmulas, são mergulhados em fórmulas; cada Estado tem as suas (MERCIER, L.-S. *Tableaux de Paris*. Tomo IX, cap. DCXCI, p. 78).

A sociedade da máscara

Quando, lá pela metade do século 18, em *L'Ami des hommes ou traité de la population*, depois em *L'Ami des femmes ou traité de la civilisation*, Mirabeau introduz na língua francesa o termo *civilização*[1], ele se lança a uma crítica severa dessa "civilidade" do século 17 que a sociedade cortesã via como arte.

> Se eu perguntasse em quê, no geral, consiste para vós a civilização, responder-me-íeis que é a suavização dos costumes, a urbanidade, a gentileza e os conhecimentos difundidos de forma que as

---

1. MIRABEAU, H. *L'Ami des hommes ou Traité de la population*. Avignon, 1750-1760. • *L'Ami des femmes ou Traité de la civilisation*. Apud BENVENISTE, E. *Problèmes de linguistique générale*. T. I. Paris: Gallimard, 1966, p. 339.

boas maneiras sejam observadas e tenham peso de leis minuciosas[2].

E acrescenta Mirabeau, severo:

> Tudo isso mostra-me apenas *a máscara da virtude e não o seu rosto* – e a civilização nada faz pela sociedade se não lhe dá a forma e o conteúdo da virtude [...][3].

Decididamente, a civilização não é, nessa segunda metade do século 18, a civilidade do século anterior. Ninguém teve palavras mais duras que Jean-Jacques Rousseau contra essa sociedade cortesã em que se desenvolveram e codificaram as práticas da civilidade e da gentileza mundana. A sociedade cortesã é uma sociedade da máscara, em que reina uma "vil e enganosa uniformidade". Nela o homem segue os usos, "jamais seu próprio temperamento". Ele faz o que "a polidez exige e as boas maneiras ordenam". As detestáveis consequências são o sumiço do rosto por trás da imposição de caras e bocas e a uniformidade das aparências. O indivíduo desaparece na vida gregária. "Odeio as máscaras", exclama Madame Du Deffand.

> Não se ousa mostrar o que se é; e nesse constrangimento perpétuo os homens que formam o rebanho que chamamos sociedade, se colocados ante as mesmas circunstâncias, farão todos a mesma coisa [...]. Não saberemos nunca, portanto, com quem estamos lidando [...][4].

A origem do mal, para Rousseau, vem do *olhar*. Do desejo de ser olhado. Da exigência de consideração nasce a estima pública: é então o mais hábil ou mais eloquente, o que sabe falar melhor ao olhar, quem angaria maior consideração.

---

2. Ibid.

3. Ibid.

4. ROUSSEAU, J.-J. *Discours sur les sciences et les arts* [1750]. Paris: Garnier--Flammarion, 1971, p. 40.

"Primeiro passo para a desigualdade e para o vício ao mesmo tempo"[5], ruptura com o estado natural em que outrora a contenção exterior reproduzia as disposições da alma. Origem, portanto, da civilidade. Porque, uma vez formada no espírito humano a ideia da consideração, "cada um pretendeu ter direito a ela e não foi mais possível negá-la impunemente a ninguém. Daí surgiram os primeiros deveres de civilidade"[6].

O rosto então desligou-se, distanciou-se da figura, perdeu-se sob a máscara congelada e enganosa que o olhar público dispôs para cada um. As aparências ficaram opacas, as virtudes tornaram-se mentirosas, as qualidades fugiram, os vícios se enterraram. Cada indivíduo virou *outro*, estranho a si mesmo.

> As qualidades eram as únicas que podiam atrair consideração, portanto era preciso tê-las ou afetá-las, era preciso tirar vantagem de se mostrar diferente de quem se era na verdade. Ser e parecer tornaram-se coisas completamente distintas e dessa oposição surgiram o fausto imponente, a artimanha enganosa [...][7].

A condenação da sociedade cortesã por Rousseau como sociedade dominada pela máscara teve consequências consideráveis na formação do sentimento de si do indivíduo moderno. Contribuiu desde então para tornar com frequência suspeito e sempre mitigado o exercício do prazer narcísico – muitas vezes preciosa e sempre difícil a expansão do sentimento autêntico e sincero. A consciência de si do indivíduo contemporâneo deve muito à crítica que fez Rousseau à sociedade cortesã, crítica que participou do advento desse indivíduo, que o preparou. "Não se pode verdadeiramente compreender J.-J. Rousseau, sua influência, as razões do seu

---

5. ROUSSEAU, J.-J. *Discours sur l'origine et les fondements de l'inégalité parmi les hommes* [1754]. Paris: Garnier-Flammarion, 1971, p. 210.

6. Ibid.

7. Ibid., p. 216.

sucesso, se não o considerarmos como representante da reação à racionalidade da corte", escreve Norbert Elias[8].

A leitura dos manuais de civilidade, dos tratados de polidez mundana, escritos pelos moralistas do século 17 parece bem dar razão a Rousseau. Por toda a parte, a despeito da diferença entre os autores ou projetos, encontram-se os grandes tratados dessa sociedade a partir dos quais ele conduziu a sua crítica: a afirmação de um homem dúbio no qual o ser se distingue da aparência; a preferência dada à aparência em nome da visibilidade; o domínio de si e a repressão do sentimento; o cálculo do comportamento na relação com o outro[9].

A visão que se tem do universo da sociedade aristocrática e mundana do século 17 formou-se através dos olhos de Rousseau. Da sociedade cortesã restou a imagem, sem dúvida real, de um teatro da intriga em que a máscara sufoca e reprime a fisionomia autêntica; o cortesão virou símbolo da duplicidade e do servilismo.

Somente alguns autores perspicazes, Louis-Sébastien Mercier em particular, souberam pressentir a dimensão paradoxal da etiqueta: ao mesmo tempo sistema constrangedor sufocante, mas também sistema que permite proteger um espaço de liberdade em qualquer assunto. Mercier reconhece que

> a etiqueta ordena parecer calmo quando se arde de ambição, calmo quando as chamas da vingança devoram. O olho fixa o inimigo com tranquilidade [...]. Evita-se até à indiferença quem poderia notar e dizer alguma coisa [...][10]. Não há um instante em que não se lhe preste tributo[11].

---

8. ELIAS, N. *La société de cour*. Op. cit., p. 110.

9. "A competição da vida na corte obriga os homens que dela fazem parte a dominar suas paixões, a se restringir nas relações com o outro a um comportamento judiciosamente calculado e matizado. As estruturas dessa sociedade e a natureza das relações sociais deixam pouco lugar às manifestações afetivas espontâneas" (Ibid., p. 107-108).

10. MERCIER, L.-S. Op. cit. T. VIII, cap. DCXIV, p. 66.

11. Ibid. T. IX, cap. DCXC, p. 73.

Mas a etiqueta também coloca "entraves salutares"[12] que, refreando os egoísmos, mantendo as distâncias e garantindo o respeito, protegem o indivíduo. À sua maneira, a civilidade, quer seja de inspiração erasmiana, de fonte cristã ou se inscreva na tradição barroca dos tratados cortesãos[13], contribuiu para o surgimento das formas psicológicas, sociais e políticas da individualidade moderna.

Os dois rostos do cortesão

Em nenhum lugar se encontraria matéria melhor para alimentar a denúncia de Rousseau contra a sociedade cortesã que em *L'Homme de cour*, de Balthazar Gracián. Jesuíta espanhol, orador, é sem contestação um dos autores mais representativos da tradição barroca. Os escritos de Gracián parecem desprovidos de qualquer intento moral. Diante deles é impossível não pensar nos escritos de Maquiavel, embora um século os separe, a tal ponto *O homem da corte* parece uma réplica mundana da política de *O príncipe*. Mesmo tom frio e

---

12. Cf. p. 263.

13. Cf. REVEL, J. Op. cit. • CHARTIER. R. Op. cit. Essas obras ressaltam as ambiguidades da civilidade no século 17, dividida entre um universalismo de essência erasmiana e cristã e as necessidades de um particularismo que reclama a adaptação dos comportamentos às circunstâncias. Essa tensão recobre-se de outra ambivalência: a civilidade pode ao mesmo tempo assegurar o que Courtin chama de "continência" ("acordo entre o interior e o exterior do homem"), buscar certa transparência do indivíduo, mas igualmente dissimular o homem interior sob a máscara das maneiras de conveniência. Tal discordância entre o ser e a aparência subentende as civilidades barrocas que regem os comportamentos na corte. "O conceito de civilidade está com efeito no coração mesmo da tensão entre a aparência e o ser que define a sensibilidade e a etiqueta barrocas. Nos antípodas de uma concepção que percebe nos comportamentos exteriores uma tradução exata e obrigatória das disposições do ser, entende-se a civilidade do século 17 sobretudo como uma aparência social [...]. A civilidade muda então de representação legítima para um falso semblante e máscara hipócrita" (CHARTIER, R. Op. cit., p. 60). Esse divórcio entre ser e aparência nas maneiras barrocas será uma das origens das críticas à civilidade, uma das fontes do seu declínio.

distante, racional e pragmático. Mesma filosofia fundamental, embora Gracián seja mais empírico e prático onde Maquiavel é mais genérico e teórico. Está aí justamente o seu interesse: Gracián faz-se analista meticuloso do comportamento cortesão, descrevendo e prescrevendo até as menores expressões faciais. Em nenhuma outra obra se vê mais explicitamente que no seu tratado o uso da fisionomia para a manipulação e controle do outro.

Governar pelas aparências, tirar todo proveito da máscara: sua política é claramente enunciada, mesmo que seja obscura por baixo; sua filosofia acompanha a de Maquiavel. Partilham uma série de oposições entre categorias fundamentais: entre o homem do vulgo e o da corte, entre um mundo profundo e outro superficial, entre paixões e razão, sinceridade e dissimulação, o natural e o artificial. Mas as oposições sofrem uma reviravolta, seus limites tendem a apagar-se. Assim, "as coisas não passam em absoluto por aquilo que são, mas por aquilo que aparentam". "Não há praticamente ninguém que veja o seu interior, quase todo o mundo se contenta com as aparências"[14]. Maquiavel havia alertado: "Todo mundo vê bem o que aparentas, mas bem poucos sentem o que tu és"[15].

O homem da corte é, pois, um tratado sobre a arte de parecer. A aparência sempre vence a sinceridade das intenções e leva Gracián a uma *apologia do visível*, do olho e do olhar.

> Saber fazer e saber mostrá-lo é um duplo saber. O que não se vê é como se não existisse[16].

A verdade será a partir daí contingente, ligada à superfície das coisas, aos acasos e ilusões do olhar. Poder-se-á fingi-la, com um distanciamento cínico. A ela será preferida a habilidade. O mais das vezes, a tática leva a melhor sobre a ética. Essas artimanhas só conhecem um limite, um freio:

---

14. GRACIÁN, B. *L'Homme de cour* [1647]. Paris: Champ Libre, 1980, p. 57-58.

15. MAQUIAVEL, N. *Le prince* [1516]. Paris: Garnier-Flammarion, 1980, p. 123.

16. GRACIÁN, B. Op. cit., p. 77.

a prudência, que comanda a moderação, menos por razões morais, parece, que por razões práticas, estratégicas. Homem do seu século, Gracián desconfia dos excessos e do exagero:

> É fazer-se sábio não falar jamais com superlativos, pois essa maneira de falar fere sempre a verdade ou a prudência [...]. O homem prudente mantém a mão no freio e ama mais pecar pela insuficiência em excesso que pela demasia [...]. O exagero é uma espécie de mentira[17].

É menos propriamente a mentira que Gracián condena do que o simples exagero dela. Pois o exagero torna a mentira visível, frustra os seus cálculos e se volta contra ela. É a desconfiança do excesso que leva ainda Gracián a recusar a perfeição. A perfeição é perigosa: ela isola com efeito, pois é singular; votando o indivíduo à singularidade, condena-o à solidão. Aos olhos da opinião, do juízo da corte (e é este somente o que conta na verdade), melhor vale ser moderado, isto é, medíocre, e fugir sempre de ser notável.

> A sê-lo em demasia, as próprias perfeições viram defeitos; o que decorre da singularidade e a singularidade sempre foi censurada. Quem quer que se faça singular permanece só[18].

A solidão... é o maior medo mundano, é o exílio entre os iguais, o castigo supremo para o homem da corte. Aos excessos de uma perfeição que distingue, mas isola é mais prudente e mais hábil preferir em todas as circunstâncias o excesso menor da *aurea mediocritas*.

Quanto aos princípios e à filosofia, é isso... Todo um conjunto de práticas vêm conformar o corpo e ajustar o rosto a esses preceitos. Há em Gracián uma *política do rosto*. Que numa fórmula se resume: "Dissimular é governar". O cortesão deve saber ser impenetrável. É a regra e apanágio de quem

---

17. Ibid., p. 24-26.
18. Ibid., p. 168.

quer governar os homens, a regra de *O príncipe*, do *Herói*, do *Homem da corte*. A fisionomia inescrutável responde a uma dupla necessidade. Não se mostrar, forçar-se à impassibilidade é, antes de mais, uma recusa a deixar-se penetrar pelo olhar do outro. Pois o homem percebido, varado pelo olhar do outro que destrói a sua aparência, é um homem perdido.

> Deixar-se penetrar por outrem e ceder o direito de ser governado de forma absoluta é quase a mesma coisa [...]. Se o homem que compreendeu um outro está em condições de dominá-lo, também o homem que ninguém pode penetrar permanece sempre numa região inacessível à dependência[19].

A máscara congelada e imóvel do cortesão vai protegê-lo dos olhares mortíferos. Jamais se descobrir, não deixar fresta por onde o olhar possa enfiar-se e capturar o homem interior. E por outro lado – ou não seria a mesma coisa? – não deixar que nada saia de si, não tolerar que qualquer sentimento irrompa para fora, a não ser que calculado, nem que qualquer paixão transpareça, a não ser que perfeitamente controlada. Também aí o perigo é mortal e perfeitamente simétrico ao anterior.

> Já o disse: políticos argutos acham que descobrir toda a capacidade de um homem é quase a mesma coisa que ser capaz de governá-lo. Mas creio ser mais verdade ainda que não há qualquer diferença entre deixar perceber nossa paixão e dar armas seguras para que nos dominem[20].

O homem da corte exercerá assim uma tirania sobre suas paixões, colocará acima de tudo *o império sobre si*: "[...] não há maior domínio que o de si mesmo, de suas paixões"[21]. É a observação introspectiva, a decifração de si que garantirá ao

---

19. GRACIÁN, B. *Le héros* [1637]. Paris: Champ Libre, 1979, p. 11-12.

20. Ibid., p. 15.

21. GRACIÁN, B. *L'Homme de cour*. Op. cit., p. 5.

cortesão o controle dos seus sentimentos íntimos. A isso ele consagrará todos os recursos do olhar interior.

> Não se poderia ser mestre de si mesmo sem se conhecer a fundo. Há espelhos para o rosto, mas eles não existem para o espírito. É preciso, pois, suprir essa carência por uma reflexão séria sobre si mesmo. Quando a imagem exterior escapar, que o interior a retenha e corrija[22].

Os mandamentos do homem da corte são: assegure-se da sua imagem, por temor que outro a roube; domine-se antes que outro o controle; mantenha silêncio enfim, saiba frear a língua para não se perder e se revelar na palavra. O imperativo do silêncio e da imobilidade que rege a fisionomia, que faz calar a linguagem do corpo, aplica-se com igual rigor ao discurso, que é preciso manter na trela. A língua é uma "rebelde apaixonada e independente", é "uma besta selvagem que, uma vez escape, é muito difícil recolocar na corrente"[23]. Há sem dúvida nessa tirania exercida sobre si mesmo algo como uma contrapartida, um fundamento psicológico da relação política de vassalagem.

Não basta, entretanto, não se poder perscrutar. A fixidez dos traços pode não mais preencher o seu papel, caso em que o cortesão recorrerá a outros meios, pois todos os meios são bons. Gracián explora então todos os artifícios que pode oferecer o rosto. Subitamente "inexpressivo", este se faz móvel. O objetivo agora é que surpreenda e desconcerte, que desbanque o olhar do outro.

> O homem sagaz usa como armas os estratagemas da intenção. Ele jamais faz o que mostra ter vontade de fazer; ele mira um alvo, mas é para iludir os olhos que o observam. Ele lança uma palavra no ar e em seguida faz uma coisa que ninguém pensava. Se ele diz uma palavra é para distrair a aten-

---

22. Ibid., p. 53.
23. Ibid., p. 135.

ção dos rivais e, uma vez estes se ocupem do que supõem, ele logo executa o que não imaginavam [...]. E então, quando seu artifício é descoberto, ele refina a dissimulação, servindo-se da própria verdade para enganar [...]. *Seu artifício é não ter mais artifício algum* e todo o refinamento é passar da dissimulação anterior à candura[24].

De modo que parece dúbia a política do rosto cujos preceitos e artifícios são revelados em *L'Homme de cour*: ao mesmo tempo fixa e móvel, ela faz alternar no rosto a impassibilidade da fisionomia e as incertezas de uma metamorfose regrada[25]. Dominar o outro pelo jogo das aparências, tornar-se o seu senhor pegando-o na armadilha do seu próprio olhar, fazer o teatro de máscaras, da tela, do artifício como suporte de uma relação de poder; instaurar no campo do olhar uma relação assimétrica...

> Ele domina os objetos, mas jamais é dominado por eles [...]. Ele entende perfeitamente fazer a anatomia da capacidade das pessoas; basta ver um homem para conhecê-lo a fundo e em toda a sua essência; ele decifra todos os segredos dos co-

---

24. Ibid., p. 7-8 (grifo nosso).

25. Pode-se reconhecer nessa passagem da máscara imóvel da inexpressividade a figura móvel da expressividade regrada os dois modelos da dominação pela aparência que E. Canetti pôde distinguir nas figuras do poder: a do *soberano hierático*, congelado e imóvel na grandeza e distância, e a do *xamã*, cujo poder reside nas transformações metamórficas que sabe produzir. A impassibilidade do rosto do cortesão mostra uma "proibição da metamorfose" que parece uma conformidade ao primeiro modelo: identificação ao corpo imóvel e eterno do rei, inscrição numa estética da dominação cujas representações se originam na pedra da estatuária ou no bronze das efígies, simbolização de uma forma de governo dominada pelo silêncio e o segredo. O jogo fisionômico sobre as aparências remete, ao contrário, ao segundo modelo: alusão ao corpo terrestre e mutável do rei, referência a uma estética política do artifício cuja representação é fornecida pelo teatro, símbolo talvez de formas políticas em que reina o complô (cf. CANETTI, E. *Masse et puissance* [1960]. Paris: Gallimard, 1966, p. 405-407; cf. tb. KANTOROWICZ, E. *Les deux corps du roi*: essai sur la théologie politique au Moyen Âge. Paris: Gallimard, 1989).

rações mais dissimulados [...]. Ele descobre tudo, observa tudo, compreende tudo[26].

Esse ideal de um domínio absoluto pelo olhar não é isento de inquietude. A suspeita de se ser observado, o medo de ser desmascarado são inseparáveis dele.

> É um homem digno de consideração aquele que considera que é ou que será observado. Ele sabe que as paredes têm ouvidos [...] mesmo quando está só ele age como se estivesse na presença de todo o mundo, porque sabe que tudo se saberá[27].

Figuras de polidez: cálculo e medida

Existem, no entanto, nesse século da máscara e da etiqueta, vozes dissidentes entre os testemunhos da sociedade cortesã, vozes que antecipam a crítica do Século das Luzes à civilidade. Entre elas, a de Saint-Simon. Testemunha apaixonada e severa da corte, ele não é todavia um moralista como La Bruyère ou La Rochefoucauld. Seus retratos não são anônimos. Ele faz o retrato físico, psicológico e moral da corte e de seus atores[28].

Acima de tudo, Saint-Simon preza a medida, a contenção, *o humor inalterado*, a facilidade de adaptação às circunstâncias. Assim, fica maravilhado com a igualdade de humor da Duquesa de Borgonha, "[...] invulnerável às surpresas e aos contratempos, livre nos momentos mais inquietos e

---

26. GRACIÁN, B. *L'Homme de cour*. Op. cit., p. 29.

27. Ibid.

28. É no retrato que faz de Madame de La Vallière, tão contrário ao seu, que ele deixa talvez melhor adivinhar o seu projeto: observar, pintar o seu tempo, até o menor detalhe. De La Vallière mostra assim a que ponto ela lhe era estranha com "seu distanciamento constante de todo trato, não se metendo em nada, o que no geral não é do meu tempo ou pouco tem a ver comigo" (SAINT-SIMON, L. *Anecdotes, scènes et portraits, extraits des mémoires*. Paris: Tallandier, 1925, p. 57).

mais constrangedores"[29]. E admira o Marechal de Boufflers, que jamais "esquentava a cabeça" e mantinha o sangue-frio "mesmo no perigo". E reverencia a maturidade do Duque de Borgonha, que fora um jovem apaixonado e impulsivo. Verdadeiro elogio do autocontrole:

> [...] a vigilância sobre si mesmo, a quem nada acontecia e que acreditava nada devia acontecer, fechava-o em seu gabinete como num abrigo impermeável às circunstâncias[30].

Senhor de si mesmo até no sofrimento insuportável que sente com a perda da Duquesa de Borgonha:

> Via-se um homem fora de si que conseguia ainda assim extrair uma superfície impassível[31].

Entre todos esses retratos, uma oposição tanto moral quanto física parece crucial: a de Fénelon e Harley. Sobre o primeiro ele não poupa elogios: uma fisionomia que não se poderia esquecer – "era preciso esforço para parar de olhá--lo"[32] – e uma figura bem-feita, um homem de trato encantador, fácil e comedido em todas as coisas, de uma gentileza que "parecia a cada pessoa apenas para ela"[33]. Em compensação, é só desprezo pela hipocrisia do outro. No retrato que pinta do primeiro presidente do Parlamento tudo é forçado, tudo é cálculo e falsidade:

> Harley era um homenzinho magro, de rosto em losango, nariz grande e aquilino, olhos de abutre que pareciam devorar os objetos e perfurar as muralhas [...]. Uma fala lenta, pesada [...]. Todo o seu exterior forçado, incomodado, afetado; o cheiro do hipócrita, o comportamento falso, cínico, as reve-

---

29. Ibid., p. 196.
30. Ibid., p. 129.
31. Ibid., p. 136.
32. Ibid., p. 172.
33. Ibid., p. 114.

rências lentas e exageradas, andando sempre colado às paredes com um ar sempre respeitoso, mas que deixava transparecer uma audácia e insolência espumantes, as frases sempre compostas [...] sempre lacônicas, jamais à vontade, nem ninguém com ele, muito espírito natural [...] muita penetração, grande conhecimento do mundo, sobretudo das pessoas com as quais devia lidar [...] falso e hipócrita em todas as suas ações[34].

Nessa figura, como aliás no retrato carregado do Abade Dubois[35], manifesta-se a reprovação cada vez mais clara de tais mentirosos. E em raras ocasiões, nos retratos fascinados que pintou da pessoa do rei, embora com deferência Saint-Simon deixa transparecer as reservas que faz ao triunfo das aparências, a essa sociedade do olhar cujo centro era ocupado pelo rei. Ele relata esta cena: acabam de saber que a Duquesa de Borgonha "foi ferida"[36]. O rei, insensível, mostra-se irritado. A assistência, chocada, evita a menor reação. E Saint-Simon descreve então toda uma estratégia do olhar: os súditos mantêm a vista baixa, por respeito; ao rei nada escapa; em sua presença não se poderiam permitir olhares cúmplices; o respeito, quase um temor, impõe o silêncio.

Um silêncio que daria para ouvir os passos de uma formiga seguiu-se a essa espécie de saída. Baixavam-se os olhos, mal se ousava respirar. Todos permaneceram estupefatos [...]. Assim que ousamos nos olhar, *longe da vista dele, nossos desejos se encontrando disseram tudo* [...]. Eu examinei todos os personagens, olhos e ouvidos e me foi grato perce-

---

34. Ibid., p. 172-173.

35. "O Abade Dubois era um homenzinho magro, afiado, manhoso, de peruca loura e cara de fuinha [...]. A mentira mais cabeluda se tornava nele natural com seu ar simples, direto, sincero, muitas vezes vergonhoso. Ele falaria com graça e facilidade se, no intuito de penetrar os outros ao falar, o medo de ir além do que pretendia não o tivesse acostumado a uma gagueira fictícia" (Ibid., p. 190).

36. Ibid., p. 192.

ber depois de muito tempo que o rei não amava e não considerava senão a si mesmo e era ele mesmo seu fim último[37].

Ao término de sua vida, esse rei pelo qual Saint-Simon sente tanta paixão e admiração – "Jamais, perante o mundo, nada de deslocado ou arriscado, mas até o menor gesto, o seu porte, o andar, toda a contenção, tudo medido [...]. O que o tornava admirável é que se mantinha sempre inteiro"[38] – esse rei deixa finalmente entrever sofrimento, mais até: fragilidade. Ele se abandona um instante ao remeter seu testamento à rainha da Inglaterra e aos membros do Parlamento, não conseguindo evitar de dizer-lhes, logo ele "tão senhor de si, que só dizia o que queria e como queria", que seu testamento "lhe fora extorquido e que o levaram a fazer o que não queria e que acreditava não dever fazer"[39].

As caretas da dissimulação

Contam-se também entre as vozes que vão denunciar essa sociedade cortesã as dos moralistas, que escrevem para "corrigir os defeitos" do público. Antes de mais nada, La Bruyère. Em suas *Réflexions sur les caractères et les mœurs de ce siècle*[40] ele denuncia vigorosamente o lado ridículo e com frequência inútil de um dos maiores vícios da sociedade cortesã: a *falsidade*.

Um homem que conhece a corte é senhor do seu gesto, dos seus olhos, do seu rosto: ele é profundo, impenetrável, dissimula os maus ofícios, sorri aos inimigos, subjuga seu humor, disfarça suas paixões, desmente o coração, fala e age contra os próprios sentimentos. Todo esse grande refinamento não passa de um vício que se chama falsidade, por vezes

---

37. Ibid. (grifo nosso).
38. Ibid., p. 225 e 247.
39. Ibid., p. 245.
40. LA BRUYÈRE, J. Op. cit.

tão inútil à sorte do cortesão quanto a franqueza, a sinceridade e a virtude[41].

"Os sentimentos do coração são nulos na corte", concordará Mercier, um século mais tarde, nos seus *Tableaux de Paris*. Para La Bruyère a falsidade do homem da corte é tanto um traço psicológico quanto comportamento visível e manifesto, uma atitude e disposição do rosto. Ela afeta todos os traços do homem exterior, sua fisionomia e sua linguagem. Com isso ele perde, com certeza, o sentido das palavras, "não mais chamando cada coisa pelo nome que tem", além de todo julgamento moral. Mas sobretudo a falsidade o *desfigura*:

> Não há nada que mais enfeie certos cortesãos do que a presença do Príncipe: mal posso reconhecê-los pelos rostos, pois seus traços se alteram e sua contenção se avilta[42].

O excesso de cálculo nas aparências volta-se assim contra o homem interior e expõe a nu sua feiura sob a máscara do cortesão. De novo uma antecipação da sensibilidade do século 18 às mentiras, às caras e bocas da dissimulação.

> Desvenda-se em todas as fisionomias da corte a inquietude que todo o preparo do rosto não disfarça perfeitamente, o riso não é verdadeiro e as carícias são contrafeitas[43].

Claro, La Bruyère condena o excesso, o que Gracián não teria desaprovado, mas também o cálculo e suas consequências: produzir um homem previsível, de comportamento mecânico e regrado, um autômato sem interioridade, uma carcaça e engrenagens cujos desígnios, que ele crê secretos, são na verdade transparentes de tão previsíveis. O que vem a ser

---

41. Ibid., p. 202.
42. Ibid., p. 203.
43. MERCIER, L.-S. Op. cit. T. V, cap. DCCCXLIV, p. 259.

o cortesão, afinal? Um relógio e seu mecanismo[44]. Ou então, dirá Mercier, uma superfície, uma "figura de tapeçaria" em que

> o trabalho se esconde por trás da tela e a etiqueta arrumou tão bem todos os movimentos correspondentes que as palavras, os passos e as reverências não fogem de uma linha[45].

A crítica do cálculo de si na disciplina da corte leva assim La Bruyère à ideia do caráter vão e ridículo da dissimulação. Mas ela o leva mais longe, fazendo-o opor um mundo das profundezas, da autenticidade, em que a pose está ausente, a um mundo feito de superficialidades malignas e artificiosas; é um mundo da alma oposto a um mundo do espírito, um mundo do povo em oposição ao dos cortesãos. La Bruyère prenuncia então Rousseau:

> Lá se mostram ingenuamente a grossura e a franqueza, aqui se esconde uma seiva maligna e corrompida sob o invólucro da polidez. O povo não tem espírito e os grandes não têm alma: aquele é de bom fundamento e sem fachada; estes têm apenas fachada, mera capa superficial[46].

Além disso, porém, La Bruyère busca pensar a identidade real de cada indivíduo. Destaca-se então do mundo de Gracián, regido por separações de *status* que refletem diferenças de berço impressas no sujeito. Ele prende-se à marca social original que em *L'Homme de cour* distingue o cortesão

---

44. "[...] as rodas, as molas, os movimentos estão escondidos; nada aparece de um relógio exceto o ponteiro, que imperceptivelmente avança e completa o giro: é a imagem do cortesão" (LA BRUYÈRE, J. Op. cit., p. 217). Assim esse outro retrato de Fontenelle: "Ele parecia uma maquininha bem delicada que duraria eternamente se a colocássemos num canto e jamais fosse esfregada ou amassada. Ele jamais havia chorado, jamais se enraivecera [...]. Um dia eu lhe disse: 'Senhor Fontenelle, nunca haveis rido? – Não, nunca fiz ha, ha, ha!' Era a ideia que ele tinha do riso" (MADAME GEOFFRIN. Apud GLOTZ & MAIRE. Op. cit., p. 119).

45. MERCIER, L.-S. Op. cit. T. IX, cap. DCLXXVI, p. 13.

46. LA BRUYÈRE, D. Op. cit., p. 232.

do vulgo. O homem é tanto produto das circunstâncias quanto do berço; o homem individual, singular, "não pode no fundo e em si mesmo ser definido". Pode-se então conhecer o homem, pergunta o moralista, uma vez que a vida e o curso que ela toma alteram sua natureza original, mascarando sua singularidade? A civilidade praticada na corte se torna então, de qualquer forma, o maior obstáculo ao conhecimento da natureza do homem, pois uniformiza as aparências, revestindo com a mesma máscara o rosto singular de cada indivíduo.

> Quem viu apenas homens gentis e razoáveis ou não conhece o homem ou só o conhece pela metade: alguma diversidade que se encontre nas feições ou nos hábitos, o comércio do mundo e a gentileza criam as mesmas aparências, fazem com que uns e outros se assemelhem por exteriores mutuamente agradáveis que parecem comuns a todos[47].

Crítica do cálculo, da máscara e da dissimulação, busca de uma identidade real e singular sob o verniz ou mecânica das aparências, reconhecimento de uma autenticidade real no homem do povo, uma autenticidade anterior à corrupção dos costumes aristocráticos, crença numa origem livre e inocente em que natureza e virtude coincidem: há na moral do grande século um conjunto de temas pré-Rousseau que anunciam a transformação das concepções de sensibilidade no Século das Luzes. Mais paradoxalmente ainda, porém, é no próprio interior da definição de civilidade que se podem encontrar no século 17 certos elementos que, nas máscaras, nos rituais, nas limitações e hierarquias anunciam um ideal de indivíduos mais autônomos e também mais iguais. Nos costumes e nos corpos, nas fisionomias, nas mentalidades começam a inscrever-se essas regras de medida, de distância, de respeito e de reciprocidade que preparam o surgimento do indivíduo moderno.

---

47. Ibid., p. 298.

Uma máscara "natural"

É assim em La Rochefoucauld. Ele também, nas suas *Réflexions ou sentences et maximes morales*[48], se opõe à perspectiva de Gracián, ainda que de forma diferente: parece não partilhar as características pré-Rousseau de La Bruyère, longamente insistindo ao contrário nas virtudes da polidez, mais do que nas de um suposto estado natural. Virtudes ou, antes, componentes políticas da polidez que também Mercier retomará, num tom certamente menos moral do que La Rochefoucauld e politicamente diferente.

> O homem que vive em sociedade e numa sociedade em que os níveis são desiguais, em que as funções se cruzam, percebeu bem cedo que era preciso um *suplemento às leis*, ou seja, *a polidez*, que traz uma espécie de *igualdade* e anuncia um fundo beneficente[49].

No comércio entre pessoas honestas, La Rochefoucauld lembra que são indispensáveis discrição, reserva e respeito.

> Pode-se falar das coisas que lhes dizem respeito, mas apenas quando elas o permitem e sendo bastante comedido; pois há gentileza e por vezes mesmo humanidade em não penetrar demasiado nos recônditos de seus corações; com frequência reluta-se em deixar ver tudo o que se sabe delas e o cuidado é ainda maior quando se vislumbra o que era desconhecido[50].

A educação exige assim que não se invada o outro. A máscara da aparência permite, é certo, o cálculo que Gracián elabora; sua falsidade desperta mesmo para La Bruyère a nostalgia de uma sinceridade perdida. Mas não convém arrancá-la ao outro para expor-lhe o coração a nu. A máscara da

---

48. LA ROCHEFOUCAULD, F. Op. cit.
49. MERCIER, L.-S. Op. cit. T. IX, p. 186 (grifo nosso).
50. LA ROCHEFOUCAULD, F. Op. cit., p. 165-166.

civilidade tem isso de precioso que é proteger, e de essencial o fato de pôr o indivíduo ao abrigo daquilo que, sob o olhar do outro, o despegaria de si.

Há assim em La Rochefoucauld, fundado nas condutas e práticas do decoro e da civilidade, um modelo de *sensibilidade e limitação de si face ao outro*. Esse modelo circunscreve o espaço pessoal de cada um no espaço social. Um conjunto de exigências nele se exprimem que definem tanto atitudes em relação a si quanto comportamentos em relação ao outro, em que se impõem a contenção, a reserva, a discrição. Para cada sujeito se constitui um espaço da medida de si que seria preciso entender *literalmente* como delimitação, a constituição de um espaço privado, de uma dimensão interior, de *um território íntimo*. A civilidade é também um claustro onde o sujeito se pertence, propriedade privada de um território interior, fronteira *do que lhe diz respeito*. Mas a constituição de uma esfera pessoal em que o sujeito se possui e cujo acesso é proibido pelas regras de civilidade implica a necessidade de "manter as distâncias" no comércio dos homens. A medida de si exige um certo distanciamento do outro, uma proximidade distanciada. As relações interpessoais são concebidas no *espaço de uma ética da distância* que parece o inverso do *espaço político de dominação* cujos locais, contornos e artimanhas foram traçados por Gracián. O espaço da ética obedece a um outro olhar, o de uma visão distante do outro, de um ponto de vista afastado que respeita a separação entre os corpos e não tenta perscrutar consciências através de detalhes fisionômicos. Ele não busca – ao contrário do olhar que estrutura o espaço político de Gracián – construir à perfeição "a anatomia da capacidade das pessoas", "decifrar todos os segredos mais recônditos de seus corações", visão cerrada que equivale a uma captura do outro, a um corpo a corpo.

> Como se deve guardar distância para ver os objetos, é preciso guardá-la também em sociedade: cada um tem seu ponto de vista, de onde gostaria de ser olhado; o mais das vezes há razão em não se querer ser iluminado de muito perto e praticamente

não existe quem queira se deixar ver tal qual é em todas as coisas[51].

No espaço público deve-se constituir portanto, para La Rochefoucauld, uma ética do olhar fundada num ideal de medida, distância e *reciprocidade*: "ter um ponto de vista" é escolher o ponto "de onde se quer ser olhado". É ter a liberdade de mostrar, mas sobretudo a de não se deixar ver, a de reivindicar uma opacidade que protege e dar ao rosto seus direitos e legitimidade. A máscara da civilidade pode, pois, não ser o lugar dos artifícios, o instrumento de cálculos, signo de uma conformidade ou obstáculo à efusão das autenticidades. Há em La Rochefoucauld a concepção de uma *máscara natural*, isto é, singular, no sentido de que convém a cada um.

> Há um ar que convém à figura e aos talentos de cada pessoa; há sempre perda quando é abandonado para se adotar outro. É preciso tentar conhecer aquele que nos é natural, não sair dele e aperfeiçoá-lo tanto quanto possível[52].

A aparência "natural" é, portanto, o efeito de uma harmonia pessoal: é preciso trazer à luz esse "ar" que combina com os "talentos". A harmonia é singular, é uma proximidade consigo mesmo, que faz com que não se esqueça e não se perturbe o acordo entre maneiras e figura, entre o tom e as palavras, por qualquer coisa falsa e estranha ao indivíduo. O natural então é uma ética e uma estética da expressão de si que permitirá agradar, mais seguramente que a dissimulação, no universo aristocrático mundano.

> Sejam quais forem as vantagens ou desvantagens que recebemos da natureza, agradamos na medida em que sabemos o ar, o tom, as maneiras e sentimentos que convêm a nossa condição e a nossa

---

51. Ibid., p. 166.
52. Ibid.

figura, ao passo que desagradamos na medida em que nos afastamos disso[53].

Há, assim, em La Rochefoucauld como em La Bruyère, ainda que de maneiras sensivelmente diversas, uma exigência, um ideal de relacionamento consigo mesmo e com o outro, o ideal mesmo cuja expressão Rousseau saberá exaltar, que é o da sinceridade e da autenticidade[54].

Civilidade e cidadania, "entraves salutares"

O domínio de si, a disciplina do corpo e do rosto, as limitações que regem a fisionomia e a expressão, as regras que se deve observar no comportamento com o outro, assim como o conjunto dos preceitos morais que dão sentido a essas atitudes e condutas – em uma palavra, o que se chama "civilidade" no século 17 –, são assim objetos complexos que não se reduzem à lógica da disciplina ou à hipótese de simplesmente refrear os sentimentos. Veem-se aí esboçar as linhas de uma subjetividade moderna, especialmente sob a forma de uma divisão psicológica dentro de cada um entre as exigências do autocontrole e da expressão do sentimento. Foi sem dúvida no final do século 18 que essa divisão se fez sentir de maneira mais profunda, nas figuras opostas da impassibilidade e da efusão. Assim, quando Madame Du Deffand fala de Madame de Jonsac: "Ela é um ser de uma espécie diferente da nossa; é impassível, quer dizer, sem paixões, sem sentimentos"[55]. Espécie estranha à Marquesa Du Deffand, que confessa ser impossível para ela dominar seus sentimentos e humores:

---

53. Ibid., p. 168-169.

54. Sobre a sinceridade La Rochefoucauld discorre longamente e mais ainda, talvez, sobre a *confiança*: "A sinceridade é uma abertura do coração que nos mostra tais quais somos; é um amor da verdade, uma repugnância a se disfarçar [...]. A confiança não nos deixa tanta liberdade, suas regras são mais estritas, ela requer mais prudência e contenção" (Ibid., p. 171).

55. MADAME DU DEFFAND. Op. cit., p. 19.

Não sou senhora do meu humor, não posso escondê-lo nem reprimi-lo [...][56]. Não somos senhores de nossos pensamentos e sentimentos; e o somos apenas até certo ponto de nossa conduta e ações[57].

O império dos sentimentos avança e se apodera das almas. Num elogio apaixonado da espontaneidade, Julie de Lespinasse proclama seu "ódio" à prudência e mesmo à discrição e seu amor ao abandono, ela que quer "agir somente no primeiro impulso"[58]. Isso leva o fim do século a projetar nos retratos opostos de mulheres e homens racionais, frios e distantes (Madame de Maintenon, Necker), por um lado, e de gente apaixonada, calorosa e sensível (Madame de Sévigné, Rousseau), por outro, essa tensão íntima que em cada um se imprime de maneira diferente, mas experimentada por todos[59].

> Há uma grande distância entre os sentimentos que dominamos e os que nos dominam[60].

Mercier denuncia ainda, com Rousseau, o medo que o século tem do entusiasmo e da franqueza: a desconfiança com relação à generosidade, a ridicularização do impulso das almas, a quantidade de espíritos frios e secos. Para concluir:

> Pergunta-se o que significam calor, patriotismo, amor ao bem público. Num século de inércia em que nada pode decidir [...] o grande erro, a grande infelicidade do nosso século é o medo de todo tipo e o exílio das almas fortes[61].

---

56. Ibid., p. 130.

57. Ibid., p. 110.

58. LESPINASSE, J. Op. cit., p. 39.

59. Assim a oposição entre Madame de Maintenon ("Insisto em achar que [Madame de Maintenon] não era nada falsa, mas era seca, austera, insensível, sem paixão") e Madame de Sévigné, na qual, ao contrário, "tudo é paixão" e a quem "tudo afeta" (MADAME DU DEFFAND. Op. cit., p. 41-42). Da mesma maneira, a antinomia entre os retratos de Necker e de Rousseau (cf. GLOTZ & MAIRE. Op. cit., cap. IX).

60. MADAME DU DEFFAND. Op. cit., p. 160.

61. MERCIER, L.-S. Op. cit. T. VI, cap. DXVII, p. 195-196.

E, no entanto, a civilidade é necessária. Mercier considera suas regras tanto como garantias quanto limitações, *entraves salutares* únicos que permitem a vida em sociedade, a constituição de uma sociedade civil.

> É bom instituir essas regras finas e fixas que, como entraves salutares, suspendem o laço impetuoso demais da vaidade e do orgulho, ainda que legítimo. Assim, o ar, o tom, o gesto, a ênfase, o olhar estão a serviço de usos que se deve respeitar, e essas formalidades recebidas enriquecem o prazer de estar junto, em vez de destruí-lo[62].

As formas aproximam e colocam a distância, ligam e protegem os homens[63].

As regras e práticas da civilidade no século 17 tiveram assim efeitos ambíguos e paradoxais. Querendo inscrever nos corpos, nos rostos, na língua a lembrança da ordem social, o estilo cortesão contribuiu para modelar um homem igual, *um homem sem paixões*.

> Mas por que – interroga-se Mercier – o estilo dos cortesãos é simples? [...] Porque nele jamais se revelam paixões. Neste país perderam elas não apenas sua expressão, mas até a força. Tudo é uniforme, porque tudo é trabalhado por trás do pano[64].

As regras de civilidade constrangem o rosto à convenção e os corpos à distância. Elas contribuem para restituir assim ao indivíduo uma necessária opacidade, ao abrigo da qual pode-se constituir um espaço interior em cada um. Esse espaço mesmo é ambíguo: espaço político de dominação quando a civilidade adota a máscara impenetrável do príncipe, cujos segredos abriga, permitindo o controle do outro; mas também

---

62. Ibid. T. IV, cap. CCCXXI, p. 102.

63. "À falta do encanto da cordialidade, encontra-se aí uma certa troca de ideias e de pequenos serviços que aproximam as maneiras de ver e de sentir e que colocam os homens em uníssono" (Ibid. T. IV, cap. CCCXXII, p. 105).

64. Ibid. T. VIII, cap. DCXIV, p. 66.

espaço social de reconhecimento do outro como semelhante, que uma distância recíproca aproxima e afasta. A máscara da civilidade permite assim a autonomização de um *espaço individual de identidade*, a inscrição de um *espaço social de reciprocidade* dentro de um *espaço político de dominação*, ou seja, a constituição de um indivíduo e de uma sociedade civil sob o domínio de um estado. É exatamente aí que se pode sentir o laço entre *civilidade* e *cidadania*: o ideal de um indivíduo autônomo – senhor de e responsável por seus atos e palavras, que não interfere com os outros – já não se esboçava de maneira complexa e contraditória nos corpos, na fisionomia e na expressão através das exigências da etiqueta e da civilidade? É o que afirma com convicção Mercier:

> As virtudes civis, bem-analisadas, equivalem às da mais pura razão. No fundo da alma de todos os homens está escrita uma determinação secreta que os obriga a meditar. Cada um tem necessidade da acolhida e das boas maneiras do outro [...]. As leis praticamente mais nada têm a fazer quando os costumes fazem quase tudo[65].

65. Ibid. T. XI, p. 188-189.

Conclusão
O homem sob espreita*

A história natural da expressão no século 19 é marcada por uma ruptura maior: quando Charles Darwin publica, em 1874, *A expressão das emoções no homem e no animal*, o estudo da expressão facial se transformou a ponto de não ter mais a ver aparentemente com os mesmos objetos. Darwin consultou os antigos tratados, "de uma utilidade medíocre ou nula"[1]. Observou as pinturas de rostos, sem maior proveito. Reconhece-se nas *Conferências* de Le Brun "algumas boas observações", é nestes termos que relata a análise do susto feita pelo pintor:

> Achei que valia a pena citar as frases precedentes como exemplo das estranhas insanidades que foram escritas sobre o tema[2].

O homem orgânico, o homem sensível

Faz-se do movimento interior, a partir daí, uma paixão inefável, transcrita na convenção imóvel das figuras. O

---

* O título poderia ser também *O homem sem rosto*, uma vez que *devisagé* no original refere-se tanto ao homem observado, espreitado, sob suspeita, quanto ao homem sem *rosto* (*visage*) das sociedades de massa. *Sob espreita* não passa em português a relação com *rosto*, ao passo que *sem rosto* não traz a ideia da vigilância ou suspeição. O autor consegue mesclar as duas ideias no termo francês [N.T.].

1. DARWIN, C. *L'Expression des émotions chez l'homme et l'animal*. Paris, 1874, p. 1.

2. Ibid., p. 5.

observador registra apenas a *emoção* visível: e com a emoção a expressão se funda, para Darwin, em aspectos exclusivamente fisiológicos[3]. Mas, ao mesmo tempo em que o objeto, o que mudou foi a posição do sujeito que observa. O desdobramento que supunha a introspecção preconizada pelos antigos tratados foi corrigido por uma divisão estrita no ato de observar, do qual foi banida toda introspecção. O sujeito agora é entregue ao observador externo por intermédio de um conjunto técnico de regras e procedimentos de observação cuja codificação rigorosa distancia cada vez mais o sujeito observado do sujeito observador. No texto de Darwin é assim afastada toda retórica. A linguagem não é mais constitutiva do saber. Na observação da expressão humana, tanto quanto nas suas formas de descrição, as recomendações de Buffon no seu *Discours sur le style* são esquecidas. A expressão humana é agora captada a partir da observação experimental, mas

---

3. Ele se apoia assim na *Anatomia e filosofia da expressão* (1806), de Sir Charles Bell; na *Fisiologia ou mecanismo do rubor* (1839), do Dr. Burgess; no *Mecanismo da fisionomia humana* (1862), do Dr. Duchêne; em *De la physionomie et des mouvements d'expression* (1865), de P. Gratiolet; no *Wissenschaftliches System der Mimik und Physiognomik* (1859), do Dr. Piderit; e, por fim, nos *Princípios da psicologia* (1855), de Herbert Spencer. Essa preponderância que se reconhece à fisiologia e ao efeito do fisiológico sobre o psicológico remonta de fato à importância que lhe deram na virada do século J.-G. Cabanis em seu estudo das *Relações do físico e do moral do homem* (1802) e X. Bichat em suas *Investigações fisiológicas sobre a vida e a morte* (1800). O primeiro querendo com isso fundar uma "ciência do homem" que rompesse com o dualismo metafísico ou ontológico entre corpo e alma e que buscasse pensar como um fato de observação natural, na tradição dos "ideólogos", a união das condições mecânicas e vitais do organismo com as manifestações da vida intelectual e moral. Eis para Cabanis a própria definição da antropologia: "Permiti, pois, cidadãos, que eu vos entretenha hoje com as relações entre o estudo físico do homem e o dos processos de sua inteligência, entre o desenvolvimento sistemático de seus órgãos e o desenvolvimento análogo dos seus sentimentos e paixões: relações de que decorre claramente que a fisiologia, a análise das ideias e da moral não passam de três ramos de uma única e mesma ciência, que pode a justo título se chamar 'a ciência do homem'" (ed. de 1844, p. 59). Bichat, por sua vez, vai se esforçar em pensar o mesmo problema nas relações entre o que chama de vida "animal" (o entendimento) e a vida "orgânica" (as paixões) do homem.

derivada também de uma continuidade que coloca o homem em relação com sua origem animal: no princípio mesmo da expressão das emoções não se encontra mais a linguagem, mas o organismo.

> Enquanto o homem e os animais forem considerados criações independentes, com certeza um obstáculo invencível paralisará os esforços de nossa curiosidade natural para levar o mais longe possível a investigação das causas da expressão[4].

Tal deslocamento levanta então questões inéditas no campo de uma história natural do homem, de uma ciência do homem em vias de se constituir: a questão da universalidade das expressões faciais e a da relação entre hábito individual e hábito hereditário na compreensão da gestualidade humana[5]. Mas esse deslocamento contribuiu ao mesmo tempo, dentro desse campo, para afastar a questão da historicidade da expressão e criar a tendência a *negar todo sentido de uma história da expressão*.

No entanto, a decifração do corpo a partir de seus sinais manifestos não é absolutamente a mesma quando efetuada por um adivinho ou médico antigo, por um fisiognomonista da era clássica, por um naturalista moderno ou por um psicanalista, embora possa apresentar certas analogias bem gerais. As marcas gravadas ressaltadas por Cardan, as figuras das paixões pintadas por Le Brun, o vivo movimento dos sentimentos que Lavater quer captar, o reflexo das emoções que Darwin observa, os sintomas de uma linguagem expressos no corpo e que Freud perscruta não são sinais da mesma natureza e não permitem o mesmo tipo de interpretação. Não

---

4. DARWIN, C. Op. cit., p. 12.

5. De novo, essa perspectiva fora traçada por Cabanis: reintroduzindo a antiga tradição fisiognomônica nas "relações do físico e do moral do homem", ele soubera insistir, à maneira de Condillac, na sua dimensão semiológica e na importância "dos sinais pantomímicos, porque são os primeiros de todos, os únicos comuns a toda a raça humana. É a verdadeira língua universal" (Op. cit., p. 76).

supõem nem a mesma posição de quem os observa nem a mesma identidade de quem os produz.

O mesmo se passa com a afirmação vaga e geral segundo a qual o corpo sempre "falou", asserção que adquire sentido no processo de longa duração histórica em que pouco a pouco o corpo passou a constituir um sinal, antes de mais nada *livro* onde Deus imprimiu seus mandamentos, em que os astros gravaram sua marca eterna, onde se podia ver ainda o reflexo das semelhanças com os animais; depois *retórica* submetendo o corpo ao império das figuras e posturas; em seguida *linguagem* que traduzia no rosto a singularidade e a sensibilidade do indivíduo; então *organismo* que ignorava a interioridade individual na língua das reações e sintomas; e por fim *discurso* que busca a união problemática entre o sujeito e seu corpo.

A história da expressão mostra que o indivíduo, sem dúvida, se aproximou de si mesmo. O século 19 vê surgirem novas aproximações do eu, feitas de escuta do homem singular e sensível[6]. Ao mesmo tempo, entretanto, o homem, em outros aspectos, afastou-se de si mesmo. A constituição de saberes científicos e especializados tornou mais nítida a separação, em cada um, do homem orgânico e do homem sensível. Mais ainda, o indivíduo experimenta essa mesma separação sob a forma do que, na análise de Bichat, é um conflito entre os movimentos "simpáticos" e os movimentos "voluntários", uma luta das vísceras com o cérebro, um corpo a corpo entre paixões e vontade.

> Um homem é informado por carta, e diante de uma assembleia, de uma notícia que lhe interessa esconder; de imediato sua fronte se enruga, fica pálido ou seus traços se animam segundo a paixão desencadeada: são fenômenos simpáticos nascidos de certas vísceras abdominais subitamente afetadas

---

6. "O indivíduo aprofunda-se e estrutura-se. Ao homem geral [...] e sereno do Iluminismo o romantismo opõe a singularidade dos rostos, a densidade da noite e dos sonhos, a fluidez das comunicações íntimas e reabilita a intuição como modo de conhecimento" (PERROT, M. *Histoire de la vie privée*. Op. cit. T. IV, p. 416).

por essa paixão e que, por conseguinte, pertencem
à vida orgânica. Logo o homem se domina, sua
fronte desanuvia-se, recobra a cor ou seus traços
voltam a se fechar, embora o sentimento interior
subsista: é o movimento voluntário que sobrepu-
jou o simpático, é o cérebro cuja ação superou a
do estômago, do fígado etc., é a vida animal que
recuperou seu império[7].

O controle das paixões não poderá mais daí em diante
ter o mesmo significado. A consciência mais aguda daquilo
que nos movimentos orgânicos escapa ao império da vontade
torna mais delicado, mais complexo o exercício do autodo-
mínio, deslocando as formas de relacionamento consigo mesmo. Conhecer a si próprio, ser senhor de si é uma busca que
daí em diante deverá ser feita por outras vias.

Físico popular, físico burguês: uma divisão das aparências no século 19

Na história social, tanto quanto na história natural, um
deslocamento faz-se mais nítido no século 19, um deslizamento das formas mesmo de descrição do corpo individual como
signo de uma identidade psicológica e de uma conexão social.
A literatura dá o testemunho disso: onde La Bruyère pintava
"caráteres" de indivíduos definidos num mundo fechado,
a literatura do século 19 encontra as massas. Sociedades
anônimas, massas operárias, multidões das grandes cidades oferecem aos romances naturalistas e às "fisiologias"
um novo universo de referência, com seus personagens saí-
dos da massa, tomados ali, na luta para se destacar dela[8].

---

7. BICHAT, X. Op. cit., p. 63.

8. "A cidade [...] afrouxa as restrições familiares ou locais, estimula as ambi-
ções, atenua as convicções [...]. Paradoxal, ela engendra ao mesmo tempo as
multidões e os indivíduos solitários" (PERROT, M. *Histoire de la vie privée*. Op.
cit. T. IV, p. 416).

Estende-se o anonimato do número, aberto e flutuante. A certeza das identidades desaparece. Esboça-se um medo do desconhecido que incita a manter distância dos outros. Na vida social, as classes afrontam-se com o olhar: todos perscrutam no outro o desconhecido. Na turba das ruas é preciso saber com quem se fala. Estamos lidando com um burguês ou um proletário? Com um cidadão pacífico ou com um homem perigoso? Com uma mulher honesta ou uma mulher de má vida? Com alguém que se pode frequentar ou alguém que se deve evitar? E se um burguês olha o homem do povo a distância, com nojo, este por sua vez o espreita também: as classes sociais se observam e vigiam, julgando-se e confrontando-se a partir de suas aparências físicas, dos traços impressos nos corpos e nos rostos, como se fossem características raciais, em que os olhares buscam adivinhar vestígios do caráter moral[9].

Assim, o anonimato da multidão, ainda que proteja, igualmente inquieta, obrigando a decifrar a personalidade[10]. É preciso ser capaz de *se distinguir* e o corpo do outro se torna um conjunto de detalhes a revelar, de indícios a interpretar. Acentua-se dessa forma a divisão de corpos e rostos na constituição e oposição de um *físico popular* e um *físico burguês*, cujas características são fixadas pelo romance naturalista, pelas "fisiologias", pelo realismo psicológico e social do retrato, pela caricatura de imprensa e pela fotografia.

Eles dão testemunho da violência, da feiura e da periculosidade atribuídas ao físico popular. As classes trabalhadoras

---

9. Cf. CHEVALLIER, L. *Classes laborieuses et classes dangereuses à Paris pendant la première moitié du XIXᵉ siècle*. Paris: Plon, 1964.

10. Da mesma maneira que leva as classes burguesas a se isolar, a se colocar à parte, a se proteger das contaminações possíveis da promiscuidade popular: "As classes dominantes que têm pavor da turba suja e bestial procuram nichos de proteção nos lugares públicos e principalmente nos transportes coletivos: camarotes de teatro que são extensões dos salões, as cabines dos navios e dos balneários, os compartimentos de primeira classe, tudo isso evita a promiscuidade e mantém as diferenças" (PERROT, M. *Histoire de la vie privée*. Op. cit. T. IV, p. 307).

são classes perigosas e o tipo popular esconde o tipo criminoso. Eugène Sue atribui aos criminosos que povoam o submundo dos *Mistérios de Paris* as personalidades com que Lavater e Gall pintam o degenerado. Na observação da fisionomia popular, história social e história natural se cruzam de novo: quando vai nascer a novela policial na pena de um médico (Conan Doyle), o rosto criminoso é objeto de uma investigação em que o pesquisador saberá ler os sintomas do crime[11]. Os relatórios do *Journal de la Société Phrénologique de Paris* são popularizados pela imprensa por ocasião de casos criminais. Constitui-se, ao mesmo tempo em que o retrato antropométrico da fisionomia perigosa, o tipo popular da "cara de assassino". Não há grandes crimes ou execuções de criminosos sem que se façam considerações fisiognomônicas: Lavater e Gall são sempre invocados pela acusação, testemunhas da bestialidade das fisionomias criminosas cuja origem apontam na animalidade[12]. As deformações dessas fisionomias são ressaltadas nos croquis das sessões de julgamento e seus detalhes exagerados pela caricatura. O universo da rua – o das velhas *concierges*, dos bêbados e trapeiros de Daumier ou Traviès – é o do anonimato da feiura em que pode sempre surgir o rosto da violência e do crime. Mas o físico burguês também não é poupado: a burguesia vista pelo povo é barriguda e luxuriosa, de rosto

---

11. Cf. BONNIOT, R. *E. Gaboriau ou la naissance du roman policier*. Paris: Vrin, 1984. O aparecimento da novela policial como gênero literário e a proximidade entre a investigação policial e a investigação médica retiram seu sentido do surgimento desse *paradigma do indício* formulado por Ginzburg (cf. acima).

12. Assim, as fisionomias dos forçados que descrevia a *Gazette des Tribunaux* em 1829, segundo relato de André Zysberg: "Um outro, embora nascido sob o céu da França, atraía os olhares pela fisionomia sinistra, dessas que basta ver uma vez para não esquecer jamais [...]. Com certeza, se uma testa curta e rebatida, olhos desfigurados e enfiados nas órbitas, zigomas salientes, a tez pálida e uma monstruosa conformação de mandíbulas semelhantes às do orangotango são traços capazes de tranquilizar a consciência timorata de um júri, o que pronunciou o veredicto de culpa pode dormir em paz" ("Politiques du bagne, 1820-1850". *L'impossible prison*. Op. cit., p. 169).

egoísta e hipócrita. As caricaturas do *Charivari* exibem a feiura burguesíssima dos políticos.

Assim, as lutas políticas e sociais se traduzem sobretudo num conflito de aparências em que o rosto do outro exibe na amplificação grotesca do detalhe visível a natureza oculta de sua moralidade corrompida. Época dos conflitos sociais, dos confrontos de classe, o século 19 viu lentamente esboçar-se, no entanto, um movimento que empolga todas as camadas sociais, para além da burguesia e das classes médias, rumo ao individualismo. As camadas populares são vistas, com certeza, como vivendo numa espécie de promiscuidade animal, mas observa com muita razão Michelle Perrot:

> Um triplo desejo de intimidade familiar, conjugal e pessoal perpassa o conjunto da sociedade [...]. Ele se exprime notadamente numa maior repugnância em suportar os constrangimentos da promiscuidade da vizinhança e numa repulsa maior à visibilidade generalizada propiciada pelos espaços coletivos [...] ou aos controles exercidos sobre o corpo[13].

Por baixo das divisões sociais, portanto, progride pouco a pouco o individualismo. E o desenvolvimento da medicina, a higiene, a educação e a migração das populações contribuem, de maneira ainda pouco perceptível então, para homogeneizar os tipos físicos e ofuscar lentamente seus antagonismos, apagando na constituição das classes médias urbanas as origens sociais dos rostos.

Não é menos verdade que a fisiognomonia flutua no ar da época. Ela funda as formas novas de separação dos corpos e de divisão dos rostos, buscando na multidão indiferenciada dos rostos humanos uma ordem natural para as hierarquias sociais recém-surgidas. Ela contribui para uma morfologização

---

13. *Histoire de la vie privée.* Op. cit. T. IV, p. 320. "O desejo de um cantinho para si é a expressão de um senso de individualidade crescente do corpo e de um sentimento da pessoa [...]. Sem dúvida o homem interior precedeu o exterior" (Ibid., p. 321).

e antropologização das divisões políticas e sociais. No Antigo Regime o povo era excluído do olhar do soberano ou da aristocracia, que só se punha sobre ele com condescendência. Após a Revolução, a burguesia entrega-se a uma observação cada vez mais minuciosa das classes trabalhadoras e especialmente das concentrações humanas nas grandes cidades: com os projetos filantrópicos, a medicina social, as grandes enquetes operárias e o desenvolvimento da higiene, constitui-se uma antropologia das populações operárias particularmente atenta à aparência popular, ao corpo e ao rosto do homem do povo. Passa-se então de uma observação etnográfica do homem distante a uma inspeção filantrópica do homem próximo[14]. A necessidade de identificação faz-se cada vez mais forte. A antropologia e a nascente estatística classificam tipos e fazem a contagem das populações: o uso do cálculo permite a identificação estabelecendo diferenças na massa.

Com o advento das sociedades de massa, a identidade de cada indivíduo tende a se apagar, os rostos tornam-se anônimos. Assim, um gesto descritivo semelhante – o estabelecimento de uma classificação dos rostos tal como produziu inúmeras vezes a fisiognomonia – pode então mudar de sentido. Classificavam-se figuras, identificavam-se paixões e tipos de caráter; no final do século 19, as pranchas de morfologia facial que ilustram as classificações da antropologia criminal

---

14. Gerando, que de início queria observar as sociedades selvagens (*Considérations sur les diverses méthodes à suivre dans l'observation des peuples sauvages*, 1800), será logo forçado a renunciar a seu projeto em razão das guerras napoleônicas. Como observa G. Leclerc (*L'Observation de l'homme (une histoire des enquêtes sociales*). Paris: Seuil, 1979), "passa-se da antropologia à filantropia, da observação do homem distante ao amor do homem próximo [...]. A sociologia vai substituir uma etnologia impossível. Gerando, vai passar da condição "de observador dos povos selvagens" (1800) à de "visitante do pobre" (1824) [...]. O conhecimento do operário e do indigente vai, portanto, substituir o do indígena e do selvagem como ciência do homem" (p. 56). Parent-Duchatelet (*De la prostituition*, 1836) e Villermé (*État physique et moral des ouvriers*, 1840) realizam grandes enquetes operárias; Quetelet (*Du système social*, 1848) empreende levantamentos estatísticos da sociedade.

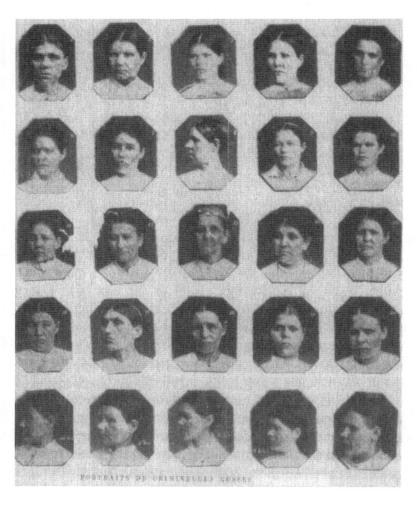

LOMBROSO, C. & FERRERO, G. *La femme criminelle et la prostituée*. Paris: Alcan, 1896.

de Lombroso[15] (cf. figura 16) terão toda uma outra significação. Os rostos anônimos agrupados em tabelas esboçam tipos pela média anatômica de seus traços: o degenerado, o melancólico, o psicótico, a prostituta, o criminoso nato ou, então, o gênio. Trata-se agora de identificar indivíduos. Os retratos não trazem mais um nome, mas um número. A identidade de um sujeito é daí em diante garantida pela identificação a um tipo. Tal cálculo dos rostos diz bastante em que essas investigações da aparência do corpo humano dizem respeito de fato fundamentalmente à questão da identidade. Uma história do rosto permite assim elucidar uma parte essencial das transformações da relação entre identificação de um indivíduo e identidade de um sujeito.

Tal relação subentende tanto esses fragmentos de história natural do rosto formulados nas fisiognomonias quanto as práticas imemoriais de decifração do outro na vida social. Num e noutro caso a expressão foi pouco a pouco reconhecida como singular. Deu-se progressivamente cada vez mais sentido a suas manifestações individuais. Com isso não se renunciou, porém, ao sonho arcaico de fazer a identidade de um sujeito coincidir com os traços morfológicos estáveis e fixos – marcas divinas ou protuberâncias cranianas – que supostamente revelariam sua natureza íntima.

Pode-se mesmo considerar que o século 19 vê um formidável retorno da morfologia facial – que Camper e Lavater, à sua maneira, já anunciavam – nos procedimentos de identificação tanto científicos quanto jurídicos: à fisiognomonia vão suceder a antropometria de Bertillon e a antropologia criminal de Lombroso. O "darwinismo social" de Lombroso relaciona na morfologia do rosto a periculosidade, a origem étnica ou social e a animalidade. E apaga dos rostos todo vestígio da dúvida que levou Darwin a levantar a seguinte questão:

---

15. LOMBROSO, C. Op. cit. Sobre a observação dos corpos e dos rostos na antropologia criminal de Lombroso, cf. *La scienza e la colpa*. Milão: Electra, 1985.

É possível reconhecer uma expressão criminosa, astuta ou ciumenta? Eu não saberia dizer, aliás, a partir do que se poderia determinar essas expressões[16].

Confundir identidade e fisionomia é um sonho persistente. Na segunda metade do século, caberá à fotografia o papel de "poder", enfim, fixar a instantaneidade da expressão e garantir a possibilidade de reproduzir os rostos. A singularidade das fotografias de identidade, a "mania universal" do retrato fotográfico, ressalta Baudelaire; as fotografias médicas do corpo que sofre ("A chapa fotográfica é a verdadeira retina do estudioso", dizia Albert Londe, um dos fotógrafos da histeria no hospício da Salpêtrière); a identificação fotográfica dos criminosos, a fabricação dos rostos anônimos no retrato padrão[17]: o nascimento e desenvolvimento da fotografia revolucionam as percepções do rosto; termina uma fase da história do rosto...

Uma genealogia da expressão

A expressão é um elemento crucial no desenvolvimento do indivíduo ocidental. Está aí toda a importância do rosto, que constitui o traço sensível desse processo. O rosto é ao mesmo tempo o lugar mais íntimo e mais exterior do sujeito, aquele que traduz mais diretamente e da maneira mais complexa a interioridade psicológica e também aquele sobre o

---

16. DARWIN, C. Op. cit., p. 17.

17. Como ressalta Corbin: "No final do século, esse duplo problema encontra-se resolvido. Novas técnicas permitem conferir a cada indivíduo uma identidade invariável e facilmente demonstrável. O sistema de reconhecimento torna doravante impossível a substituição de ninguém [...]. Ele proíbe, em suma, a metamorfose" ("Le secret de l'individu". *Histoire de la vie privée*. Op. cit. T. IV, p. 432). Sobre a fotografia no século 19 cf. as seguintes obras: *Regards sur la photographie en France au XIXe siècle*. Paris: Berger-Levrault, 1980. • *Identités, de Disdéri au photomaton*. Paris: Chêne, 1985. • "Photo/peinture". *Critique*, n. 459-460, ago.-set./1985. • ROUILLÉ, A. & MARBOT, B. *Le corps et son image* – Photographies du XIXe siècle. Paris: Contrejour, 1986.

qual recaem as mais pesadas restrições públicas. São os rostos que se perscruta antes de tudo, são os olhares que se procura captar para decifrar o indivíduo. Isso explica o paradoxo central que percorre este livro e que é constitutivo da formação do indivíduo moderno: esse processo, que é ao mesmo tempo, indissoluvelmente, o de uma individualização e de uma socialização pela expressão, incita à expressão da interioridade, à manifestação dos sentimentos, ao mesmo tempo em que impõe ao rosto o silêncio, relativo ou profundo, da inexpressividade.

Há, assim, dois polos essenciais na expressividade individual, dois limites expressivos nos quais as representações e as práticas do rosto adquirem todo o seu sentido. Por um lado, o de uma expressividade súbita, brutal, descontrolada, quando o rosto manifesta que o indivíduo está *fora de si*; e, por outro, o da impassibilidade de um rosto *impenetrável*. Trata-se apenas, evidentemente, de duas possibilidades extremas que podem encarnar em figuras opostas: as da paixão, do excesso, do descontrole de si, da "falta de contenção" de que falava Courtin; e, ao contrário, as da temperança, da moderação, do comedimento, do autocontrole.

Tais figuras revestem, em diferentes épocas, o rosto do louco ou do sábio, do "possesso" ou do cortesão e, mais para o nosso tempo, o do histérico ou do burguês controlado e impávido. Elas organizam o terreno das representações literárias e pictóricas do corpo no século 19. Em oposição ao rosto de Emma Bovary, perdido de paixão e desgastado pelo descontrole, erigem-se as figuras do farmacêutico Homais, "que só exprimia satisfação consigo mesmo", ou do Sr. Bertin, que segundo Manet foi escolhido por Ingres para "estilizar uma época, fazendo dele o buda da burguesia saciada, opulenta, triunfante"[18]. Figuras enigmáticas as desses burgueses vestidos de negro, cujas fisionomias impassíveis podem tanto

---

18. MONDOR, H. *Mallarmé*. T. II. Paris, 1941, p. 393.

anunciar "a morte dos sentimentos" quanto esconder "paixões de uma espantosa profundidade".

> Embora viva e jovem, sua figura possuía já o brilho estagnado da folha de flandres, uma das qualidades indispensáveis aos diplomatas, que lhes permite esconder suas emoções e disfarçar seus sentimentos, se é que tal impassibilidade não anuncia neles a ausência de qualquer emoção e a morte dos sentimentos[19].

> O Sr. Desmarets, [...] jovem, tinha todas as virtudes republicanas dos povos pobres: era sóbrio, avaro em dispor do seu tempo, inimigo dos prazeres [...]. Sua fronte calma e pura, sua figura plácida, mas expressiva, as maneiras simples, tudo nele revelava uma existência laboriosa e resignada [...]. Havia nesse jovem, como na maioria das pessoas que vivem assim, paixões de uma espantosa profundidade[20].

Não seria o caso, porém, de restringir o alcance dessas oposições nem de limitá-las à diferença entre os papéis tradicionais do homem e da mulher – os homens impassíveis e as mulheres "desfiguradas" que Mercier observa à mesa de jogo.

> Os homens no jogo se remoem de estoicismo; frios e imóveis, ganham a reputação de bons jogadores. As mulheres podem desfazer ao máximo os encantos do rosto sem perder nada da fama[21].

Essas figuras dizem respeito a todo indivíduo, muitas vezes coexistindo nele e por vezes o dividindo, podendo até dilacerá-lo. Há nessas figuras opostas uma necessidade psíquica que sustenta as possibilidades expressivas: uma história do

---

19. BALZAC, H. *La paix du ménage*. T. I. Paris: Gallimard, 1983, p. 1.000 [Col. "Bibliothèque de la Pléiade"].

20. BALZAC, H. *Ferragus*. T. V. Paris: Gallimard, 1983, p. 29 [Col. "Bibliothèque de la Pléiade"].

21. MERCIER, L.-S. Op. cit. T. V, cap. DCCCLXVII, p. 44.

rosto contribui assim para pensar a historicidade dessas estruturas fundamentais da personalidade moderna que são a histeria e a obsessão.

O individualismo pela expressão é uma socialização do indivíduo que supõe mímicas, olhares, gestos, atitudes e posturas voltados para o exterior e provenientes ao mesmo tempo do mais íntimo do sujeito, obedecendo a códigos e limites regidos pelas convenções e significando ao mesmo tempo o singular e inefável de uma interioridade. A gênese psicológica do indivíduo contemporâneo inscreve-se no pano de fundo das submissões e liberdades de um processo de injunção paradoxal[22].

Esse caráter paradoxal do processo de individualização pela expressão[23] aparece mais nitidamente a partir do fim do século 18, quer dizer, a partir do momento em que a exigência de sinceridade e autenticidade se impõe como uma injunção maior da expressividade. "Sejam sinceros!" É o que conclama Rousseau. Concebe-se o entusiasmo que isso despertou nos homens, mas também sua inquietude. Pois Rousseau dá o exemplo: ele se revela, quer tirar as máscaras, pôr o coração a nu, despojar-se de todo artifício e obscuridade. Que a aparência seja transparente, que enfim se expandam os sentimentos por tanto tempo contidos. A partir daí vai instalar-se uma tirania individual da autenticidade[24].

---

22. A Escola de Palo Alto (cf. esp. BATESON, G. et al. *Une logique de la communication*. Paris: Seuil, 1972) soube captar os aspectos patológicos de tais situações sem todavia ater-se à importância da gênese do processo que leva a isso e que permite estender os efeitos desse processo para além das meras manifestações patológicas.

23. A. Vincent-Buffault ressalta esse caráter paradoxal em sua *Histoire des larmes* quando indica a coexistência da sensibilidade romântica e da contenção burguesa no século 19: "As lágrimas da sensibilidade romântica [...] participam de um processo geral de individualização da emoção assim como o modelo de contenção e autolimitação da burguesia no século 19, ao mesmo tempo que constituem uma reação a essa norma" (Op. cit., p. 242).

24. Cf. SENNETT. Op. cit. • PERROT, P. "La vérité des apparences ou le drame du corps bourgeois (XVIIIᵉ-XIXᵉ siècle)". *Cahiers Internationaux de Sociologie*. Vol. LXXVI, 1984, p. 187-199.

A sociedade civil não tinha deixado de lembrar, porém, desde os textos maiores que a fundam no século 16, que o homem civil, no prolongamento do homem cristão, só poderia ser comedido, contido, discreto, uma vez que a exigência de silêncio interior diante de Deus deslizou lentamente para o silêncio exterior da igualdade do humor e do rosto diante dos outros quando o ideal religioso da contenção teve que se adaptar às circunstâncias sociais da vida civil. E o homem religioso se transformou pouco a pouco em homem prudente, a abertura aos outros sempre comedida, não ultrapassando jamais o limiar de um "ar aberto", de aprovação no rosto, indispensável à troca e à conversa; quando todos esses tratados de civilidade cristã ou etiqueta cortesã, de fisiognomonia ou de conversação, quiseram erigir em modelos de conduta na sociedade civil "[...] uma certa maneira de agir e falar, suave e polida, que dá o nome de civil àqueles que dela se servem habitualmente"[25]; quando, enfim, se começou a ver em toda manifestação espontânea o sinal individualmente inquietante e socialmente condenável de uma incontinência, fazendo corresponder a incivilidade dos costumes à deformidade das figuras.

O domínio de si, o controle das paixões são elementos fundamentais da herança psicológica da gradual civilização dos costumes do homem moderno. Com a instauração de todas essas formas da vida civil e o respeito por elas pretendeu-se um ideal de sociedade mais suave, mais agradável, melhor policiada, feita de trocas e consideração recíproca, uma sociedade pacificada pelo acordo entre linguagem e expressão. Mas se o domínio de si é de fato uma das bases psicológicas desse modelo de sociedade, não é menos verdade que desde antes de Rousseau a individualização pela expressão exigiu do homem que ele se exprimisse, que seu rosto falasse, que seus gestos tivessem um significado. Esta sociedade fez da conversação seu fundamento, do comércio o seu princípio

---

25. DE VAUMORIÈRE. Op. cit. Entrevista II, p. 21.

e da reciprocidade seu ideal. Vimos que desde a origem ela condenou nas figuras do solitário e do taciturno a recusa à ligação social pela expressão, porquanto ela soube fazer do próprio silêncio uma linguagem. Da mesma maneira, ela reprovaria mais tarde a figura do egoísta:

> [...] [os egoístas] têm ao mesmo tempo uma alma insensível que se revela em suas fisionomias ávidas e uma razão limitada que se detecta no menor dos discursos. Eles destruíram as relações que fazem a força das sociedades, interromperam a circulação dos serviços mútuos. Se cada um desafortunadamente seguisse o sistema que eles adotaram, não haveria mais nem sombra de concórdia – não veríamos mais senão indivíduos armados uns contra os outros[26].

A sociedade civil é de fato esta sociedade de silêncio e linguagem, de dissimulação e de sinceridade, de recolhimento em si mesma e de compaixão: é assim que as formas na vida civil aproximam os indivíduos e os colocam a distância; é assim que os constrangem, mas é também assim que os protegem.

Os textos fundadores da sociedade civil pensaram-na com frequência em relação com a sociedade política, sem que as leis possam a seus olhos substituir os costumes, mas de modo que pudesse haver outras sanções das maneiras de ser, de falar, de se mostrar, de entrar em relação que não as da própria sociedade civil. O poder político, por sua vez, foi sempre atento ao desenvolvimento da sociedade civil, às formas que ela adquiria, aplicando-se a controlá-las, sonhando em domesticá-las.

Talvez porque suspeitasse, sem nunca realmente poder reconhecê-lo, que a sociedade civil é o fundamento da sociedade política, que nas formas inteiramente pessoais e

---

26. MERCIER, L.-S. Op. cit. T. VIII, cap. DCXIII, p. 59.

sociais da delimitação de si e da troca com outrem, no ideal de uma sociedade feita de diálogo e de comedida abertura ao outro, nesse "complemento às leis" e nessa "espécie de igualdade" que constituem a urbanidade e a gentileza, foram sendo gradualmente criadas as primícias das formas políticas da cidadania.

Índice

Sumário, 7

Introdução, 9

Parte I – O surgimento da expressão, 21

Prefácio – A invenção do homem expressivo, 23

    Formar o homem: civilidade e linguagem, 23

    Observar o homem: civilidade e fisiognomonia, 26

    O paradigma da expressão, 30

1 O espelho da alma – Origens e renovação da fisiognomonia no século 16, 35

    Fontes e renascimento da "ciência das paixões", 37

    A figura do homem, 46

    Rosto, analogias e assinaturas, 49

    O homem sem expressão, 55

    Da morfologia à expressão, 63

    Tornar-se o fisionomista de si mesmo, 71

2 Caras e bocas das paixões – Desdobramentos da fisiognomonia no século 17, 75

    O homem organismo, 77

    Da marca ao sinal, 81

    O tempo da expressão, 87

Individualização, socialização pela expressão, 89

Uma política do olhar, 93

O desaparecimento da fisiognomonia, 95

3 A anatomia do sentimento – Rosto orgânico e rosto expressivo no século 18, 101

Morte e ressurreição da fisiognomonia, 101

Os sinais do anatomista, 106

Apolo o Negro e o orangotango, 110

Crânios expressivos, 113

Uma linguagem do sentimento, 120

O tempo do sensível, 125

A observação de si mesmo, 128

Os rostos na multidão, 130

A fabricação do rosto virtuoso, 133

Parte II – O homem sem paixões, 139

Prefácio – A domesticação das paixões, 141

Medida e poupança, 143

Comércio e urbanidade, 147

Egoísmos e compaixão, 150

4 O ar da conversa – Debates sobre a conversa, a companhia e a solidão nos séculos 16 a 18, 155

Exílios interiores, 157

O desprendimento de si, 163

Os fugitivos de si mesmos, 170

A conversa consigo mesmo, 175

O império do sentimento, 180

5 Calar, controlar-se – Uma arqueologia do silêncio, 186

Ruídos e silêncios do corpo, 187

Do cristão ao civilizado, 190

Maneiras de calar, maneiras de falar, 198

Os poderes do silêncio, 203

Os tormentos do silêncio, 206

6 As formas na sociedade civil – Impassibilidade, distância, respeito nos séculos 16 a 18, 209

A sociedade da máscara, 209

Os dois rostos do cortesão, 213

Figuras de polidez: cálculo e medida, 219

As caretas da dissimulação, 222

Uma máscara "natural", 226

Civilidade e cidadania, "entraves salutares", 229

Conclusão – O homem sob espreita, 233

O homem orgânico, o homem sensível, 233

Físico popular, físico burguês: uma divisão das aparências no século 19, 237

Uma genealogia da expressão, 244

CULTURAL

Administração
Antropologia
Biografias
Comunicação
Dinâmicas e Jogos
Ecologia e Meio Ambiente
Educação e Pedagogia
Filosofia
História
Letras e Literatura
Obras de referência
Política
Psicologia
Saúde e Nutrição
Serviço Social e Trabalho
Sociologia

CATEQUÉTICO PASTORAL

Catequese
Geral
Crisma
Primeira Eucaristia

Pastoral
Geral
Sacramental
Familiar
Social
Ensino Religioso Escolar

TEOLÓGICO ESPIRITUAL

Biografias
Devocionários
Espiritualidade e Mística
Espiritualidade Mariana
Franciscanismo
Autoconhecimento
Liturgia
Obras de referência
Sagrada Escritura e Livros Apócrifos

Teologia
Bíblica
Histórica
Prática
Sistemática

REVISTAS

Concilium
Estudos Bíblicos
Grande Sinal
REB (Revista Eclesiástica Brasileira)
SEDOC (Serviço de Documentação)

VOZES NOBILIS

Uma linha editorial especial, com importantes autores, alto valor agregado e qualidade superior.

VOZES DE BOLSO

Obras clássicas de Ciências Humanas em formato de bolso.

PRODUTOS SAZONAIS

Folhinha do Sagrado Coração de Jesus
Calendário de mesa do Sagrado Coração de Jesus
Agenda do Sagrado Coração de Jesus
Almanaque Santo Antônio
Agendinha
Diário Vozes
Meditações para o dia a dia
Encontro diário com Deus
Guia Litúrgico

CADASTRE-SE
www.vozes.com.br

EDITORA VOZES LTDA.
Rua Frei Luís, 100 – Centro – Cep 25689-900 – Petrópolis, RJ
Tel.: (24) 2233-9000 – Fax: (24) 2231-4676 – E-mail: vendas@vozes.com.br

UNIDADES NO BRASIL: Belo Horizonte, MG – Brasília, DF – Campinas, SP – Cuiabá, MT
Curitiba, PR – Florianópolis, SC – Fortaleza, CE – Goiânia, GO – Juiz de Fora, MG
Manaus, AM – Petrópolis, RJ – Porto Alegre, RS – Recife, PE – Rio de Janeiro, RJ
Salvador, BA – São Paulo, SP